The Psychological Landscape from the Perspective of Body Phenomenology

社科博士论文文库
Social Sciences Doctoral Dissertation Library

身体现象学视野中的心理学图景

谢金 著

上海社会科学院出版社
SHANGHAI ACADEMY OF SOCIAL SCIENCES PRESS

社科博士论文文库
总　序

博士研究生培养是一个人做学问的重要阶段。有着初生牛犊不怕虎的精神和经邦济世雄心的博士研究生,在读博期间倾注大量时间、心血学习,接触了广泛的前沿理论,其殚精竭虑写就的博士论文,经导师悉心指导,并在专家和答辩委员会修改意见下进一步完善,最终以学术性、创新性和规范性成就其学术生涯的首部精品。每一位有志于从事哲学社会科学研究的青年科研人员,都应将其博士学位论文公开出版;有信心将博士论文公开出版,是其今后能做好学问的底气。

正因如此,上海社会科学院同其他高校科研机构一样,早在十多年前,就鼓励科研人员出版其博士论文,连续出版了"新进博士文库""博士后文库"等,为学术新人的成长提供了滋养的土壤。基于此,本社拟以文库形式推出全国地方社会科学院及高校社科领域的青年学者的博士论文,这一办法将有助于哲学社会科学领域的优秀成果脱颖而出。根据出版策划方案,本文库收录的作品具有以下三个特点:

第一,较高程度掌握学科前沿动态。入选文库的作者以近三年内毕业的博士为主,这些青年学子都接受过严格的学术训练,不仅在概念体系、研究方法和研究框架上具有相当的规范性,而且对研究领域的国内外最新学术成果有较为全面的认知和了解。

第二,立足中国实际开展学术研究。这些论文对中国国情有相当程度的把握,立足中国改革开放过程中的重大问题,进行深入理论建构和学术研究。既体现理论创新特色,又提出应用对策建议,彰显了作者扎实的理论功底和把论文写在祖国大地上的信心。对构建中国学术话语体系,增强文化自信和道路自信起到了积极的推进作用。

第三,涵盖社科和人文领域。虽是社科博士论文文库,但也收录了不少人文学科的博士论文。根据策划方案,入选论文类别包括当代马克思主义、经济、社会、政治、法律、历史、哲学、文学、新闻、管理以及跨学科综合等,从文库中得以窥见新时代中国哲学社会科学研究的巨大进步。

这套文库的出版,将为理论界学术新人的成长和向理论界推荐人才提供机会。我们将以此为契机,成立学术委员会,对文库中在学科前沿理论或方法上有创新、研究成果处于国内领先水平、有重要理论意义和现实意义,具有较好的社会效益或应用价值前景的博士论文予以奖励。同时,建设上海社会科学院出版社学者库,不断提升出版物品质。

对文库中属全国优秀博士论文、省部级优秀博士论文、校级优秀博士论文和答辩委员会评定的优秀博士论文及获奖的论文,将通过新媒体和新书发布会等形式,向学术界和社会加大推介力度,扩大学术影响力。

是为序!

上海社会科学院出版社社长、研究员

2024 年 1 月

序

　　心理学的发展与繁荣,不仅得益于心理学具体研究方法、技术的进步,而且与心理学之哲学方法论的演进密切关联。以是之故,考察心理学诸流派、思潮的哲学背景,探索其所提供的心理学方法论蕴含并评析其于心理学发展的是非功过,从来都是心理学思想史研究的基本内容,同时也是进一步完善心理学方法论建设的不可或缺的重要保障。

　　现代西方哲学诸流派中,现象学哲学无疑是对心理学发展最具深远影响的哲学流派之一。它反对盛行于传统哲学、自然科学、神学、常识中的"自然态度",主张以"现象学的态度"让认识"回到事物本身",强调通过现象学"悬置",将一切"存在的""历史的"理论假定存而不论,使认识直接面对"纯粹意识"(现象);通过本质还原(本质直观),使认识得以直接把握现象的自我同一的不变特质;通过先验还原,使哲学找到一切知识得以建立的"阿基米德点"——先验自我。对象的意义与价值则是通过先验自我的意向性活动不断赋予、建构的。由此,推动了意动心理学、二重心理学、格式塔心理学以及人本主义心理学等心理学流派或思潮积极倡导主观体验与生命意义的研究,发展了直觉主义、整体主义、主观主义研究原则,创建了现象学直观、现象学内省、现象学实验等一系列研究方法,进而造就了一道有别于以实证主义哲学为主导的主流心理学的新的心理学风景。因此,在既往心理学思想史的研究中,现象学哲学之心理学方法论蕴含、流变与价值的研究,始终是学者们广泛关注的重要课题。相关研究成果大大深化了对于心理学思想演进逻辑的认识,促进了心理学方法论的建设与完善。

不过,既往对现象学哲学之心理学方法论意蕴、影响的研究,主要集中在胡塞尔、海德格尔、萨特等人的现象学哲学上。对梅洛-庞蒂的身体现象学及其心理学方法论蕴含、价值的关注,则是随着第二代认知科学的兴起才逐步获得重视的。二十世纪八九十年代以来,梅洛-庞蒂的身体现象学与第二代认知科学的关联,抑或梅洛-庞蒂的身体现象学在认知科学发展中的重要价值,不断受到学者们的重视。一批第二代认知科学家承认,"对影响认知的身体、环境等各种因素的关注最早要追溯到梅洛-庞蒂"(Clark,1998),"认知科学范式革命的哲学基础来源之一就是梅洛-庞蒂的身体现象学,认知科学向身体的转向得益于梅洛-庞蒂的功劳,他的思想对具身认知、延展认知、嵌入认知和生成认知都产生了深刻的影响"(Tauber,2008),"梅洛-庞蒂是第二代认知科学的重要哲学家"(Lakoff et al.,1999),"认知科学需要像梅洛-庞蒂这样的存在主义哲学家的思想才能获得健康发展"(McClamrock,1995),"梅洛-庞蒂的身体现象学有助于认知科学更好地理解'什么是具身'这个重要问题"(Anderson,2003),等等。梅洛-庞蒂的身体现象学在第二代认知科学家眼中为何具有如此大的魅力?从梅洛-庞蒂的身体现象学中,我们还能获得哪些其对于未来心理学的发展的有益启迪?这些问题很自然地需要心理学研究者做出进一步的深入思考。

也正是在这样的背景下,当本书作者——我的博士研究生谢金着手学位论文选题时,我建议他以梅洛-庞蒂的身体现象学心理学思想作为研究方向,并就研究目标、内容、思路与方法等进行了充分讨论。经过几年的努力,谢金形成了其博士学位论文《身体现象学视野中的心理学图景——梅洛-庞蒂的身体现象学心理学思想与当代价值》,并获得外审专家和论文答辩委员会的一致好评。此后,他又根据专家意见对博士学位论文做了进一步扩充与完善,形成了即将付梓的这部学术专著。

作为谢金的博士生导师,我比较了解他的为人、治学,也亲身见证了这部著作的研究、写作过程。从一开始,谢金博士就深知:心理学思想史的研究,必须恪守"古为今用,洋为中用"的研究宗旨,遵循历史重建和理论建构相结合、客观描述与主观阐释相交融、外在逻辑与内在逻辑相统一以及历史评价和现实观照并重的研究原则,寻求达成问题鲜明、内容全面、思路清晰、资料翔实、方法得当、结论可靠、成果创新的研究目标。以这样的认识为前提,谢金博士在他的这部著作中,考察了身体现象学心理学思想的产生背景,发掘了身体现象学的心理(行为)本质观、心理(行为)发展观与心理学方法论蕴含,考察了身体现象学心理学思想对具身心理治疗、第二代认知科学的影响,并立足于马克思主义哲学原理评析了梅洛-庞蒂的身体现象学心理学思想的是非功过。应该说,就研究内容的全面性、系统性问题而言,国内心理学界同类研究中像谢金这样的研究成果并不多见;就研究的深入性与研究成果的创新性而言,谢金的研究成果已在身体现象学心理学思想研究的诸多方面做出了自己重要的推进。作为导师,笔者也从谢金的研究中收获了一些惊喜。例如,正是通过对这部著作的阅读,笔者才了解到,作为哲学家的梅洛-庞蒂原来在心理学诸多重大理论问题上也曾付诸过如此多的心力,并与格式塔心理学、日内瓦学派认知心理学、行为主义心理学、精神分析心理学等重要心理学流派有过那么深刻的碰撞与交流;也正是通过与谢金博士交流、讨论,笔者才逐渐理解了梅洛-庞蒂将认识的"阿基米德点"

拉回到"肉身"或"身体图式",并以辩证的观点看待身体、环境与认知的本质等思想观点的高妙之处,明白了身体现象学能在现代心理学认知观、治疗观的变革中拥有如此大魅力的奥秘所在。基于这些切身的体会,笔者相信,谢金博士的这些成果,一定能成为当下仍相对贫瘠的梅洛-庞蒂身体现象学心理学研究园地里一颗值得关注的果实,对于进一步澄清心理学思想的演进脉络、进一步完善理论心理学特别是心理学方法论建设,也将提供一些有益的启迪。

毋庸讳言,梅洛-庞蒂身体现象学思想与马克思主义哲学虽有一定的相通之处,但亦存在着较大的距离。如何在马克思主义哲学基本原理的指导下充分吸收西方心理学方法论的合理成分,在不断完善心理学方法论建设的基础上构建中国心理学自主知识体系,仍是一个需要一代代中国心理学工作者共同努力的复杂课题。从这一意义上看,谢金博士所展示的研究成果,显然只是在完成这一课题的漫长历程中的小小一步。因此,期待着谢金博士在今后的岁月里不断努力,一步一个脚印地将自己的研究推向深入、完善;期待着这部著作的出版,能激起更多的同仁参与到中国特色心理学方法论建设的队伍中来,共同创造出中国心理学的辉煌时代。

彭运石
2024 年 10 月于长沙

目　录

总　序 ·· 1
序 ·· 3

第一章 | 绪论
第一节　梅洛-庞蒂身体现象学心理学思想的产生 ······ 4
第二节　关于梅洛-庞蒂身体现象学的研究 ············ 7
第三节　关于梅洛-庞蒂身体现象学心理学思想 ······ 8
第四节　关于梅洛-庞蒂身体现象学心理学思想的
　　　　当代价值 ································· 13
第五节　关于梅洛-庞蒂身体现象学心理学思想的评价
　　　　·· 17

第二章 | 梅洛-庞蒂身体现象学心理学思想的形成
第一节　梅洛-庞蒂的生平与主要著作 ··············· 21
第二节　梅洛-庞蒂身体现象学思想的社会背景 ······ 26
第三节　梅洛-庞蒂身体现象学思想的哲学背景 ······ 29
第四节　梅洛-庞蒂身体现象学思想的心理学背景 ···· 54

第三章 | 梅洛-庞蒂身体现象学及其心理学方法论蕴含
第一节　梅洛-庞蒂身体现象学 ····················· 67

第二节　身体现象学心理学方法论蕴含 …………… 87

第四章 ｜ 梅洛-庞蒂的心理本质观

第一节　身心观 ……………………………… 103
第二节　知觉观 ……………………………… 116
第三节　无意识观 …………………………… 128
第四节　行为观 ……………………………… 147

第五章 ｜ 梅洛-庞蒂的心理发展观

第一节　心理发展观 ………………………… 165
第二节　儿童心理发展的影响因素 ………… 173
第三节　儿童心理发展的具体内容 ………… 181

第六章 ｜ 梅洛-庞蒂身体现象学心理学思想的当代价值

第一节　身体现象学对心理治疗的影响 …………… 225
第二节　身体现象学对第二代认知科学的启迪 …… 239

第七章 ｜ 梅洛-庞蒂身体现象学心理学思想与心理学的未来

第一节　梅洛-庞蒂身体现象学心理学思想的贡献
　　　　………………………………………… 265
第二节　梅洛-庞蒂身体现象学心理学思想的局限
　　　　………………………………………… 270
第三节　梅洛-庞蒂身体现象学心理学思想与
　　　　心理学的未来 ……………………… 273

参考文献 ………………………………………………… 279

后记 ……………………………………………………… 295

第一章 绪 论

- 第一节 梅洛-庞蒂身体现象学心理学思想的产生
- 第二节 关于梅洛-庞蒂身体现象学的研究
- 第三节 关于梅洛-庞蒂身体现象学心理学思想
- 第四节 关于梅洛-庞蒂身体现象学心理学思想的当代价值
- 第五节 关于梅洛-庞蒂身体现象学心理学思想的评价

第一章 | 绪 论

莫里斯·梅洛-庞蒂(Maurice Merleau-Ponty,1908—1961)是法国20世纪著名的哲学家、心理学家,在"伟大的思想家"(The Greatest Thinkers)丛书中他被列为20世纪最伟大的思想家之一(丹尼尔·托马斯·普里莫兹克,2019)。早在他在中学任教时,他不但教授哲学课程,而且还开展格式塔心理学、行为主义心理学和精神分析心理学的研究(章士嵘 等,1996)。美国现象学家赫伯特·斯皮格尔伯格也指出,梅洛-庞蒂不仅是一位优秀的学院教师,而且他对于人的科学,特别是心理学也有独到的见解(赫伯特·斯皮格尔伯格,2016)。赫伯特·斯皮格尔伯格甚至还认为"莫里斯·梅洛-庞蒂是在心理学中具有最高位置和记录的法国现象学家"(Spiegelberg,1972)。莫里(Murray,1972)认为,尽管斯皮格尔伯格对梅洛-庞蒂有如此高的评价,但是为了符合梅洛-庞蒂在心理学中的实际地位,他还应该在研究重要学者的第二部分中专门拿出一章来,以论述其心理学观点。此外,国内学者章士嵘等(1996)认为梅洛-庞蒂是在法国存在主义和现象学运动中具有重要地位的哲学家,也是法兰西最伟大的现象学家。佘碧平(2007)在其研究中认为梅洛-庞蒂是一位百科全书式的哲学家,他的著作涉及哲学的所有内容。杨大春认为梅洛-庞蒂是一个具有开拓性意义的哲学家,他推动了现象学向身体领域的深入展开,一直注重精神和理性的哲学研究传统所导致的边缘化的身体问题在梅洛-庞蒂那里得到彻底扭转。一定程度上可以说,正是因为他的努力,使身体和精神的重要性在各个哲学家的研究中达到了等量齐观的程度。他的研究成果对法国哲学乃至整个西方哲学都有重要意义(杨大春,2001)。从1952年直至逝世,梅洛-庞蒂在法兰西学院任哲学教授,成为历来担任该职的最年轻的学者。也正因为如此,本书以梅洛-庞蒂身体现象学心理学思想为主题,以期推动对梅洛-庞蒂身体现象学心理学思想开展更为全面、深入、系统的研究。

第一节　梅洛-庞蒂身体现象学心理学思想的产生

在梅洛-庞蒂身体现象学心理学思想的研究中,前人围绕社会科学背景、哲学背景、心理学背景和发展阶段等方面展开了相关研究。

首先,从思想产生的社会背景来看,已有研究多从法国国内的社会科学背景、整个欧洲的社会科学背景或两者交叉发展的背景等层面开展研究。众多研究者均指出,近代西方整个社会文化存在一种科学危机,这一危机主要体现在人类与自然的关系中。科学的目的就是要揭示自然,这是一种自然主义的态度,但是这一自然又离不开充满着主观能动性的人类,科学理性的危机就自然而然地产生了(佘碧平,2007;杨大春,2014;高宣扬,2016;莫伟民 等,2008)。也有研究者指出,梅洛-庞蒂所处的整个欧洲的社会世界观唯一受到实证科学的影响,被实证科学所产生的"欣欣向荣"的社会文化现象所迷惑,这种结果导致人们以冷漠的旁观者态度回避了对人性具有深刻影响的问题,整个社会也就出现一种"单纯注重事实的科学造就单纯注重事实的人"的文化氛围(埃德蒙德·胡塞尔,2017b;赫伯特·斯皮格尔伯格,2016)。还有研究者指出,在梅洛-庞蒂所处的时代,整个社会经历过两次世界大战的创伤,使得人们产生对人生有无意义、价值等根本社会问题的疑问,而身体现象学作为一种时代精神,也是对这一系列社会问题的回答(任其平,2008)。

其次,从思想产生的哲学背景来看,很多研究者认为梅洛-庞蒂身体现象学心理学思想受到笛卡儿、黑格尔、马塞尔、胡塞尔和海德格尔等哲学家的影响(唐清涛,2013;佘碧平,2007;杨大春,2013;郭红,1996;杜小真,1989)。他们均指出了笛卡儿身心二元论的思想对梅洛-庞蒂的影响,梅洛-庞蒂在批判与超越笛卡儿有关身体问题的基础上,创造性地表达了自己对身心问题、知觉现象的观点,他尤其反对笛卡儿哲学思想中对客观性的过度效仿以及他在认识论和本体论上所呈现的还原论、因果论等模式。有研究者认为,梅洛-庞蒂的身体现象学思想深受黑格尔、胡塞尔、海德格尔等人的影响,其共同之处在于都秉承了经典现象学关于现象学的基本原则、现象学的根本方法、现象学的目标等内容。其差异在于两个方面：一是梅洛-庞蒂把身体视为首要命题，他认为身体不是在现实认识活动中被构建的物理对象，也不是完全自在的物质性存在，而是身心统一的"第三维度"，真正达到了物质性身体和观念性身体的完美结合。二是身体现象学作为现象学法兰西阶段的最重要表现形式，它一开始就没有完全照搬胡塞尔的思想，而是对胡塞尔意识哲学的超越，同时也是对海德格尔哲学思想中隐藏的身体倾向的不同程度的彻底展现（佘碧平，2007；杨大春，2004b）。也有研究者强调了布伦施维格和柏格森的哲学思想对梅洛-庞蒂的影响（杜小真，1989；德尔默·莫兰，2017）。此外，还有研究者指出了分析哲学、现象学、西方马克思主义以及结构主义等西方哲学思想对梅洛-庞蒂的影响（尤尔根·哈贝马斯，2004；赫伯特·斯皮格尔伯格，2016；冯俊，2017）。

第三，从心理学背景来看，梅洛-庞蒂涉猎过当时的行为主义心理学、精神分析心理学、格式塔心理学、儿童心理学等心理学领域（Sheredos，2017；Simanke，2011；Nilsen，2008；Welsh，2006；Welsh，2015；宁晓萌，2016；德尔默·莫兰，2017）。梅洛-庞蒂终生都对心理学抱有浓厚的兴趣，尤其是他的第一部著作《行为的结构》的大部分内容讨论了心理学中对行为进行还原的做法，也是在1930年前后，梅洛-庞蒂高度关注20世纪心理学各派的发展与研究成果，包括格式塔心理学、行为主义心理学和精神分析心理学等主要流派（德尔默·莫兰，2017）。早在1933年，梅洛-庞蒂就以用格式塔心理学和神经病学的原理研究知觉的本质为主题申请了法国国家社会科学的课题。1945年，梅洛-庞蒂凭借《行为的结构》和《知觉现象学》两部重要著作获得博士学位。第二次世界大战后，他曾受邀在法国里昂大学讲授儿童心理学课程。1948年，他被聘为法国里昂大学心理学教授，专门讲授儿童心理学与教育学，这一点并不广为人知。梅洛-庞蒂总共讲授了七门课程，其中有不少涉及儿童心理学的理论问题。梅洛-庞蒂没有创造出一套独创的儿童心理学体系，但他在索邦大学的讲座值得仔细关注。它们具有他思想的独特特征——将科学事实与卓越的哲学思考结合起来，这些为儿童心理学提供了一种深刻的哲学批判。反过来,也使我们理解了儿童心理学对梅洛-庞蒂晚期哲学发展的深远影响(Friedman,1975)。

最后,从其发展阶段来看,很多研究都对身体现象学的发展划分了相应的阶段。如,著名的现象学家赫伯特·斯皮格尔伯格在其著作《现象学运动》中指出,法国的现象学发展可以分为两个时期:第一个是接受时期,在此时期,现象学是由在德国接受过专业训练的学者讲述和宣传的外国思想,那些关心促进哲学国际交流的人特别感兴趣;第二个是生产时期,这时现象学成为法国人自己手中的有力工具。这两个时期的分界时间点在1936年(赫伯特·斯皮格尔伯格,2016)。冯俊(2017)在其研究中指出,法国哲学关于身体议题的探讨可划分为三个阶段,首先是以笛卡儿为典型代表的身心二分阶段,其次是以伯格森、萨特和梅洛-庞蒂为典型代表的心灵肉身化和身体精神化的阶段,然后是以福柯、德勒兹等为代表的心灵和身体物质化的阶段。根据这种划分意见,曾被欧陆哲学以理性和精神为核心的强大传统所压制甚至边缘化的身体问题,在20世纪发生了重大逆转。如果说在第二阶段,身体和心灵的重要性在哲学家的角力中已是平分秋色,那么在第三阶段,身体的泛化变得更为激进。身体比心灵更原初,而且也比身心的二分法更原初。这种身体问题的逆转在法国现象学中更为突出,或者更确切地说,法国现象学本身就是这种逆转最重要的推动力。唐清涛(2013)认为从梅洛-庞蒂哲学发展的历程来看,可以将其哲学发展生涯划分为三个阶段:早期阶段(1939—1945年),代表著作有《行为的结构》和《知觉现象学》;中期阶段(1946年—20世纪50年代中期),代表著作有《符号》《世界的散文》《意义和无意义》《辩证法的冒险》《人道主义与恐怖》等;后期阶段(20世纪50年代末—1961年去世),代表著作有《眼与心》《可见的和不可见的》。以此为划分阶段,相应地,梅洛-庞蒂的哲学思想也表现出三个不同的阶段:早期以心理学、知觉现象学的内容为主,中期以政治的内容、语言表达的内容、哲学与社会科学关系的问题等主要内容,后期以他的存在论思想为主要内容。杨大春(2004)则将梅洛-庞蒂的思想分为早期、中期、晚期三个阶段,并认为梅洛-庞蒂的早期思想从身体性、肉身化主体（主要表现在《行为的结构》和《知觉现象学》）出发，作为目标的存在藏而不显；中期思想从语言、社会文化（主要表现在《世界的散文》）出发，存在依旧是藏在隐蔽之处；后期思想从自然（主要表现在《可见的和不可见的》）出发，存在就直接出场了。此外，也有研究对梅洛-庞蒂的整体思想发展历程根据某个线索加以探讨，比如通常的观点认为梅洛-庞蒂的身体现象学思想从前期到后期经历了从身体到肉身的发展过程。

第二节 关于梅洛-庞蒂身体现象学的研究

梅洛-庞蒂是一个具有开创性意义的哲学家，他通过批判和创造性继承法国哲学传统，运用现象学的方法把现象学推向了身体领域、他人领域、语言领域。甚至有学者认为他的研究内容对当代法国哲学乃至当代整个西方都有重要影响，尤其是使现象学运动进入一个全新的领域（如新现象学、语言现象学）（杨大春，2001）。一言以蔽之，他是法国哲学乃至西方哲学发展中一个不可或缺的人物。也正因为如此，吸引了国内外众多学者对他的哲学思想尤其是身体现象学展开了大量的研究。归纳起来，主要表现在以下四个方面：

第一，就身体现象学本身的内容做了大量研究。很多学者认为身体现象学的主要内容包括身体主题、世界主题、身心关系、身体图式、身体的体验、现象学的方法、现象学的态度等（伍小涛，2013；季晓峰，2010a；崔增宝，2018；李婉莉，2013；庞学铨，2001；王亚娟，2017；关群德，2010），这些研究者从不同的角度对这些内容开展了详尽的探讨与研究。

第二，对身体现象学的哲学特色开展了研究。一些研究者认为，身体现象学的哲学反思试图拒斥近代笛卡儿主义的观点，把身体主体理解为在世界之外的自足心灵（臧佩洪，2005；刘哲，2014；杨大春，2004a）。此外，《梅洛-庞蒂与马克思主义：从恐怖到改革》《含混的哲学：梅洛-庞蒂的存在主义》等著作从存在主义、现象学和马克思主义等视角进行研究;《当代法国哲学家》《现象学运动》等著作对梅洛-庞蒂的哲学思想与笛卡儿哲学、柏格森哲学、萨特的存在主义等法国哲学主流思想的关系展开了细致的分析;《梅洛-庞蒂:在现象学与结构主义之间》《梅洛-庞蒂的语言哲学:结构主义与辩证法》《梅洛-庞蒂:解释学与后现代主义》等作品分析了梅洛-庞蒂的哲学思想在现代性朝向后现代性转向过程中的作用。刘放桐在《存在主义哲学》中用"梅洛-庞蒂"这一章的篇幅专门探讨了梅洛-庞蒂的哲学特色以及前期哲学(如知觉理论、西方马克思主义)的主要内容(刘放桐,1963)。

第三,关于身体现象学的特点。有研究者认为身体现象学常常"顾左右而言他",表现出回避或模棱两可的倾向,给人一种思想混合体的感觉,如存在黑格尔、胡塞尔等人思想的混合体,还认为身体现象学是一种调和一些明显冲突的观点,渗透了他那个时代的充满矛盾冲突的哲学(郭红,1996;约瑟夫·祁雅理,1987),所以梅洛-庞蒂的哲学思想也被称为"含混的哲学"或"模棱两可的哲学"。

第四,关于知觉的研究。绝大多数研究者都认为对知觉的研究是理解梅洛-庞蒂思想的核心,也认为知觉具有暧昧性的特征,是批判和解构身心二元论的突破口(Dreyfus et al.,1962;Youell,2007;郑震,2007;何静,2009;关群德,2010;季晓峰,2010;李婉莉,2013)。其中,有研究者认为梅洛-庞蒂借鉴了当时的心理学和现象学的研究成果分析了知觉的问题,通过对知觉现象的心理学分析说明经验主义和理智主义都不能很好地说明知觉本身(苏宏斌,2001;齐志家,2010)。

总之,关于梅洛-庞蒂的身体现象学内容的研究是广泛的,呈现出著述众多、全面深入等特征。

第三节　关于梅洛-庞蒂身体现象学心理学思想

梅洛-庞蒂在阐述身体现象学的时候论述过很多心理学思想,他非常关注当时心理学的发展,在他的著作中列举了大量关于心理学的研究,这包括心理学的学科性质、研究对象、研究方法、研究主题、心理学的应用研究、对心理学流派的批判与借鉴等方面的内容。关于梅洛-庞蒂身体现象学心理学思想的研究论文或著作方面,涉及了心理学的诸多领域,归纳起来有三种类型:第一种是关于梅洛-庞蒂的心理学学科观和心理学研究对象方面;第二种是关于梅洛-庞蒂的心理本质观方面;第三种是关于梅洛-庞蒂对心理学流派的批判与借鉴方面。

第一,在心理学学科取向方面。有研究介绍了梅洛-庞蒂对自然科学心理学的早期批判,尤其是在他的第一本著作《行为的结构》中,包含了对科学、心理学和哲学之间关系的论述(Joseph,1986;Welsh,2015)。他认为在任何一种科学研究中,研究者可能没有接受过任何哲学理念的指导,但在他的研究中必然或多或少地隐含了哲学的理念或基本前提,心理学的实证研究更是如此。离开了哲学,科学就不知道在表达什么,反之亦然,即人们在解释事实的时候,自觉或不自觉地就会进行哲学思考。因此,哲学受益于科学,科学也受益于哲学。哲学基础或理论假设在科学研究,尤其是在心理学的实证研究中非常重要。威尔士进一步指出,梅洛-庞蒂反对的不是科学,而是科学主义,一种把科学作为知识和生活的最终来源和目标的不科学态度。梅洛-庞蒂认为,在科学经过了它发展的某一点之后,它本身停止了自我实体化,而是会引导我们回到感知世界的结构,并以某种方式重新覆盖它们。也正是因为我们试图将科学思维的程序应用于感知,所以我们清楚地看到感知不是物理因果关系的现象。梅洛-庞蒂对科学的批判确立了任何形式的二元论都不能成为终极解释(Welsh,2015)。

第二,在心理本质观方面。多数研究认为梅洛-庞蒂坚持身心统一的观点,反对传统的身心二元论(杨大春 等,2018;徐献军,2009;崔增宝,2018;莫伟民 等,2008;李婉莉,2013)。杨大春等(2018)认为,梅洛-庞蒂在解决身体和心灵关系时并非采用传统形而上学的机械论方法,他坚持认为身体和心灵是辩证统一、不可分割的整体,身体与心灵只是不同层面功能整合的产物,体现为整合的不同程度。也有研究指出,梅洛-庞蒂身体现象学心理学的发展是探索超越以往哲学中身心二元对立模式的途径,强调身心的一种融合与混合,强调最终无法确定的身心边界,即心灵并非与世界截然分离,而是一直通过肉体参与到世界之中,而"知觉"就是这样一种先于身心分离的"原初"的身体行为,知觉的"含混性"揭示了身心的不可分离和相互纠缠的状态(莫伟民 等,2008)。徐献军(2009)认为,梅洛-庞蒂回到对身体体验的分析解决了身心问题的重要方面,他认为梅洛-庞蒂既不把物质归结为精神,也不把精神归结为物质。崔增宝(2018)认为梅洛-庞蒂从辩证的视角分析和论证了身心关系,身体并非自我封闭,意识也不只是在外部对身体产生作用,身体和意识之间没有明确的界线。梅洛-庞蒂的意识概念代表了其试图克服二元论的困难。高新民(1989,1994,2005)认为,梅洛-庞蒂提出了心身两面论的"方面二元论"(dualism of aspect),即他不同意把人劈成心身两半,而只是根据人的身体在经验中的独一无二的作用区分出不同意义的身体。首先是"某某自己的身体"即现象的身体,其次是"客观的身体"即作为客体的身体。前者是在自己的经验中所体验到的、把握到的或认识到的身体,而后者是别人把我的身体当作客体而认识到的身体。两种意义的身体在透明性、控制性、持久性、空间性和统一性上是不同的。李婉莉(2013)以"身体"概念为切入口,分析梅洛-庞蒂在身心关系方面所提出的新思路与解决方式,同时她认为梅洛-庞蒂将胡塞尔的意识意向性和构成变为身体的意向性和构成,这样就能更好地解决身心两分问题。她同时还提出,梅洛-庞蒂在后期创造性地提出"肉"(flesh)的概念,为解决身心二元论提出了本体论上的解决方案。季晓峰(2010a)从梅洛-庞蒂的身体表达理论出发,借助论述肉身化的主体及其意义投射,说明了梅洛-庞蒂的身体现象学以心物、主客交融的身体表达替代了传统的身心二元论。张尧均(2004)论述了梅洛-庞蒂有关心身关系的观点,认为梅洛-庞蒂强调人是心身统一体,这种统一具有多层次性,强调了精神对于人的独特价值和精神对身体的依附性,从而使精神返回世界。

在对行为的理解方面,很多学者都认为梅洛-庞蒂反对对行为原子式的解释(Romanyshyn,1977;Giorgi,2012;Corriveau,1972)。有研究指出,梅洛-庞蒂通过借鉴行为一词理解意识和自然之间的关系,这里的行为是指具有历史意义整体的结构,分析梅洛-庞蒂关于行为的含义,不难指出其与经典行为主义中行为概念的区别。梅洛-庞蒂说明了行为主义关于行为的不合理之处,他认为应该重新解读行为的概念(Romanyshyn,1977;Giorgi,2012)。也有研究强调梅洛-庞蒂对行为的研究借鉴了格式塔心理学的思想,梅洛-庞蒂突破了狭隘的行为主义的缺点,对行为的概念作出了现象学的解释,即行为是外在与内在、意识与运动的不可分割的格式塔或形式(赫伯特·斯皮格尔伯格,2021;杨大春,2005b)。科里沃对比了斯金纳和梅洛-庞蒂的行为观,认为梅洛-庞蒂抗议对行为作出原子式的解释,以及指出梅洛-庞蒂集中研究了行为的概念及其与意识的关系,梅洛-庞蒂认为意识既不是作为一种精神现实,也不是作为一种原因,而是作为一种结构,他的研究重点在于发现这种结构的意义及其存在方式(Corriveau,1972)。

在对知觉观的理解方面,多数学者认为梅洛-庞蒂强调了知觉的首要性的意义和现象学的知觉观(Giorgi,1977;Brooke,1986)。乔吉(Giorgi,1977)探讨了梅洛-庞蒂关于知觉的首要性命题对心理学知觉研究的启示,重点介绍了知觉的两种现象学视角的观点,即内部视角(internal viewpoint)和发散性伴随存在(divergent concomitant presence)。他认为现象学的知觉比传统的知觉研究更能体现知觉的特征,其一,强调了身体是主动的而不能被误解为仅仅是知觉的行为解释;其二,在知觉过程中扮演着内在角色的世界呈现不能仅仅从物理的角度来理解。布鲁克(Brooke,1986)认为,梅洛-庞蒂眼中的知觉不是被动的而是具有意向性的,而知觉的意向性是具身的前反思。

关于性欲观的研究方面,很多研究比较了梅洛-庞蒂和弗洛伊德对性欲的分析(Giorgi,1977;Dillon,1980;Weiss,1981;Faugstad,2010;Moya et al.,2016)。莫亚等(Moya et al.,2016)分析了弗洛伊德和梅洛-庞蒂关于身体和性欲的概念之间的联系。他们认为,这位法国哲学家在他的许多著作中都提到了弗洛伊德并对他进行了解读，他重新解释了弗洛伊德赋予性欲的含义，因为他将性欲融入了人的整体，而不是使它成为一种盲目的或者仅仅是本能的力量。作为这种整合的结果，无意识和本能或驱力的概念被解释为：根据它们在人的行为中所具有的意义或重要性而发生作用。布鲁克(Brooke, 1986)认为，梅洛-庞蒂对弗洛伊德无意识概念的批判涉及三个相互关联的问题，即否认无意识是心灵内部的一个区域，垂直地位于人的内部；拒绝弗洛伊德的机械论和决定论语言；精神分析未能克服心理学中普遍存在的物化问题——倾向于把人类意图和行为理解为无生命的，或者至少是类似物的驱力的产物。狄龙(Dillon, 1980)认为，梅洛-庞蒂反对弗洛伊德精神分析理论中的还原论观点，尤其是否定了关于性欲意义起源问题的两种传统的还原论方法：经验主义模型将性欲还原为本能或以生殖器为中心的需求和快乐的条件反射，理智主义模型将性欲还原为表象的力量或将意识形式(性欲范畴)叠加在其他中性体验之上。梅洛-庞蒂的反驳基于熟悉的施耐德案例意在表明这两种还原论模型都没有充分解释这位患者的异常性行为。在此基础上，他认为梅洛-庞蒂对性欲的描述是一种"原始意向性"(original intentionality)的形式，其基础是一种将身体与身体联系起来的"意向弧"(intentional arc)。

第三，对心理学流派的批判与借鉴方面。谢雷多斯(Sheredos, 2017)依据梅洛-庞蒂在《行为的结构》中对格式塔心理学的引用，论述了梅洛-庞蒂与格式塔心理学分歧的性质和程度，这主要体现在"形式"和"反还原"的概念上，同时还认为梅洛-庞蒂证明了格式塔心理学错误的地方在于将形式具体化为超验的现实，而没有将其视为感性的意识现象。斯曼克(Simanke, 2011)对梅洛-庞蒂的身体概念与弗洛伊德精神分析的心理装置理论进行了对比研究。尼尔森(Nilsen, 2008)从格式塔与整体的角度，探讨了梅洛-庞蒂与格式塔心理学的关系。狄龙(Dillon, 1971)从格式塔理论的角度探讨了格式塔理论与梅洛-庞蒂意向性概念的关系。威尔士(Welsh, 2015)认为，梅洛-庞蒂对格式塔学派、行为主义、精神分析等心理学流派有着独到的见解，梅洛-庞蒂指出格式塔心理学、行为主义、精神分析不能接受给定的客观公式的约束,而是有可能以另一种语言呈现。梅洛-庞蒂对格式塔心理学的批判是认为它不够彻底,依旧是一种"自然主义"理论,它接受了物理现象的优越性和心理现象的因果控制。他对行为主义的批判是把行为等同于生理学或物理学的解释,而这种建立在经典预设基础上的心理学结果,如刺激与反应的既定关系、因果关系、物理决定论等,必须重新受到质疑。从行为被认为是"统一的"和人类意义的那一刻起,我们就不再看到一个人是在处理物质现实,或者是在处理精神现实,而是在处理一个有意义的整体或结构,它既不属于外部世界,也不属于内部生活。行为的结构清楚地表明了实验室心理学对我们行为问题的答案的不充分。在谈到这种普遍存在于心理学中的思维方式时,梅洛-庞蒂交替使用了经验主义、因果思维、机械思维、自然主义和唯物主义等术语,对这些立场的批判导致了事物和具身主体之间联系的重新描述,也导致了现象对自然的替代。他在撰写《行为的结构》时探讨了当时非常流行的实验心理学研究,揭示了这项工作所面临的不少困难。他通过借鉴格式塔心理学的行为环境等概念解释现象场的含义,进而认识到哲学与心理学是可以互相助益的。美国的人文出版社(Humanities Press)于1993年还专门出版了一本《梅洛-庞蒂与心理学》的论文集,该论文集系统地介绍了梅洛-庞蒂对精神分析流派的看法等基本内容。还有研究指出,梅洛-庞蒂认为精神分析是一种自我心理学,这里的自我在生命之初就与他者紧密联系在一起,梅洛-庞蒂认为,弗洛伊德有关本我、自我、超我的概念在本质上并非三种外在的事实,而是人格生活三个方面的辩证统一(宁晓萌,2016)。

第四节 关于梅洛-庞蒂身体现象学心理学思想的当代价值

近年来,学术界对梅洛-庞蒂身体现象学的思想的研究颇丰,但是在深入分析梅洛-庞蒂身体现象学心理学思想的当代价值方面还缺乏完整性、深刻性和准确性。通过文献研究发现,关于梅洛-庞蒂身体现象学心理学思想的当代价值主要表现在以下两个方面:一是关于梅洛-庞蒂身体现象学心理学思想运用于心理咨询与治疗领域;二是主要表现在以具身性、情境性为主要特征的第二代认知科学领域。

首先,关于梅洛-庞蒂身体现象学心理学思想运用于心理咨询与治疗领域。很多学者都承认了身体现象学对心理治疗的潜在影响,认为梅洛-庞蒂的身体现象学注重身体的作用,强调意向的多元性与具体性,这些都成为心理咨询与治疗的重要资源,而且对心理咨询与治疗的效果会产生重要影响(高剑婷,2017;高剑婷,2018;黄婷 等,2020;徐献军,2012;Dillon,1983;Totton,2009;Moreira,2015;Thomas,2018;Syneiou,2014;Matthews,2004)。托马斯(Thomas,2018)阐述了梅洛-庞蒂的身体现象学思想对精神病学和心理健康护理临床实践的启发,梅洛-庞蒂的身体现象学中对精神疾病和心理治疗的启发要素包括:知觉、整体论、意向性、对话、自由、活在当下等六个要素。狄龙(Dillon,1983)也研究了梅洛-庞蒂的自由和理性的目的论对心理治疗实践的影响。托顿(Totton,2009)在其研究中指出,身体心理疗法可以而且应该超越传统的治疗方法,而身体心理疗法的根基则在梅洛-庞蒂的哲学思想中。佩普劳(Peplau,1952)也认为这些语言描绘了一个充满希望的面向未来的立场,符合心理治疗实践的基本原则。在美国,梅洛-庞蒂对心理治疗和存在论精神病理学均产生了重要影响。辛尼西乌(Synesiou,2014)指出,梅洛-庞蒂的哲学视野中有关模糊性的生活和具身表达,揭示了我们与他人和世界的交叉关系,这些对我们的生活方式、与人交流以及实践存在主义心理治疗都有影响。莫斯廷(Morstyn,2010)认为,梅洛-庞蒂的哲学思想可以弥补临床治疗经验和循证心理治疗学说之间的鸿沟。莫雷拉(Moreira,2015)指出,人本主义-现象学心理治疗以梅洛-庞蒂的身体现象学为基础,并把焦虑理解为植根于存在主义风格的一部分,这已经超越患者生活世界中健康和疾病的范畴。马修斯(Matthews,2004)认为,梅洛-庞蒂的身体-主体(body-subject)的概念有助于促进对移情的理解,这也为精神疾病的人本主义疗法与物理治疗相结合的方法提供了有益借鉴,之所以能这样做是因为他认为人类既不是脱离实体的大脑,也不是复杂的机器,而是把人看作是有生命的有机体。相比之下,国内对梅洛-庞蒂身体现象学心理学的应用研究则比较少。徐献军(2012)认为,身体现象学的思想可以成为理解、探索和治疗心理紊乱的理论基础。朱相熔(2018)也提出,梅洛-庞蒂身体现象学心理学思想中对心理或生理治疗的学说有很大的启发意义。黄婷等人(2020)认为,对身体现象学的深入研究给临床医学产生重要影响,因为这有助于医护人员更好地理解人类病患的本质,她甚至还认为身体现象学是当代临床医学的前沿领域。

其次,梅洛-庞蒂的身体现象学在对第二代认知科学的影响方面。如有很多著名学者认为梅洛-庞蒂的身体现象学思想是第二代认知科学思想产生的哲学基础和发源地之一(叶浩生,2011;李其维,2008;李恒威 等,2006a;李恒威 等,2006b;孟伟,2007;武建峰,2017)。叶浩生(2011)指出,具身认知的哲学渊源可以追溯到梅洛-庞蒂的身体现象学思想,他在《知觉现象学》这部著作中开创性地提出了具身哲学的思想,在该著作中梅洛-庞蒂认为身体是知觉的主体,而身体嵌入在世界中,知觉、身体和世界三者之间是有机的统一体,个体通过身体与周遭世界产生互动交流,通过身体的作用而认识世界和产生知觉。李其维(2008)认为,梅洛-庞蒂的知觉现象学指出了身体是最为明显地"在世界中存在",如果没有通过身体的体验,就无法把握物体的综合性。只有通过完整身体体验的作用才能理解外在对象的综合,对外界对象的知觉就是我身体体验的某种知觉。李恒威等人(2006a)指出,具身认知的发展充分借鉴了梅洛-庞蒂的身体现象学思想,在研究中他们强调了梅洛-庞蒂将身体区分为客观身体和现象身体。客观身体是将身体视为一种外在的客观物质实在,而现象身体是"我"所经验和经历的一种身体,它具有创造性的整体和身体意向性等基本特征,而这些特征也成为具身认知的思想来源之一。而孟伟(2007)认为,梅洛-庞蒂的知觉观中蕴含了大量具身性思想,他认为梅洛-庞蒂的具身性思想出发点在于批判传统的二元论思想。其具身性思想表现在：知觉活动的主体是身体；知觉具有含混性或暧昧的性质；知觉是非表征的活动。梅洛-庞蒂的具身性思想与第二代认知科学的研究主题紧密相关。武建峰（2017）指出，梅洛-庞蒂关于具身性和运动意向性的概念成为认知科学的现象学基础，梅洛-庞蒂既反对认识的理性主义，又反对认识的经验主义，并认为身体使得我们和世界密不可分，身体是我们拥有世界的独特手段。

　　国外也有不少学者认为梅洛-庞蒂身体现象学心理学思想对第二代认知科学产生了影响。如富萨尔-波利等人（Fusar-Poli et al., 2009）认为，梅洛-庞蒂提出的具身主体性（embodied subjectivity）这一创新性见解为克服身心二元论提供了基础。具身主体性的概念反对把人视为离身的心智或无生命的机器，而是把人看作积极的、具有创造性的有机体，他的主体性通过身体与世界的相互作用而获得。波拉德（Pollard, 2014）论述了梅洛-庞蒂的哲学思想对当今如日中天的具身认知科学影响。托贝（Tauber, 2008）指出，在认知科学范式革命中，维特根斯坦、海德格尔和梅洛-庞蒂发挥了重要作用，但是梅洛-庞蒂比前两者的贡献更大、影响更充分。拉考夫等人（Lakoff et al., 1999）指出，传统的认知科学把人的推理和概念获得的过程看作一种抽象的、离身的过程，在这一过程中，人的身体体验和生理结构并没有发挥作用，正是这一观点导致第一代认知科学逐渐衰弱。而后来居上的第二代认知科学在梅洛-庞蒂的身体现象学中找到了哲学根基，他们认为，心智、理性和认知与现象学的身体紧密相关。心智原本是具身的，概念是通过隐喻的方式而形成，而隐喻最初是与身体的活动紧密联系，所以人通过身体认识世界，心智的发展离不开身体活动的经验。人类的概念获得与推理过程并不是对外部现实的客观反映，而是与人类的身体经验紧密有关，尤其是感觉运动系统紧密相连。瓦雷拉等人所出版的著作《具身心智：认知科学和人类经验》深受梅洛-庞蒂思想的影响，他们对具身性的看法是：人类的认知取决于源自具有不同感觉的身体运动能力，人类的认知不可能与运动中的身体相分离，认知就是行动,行动中也蕴含认知。他们认为,身体不仅仅是纯粹的物理的、生物的身体,更是经验的、现象的身体(弗朗西斯科·瓦雷拉 等,2010)。

随着第二代认知科学的发展,国内外很多心理学工作者意识到了梅洛-庞蒂的身体现象学思想对第二代认知科学的影响,甚至喊出了"重回梅洛-庞蒂"的口号,希望能在梅洛-庞蒂那里为第二代认知科学找到思想根基和哲学基础。因此,我们现在重读梅洛-庞蒂身体现象学心理学思想对当今如火如荼的第二代认知科学也具有深刻的现实意义。

第五节 关于梅洛-庞蒂身体现象学心理学思想的评价

梅洛-庞蒂身体现象学心理学思想深受经典现象学运动和存在主义哲学的影响,反对现代主流心理学中的科学主义倾向,以"肉身"为独特视角为心理学发展寻找新出路。"肉身"成为身体现象学心理学的重要标签,凸显了身体现象学心理学思想的整合性。此外,身体现象学心理学思想对当代主流心理学而言具有"批判性"的意义,它为心理学的研究提供了一种全新的视角和立场,为当代主流心理学的发展提供了一种反思:心理学不应该以碎片化、原子式的方式探求对人的理解,不应该构造各种各样的理论模型去研究人的心理和行为,而应该在现实生活世界中去把握人生价值,要通过对各种社会历史文化、环境的阐述去理解生活意义。

梅洛-庞蒂身体现象学心理学思想研究对国内心理学界最具有启发意义的贡献是呈现了一种真正的批判怀疑精神,更为准确地说,是他对诸多心理学思想的创造性批判和继承的立场。他对巴甫洛夫的反射学说、经典行为主义心理学、格式塔心理学、经典精神分析心理学、结构主义精神分析思想、儿童心理学甚至是索绪尔的语言学说、斯特劳斯的结构主义社会理论等思想进行了丰富、独到而又深入的分析和阐述,为我们的研究打开了新的思路。我们在阅读和研究他的著作过程中逐渐意识到,他类似于"百家"式的心理学家。虽然有不少学者认为他的思想很"暧昧"(杜小真 等,2011),但这种"暧昧"不是一种模棱两可的不清楚,而是对"普遍"和"绝对"进行怀疑的一种学术态度。

尽管身体现象学心理学思想打开了一扇观察与解释世界的全新大门,但与其他研究取向一样,身体现象学心理学思想也有相应的不足和弊端,主要表现为身体主题缺乏社会历史感以及身体体验的神秘虚无主义(伍小涛,2013)。马克思认为,人是作为一种自然机体与生命对象的人,既是一种感性化又是对象化的存在物,这种现实的感性对象也是作为生命表达的自我的本质对象,另外,"人不仅仅是一个自然存在物,而且也是人的自然存在物,也即,是一个自为存在的存在物,因此是一种类存在物"(卡尔·马克思 等,2009a)。虽然梅洛-庞蒂也阐述了身体的自为性,但是这种自为性具有被动的特征:我的身体既可以反对世界的进入,也可以向世界敞开。这种朝向外部世界和时空框架的存在运动可以重新开始,就像河流可以解冻一样(梅洛-庞蒂,2001)。布莱恩·特纳批判道:"梅洛-庞蒂的身体现象学是从主体的立场阐释个体主义,最终结果这是一种缺乏社会和历史内容的阐释。站在社会学的立场来看,身体是通过社会建构和体验而成的,他对身体的具身性的描述性分析当然与现象学的方法是一致的,现象学的方法寻求消除存在的问题以专注于意义的问题。但是,这样的研究方法过于排斥存在问题,因为用他自己的话来说,存在涉及意义,意义也涉及存在"(布莱恩·特纳,2000)。

应该指出的是,梅洛-庞蒂的身体现象学思想在国内的宣传和了解是与当代西方哲学紧密有关的。因此,对梅洛-庞蒂身体现象学心理学思想的评价离不开现象学和存在主义的哲学背景。概括回顾梅洛-庞蒂身体现象学心理学思想在国内的传播和认可进程,促使我们对这一进程对当代中国心理学的研究,尤其是对心理学理论研究产生的影响和借鉴意义开展更为系统、全面、细致的思考。

第二章 | 梅洛-庞蒂身体现象学心理学思想的形成

- 第一节　梅洛-庞蒂的生平与主要著作
- 第二节　梅洛-庞蒂身体现象学思想的社会背景
- 第三节　梅洛-庞蒂身体现象学思想的哲学背景
- 第四节　梅洛-庞蒂身体现象学思想的心理学背景

第二章 梅洛-庞蒂身体现象学心理学思想的形成

梅洛-庞蒂身体现象学心理学思想的产生有深刻的思想渊源，他的思想是在与当代伟大思想家们的对话中展现出来的。身体现象学尤其受到布伦施维格、柏格森、胡塞尔、黑格尔和海德格尔等人的重要影响。梅洛-庞蒂一生著作颇丰，思想涉猎广泛，尤其是在行为主义、格式塔理论、精神分析以及儿童心理学等领域均有建树。本章围绕梅洛-庞蒂的生平与著作、身体现象学心理学思想的社会背景、哲学背景和心理学背景等方面的内容展开研究。

第一节　梅洛-庞蒂的生平与主要著作

莫里斯·梅洛-庞蒂于1908年3月14日出生在法国西海岸的罗什福尔索尔梅（Rochefort-sur-Mer）地区。1913年，他的父亲（是一位殖民地炮兵上尉和荣誉军团骑士）去世后，他和家人搬迁到了巴黎。与其他幼年丧父的孩子不同的是，他后来形容自己的童年无比幸福。直到母亲1953年去世，他一直和母亲保持着非常亲密的关系。梅洛-庞蒂在巴黎的詹森·德萨伊中学（Lycée Janson de Sailly）和路易勒格朗中学（Lycée Louis le Grand）学习，并于1923—1924年在詹森·德萨伊中学和古斯塔夫·罗德里格斯（Gustave Rodrigues）一起完成了他的第一门哲学课程。也是在同年，他在哲学领域获得了学校颁发的"杰出成就奖"，后来他对哲学职业的承诺可以追溯到这门课程。1924—1925年，他还在路易勒格朗中学获得了"哲学一等奖"。1926年，他通过严格的入学考试进入巴黎高等师范学校，并在那里结识了西蒙娜·德·波伏娃（Simone de Beauvoir）和克劳德·列维-斯特劳斯（Claude Lévi-Straus）。有证据表明，在这些年里，梅洛-庞蒂创作了一部题名为《诺德》的小说，而该小说的作者署名为雅克·海勒(Jacques Heller)。他在巴黎高等师范学校的导师有莱昂·布伦施维格(Léon Brunschvic)和埃米尔·布雷海尔(Émile Bréhier),后者在1929年指导他进行普罗提诺(Plotinus)研究而获得高等教育文凭。埃米尔·布雷海尔继续指导梅洛-庞蒂的研究,直到他在1945年完成两篇博士论文。在他的学生时代,梅洛-庞蒂参加了胡塞尔1929年的索邦大学讲座和乔治·古尔维奇(Georges Gurvitch)1928—1930年的德国哲学课程。他于1930年以排名第二的优秀成绩获得哲学学士学位和哲学教师资格。

梅洛-庞蒂在布伦施维格的演讲中第一次遇到胡塞尔(Edmund Husserl,1859—1938),随后他于1928年至1930年在索邦大学古尔维奇的研讨班上接着研究胡塞尔。梅洛-庞蒂本人曾在1929年2月23日和25日参加了胡塞尔用德语发表的演讲,但是梅洛-庞蒂当时德语水平非常薄弱(德尔默·莫兰,2017)。对于梅洛-庞蒂而言,现象学提出了一种具有严格科学特征的哲学思想,但是这种哲学思想在当时并没有脱离具体的经验。梅洛-庞蒂理解胡塞尔的一个重要事件是1939年出版的《国际哲学评论》关于纪念胡塞尔的专辑,其中包括芬克对胡塞尔遗稿《几何学起源》的汇编。这种与胡塞尔晚年哲学的接触促使梅洛-庞蒂于1939年4月前往比利时鲁汶胡塞尔档案馆,并停留六天的时间研究胡塞尔未出版的手稿,尤其是《观念Ⅱ》与《危机》的全部手稿,这些手稿深刻影响了梅洛-庞蒂的思想。进一步值得提出的是,梅洛-庞蒂在第二次世界大战期间经常与胡塞尔档案馆保持联系。由于这种联系,梅洛-庞蒂对胡塞尔的理解逐渐加深,以致他的思想在很多地方都打上了胡塞尔的烙印,比如他的文章《哲学家及其影子》(Merleau-Ponty,1964b)以及在法兰西学院的演讲《胡塞尔和现象学的局限》(Merleau-Ponty,1970)。

在服役一年后,梅洛-庞蒂于1931—1933年在博韦斯(Beauvais)的中学任教,并于1933—1934年,在法国国家科学基金会(即今天的法国国家科学研究中心的前身)的资助下,从事了一年的认知研究。1934—1935年在沙特尔(Chartres)的中学任教。1935—1940年,他是巴黎高等师范学校的导师和哲学博士学生。作为老师,他的主要职责是帮助预科班的学生准备入学。在此期间,他参加了亚历山大·科耶夫(Alexandre Kojève)关于黑格尔的讲座和阿伦·古尔威奇(Aron Gurwitsch)关于格式塔心理学的讲座。他的第一批出版物也出现在这几年,如关于马克斯·舍勒(Max Scheler)的《怨恨》,加布里埃尔·马塞尔(Gabriel Marcel)的《存在与拥有》和萨特的《想象》等一系列评论文章。1938 年,他完成了论文,最初的标题是《意识与行为》(Consciousness and Behavior),并于 1942 年改为《行为的结构》(The Structure of Behavior)。1939 年 4 月,他是比利时鲁汶新建立的胡塞尔档案馆的第一位外部访客,在那里他见到了尤金·芬克(Eugen Fink),并查阅了胡塞尔未出版的手稿,包括《伊迪恩二世》和后来的《迪·克里希斯》。

随着第二次世界大战的爆发,梅洛-庞蒂在法军第五步兵团和第五十九轻步兵师担任了一年中尉,直到 1940 年 6 月在战斗中受伤他才卸任。他因在战斗中表现勇敢而被授予十字勋章。经过几个月的康复,他回到巴黎并在卡诺中学(Lycée Carnot)任教四年(1940—1944 年)。1940 年 11 月,他与苏珊娜·乔里波伊斯(Suzanne Jolibois)结婚,他们的女儿玛丽安出生于 1941 年 6 月。1940 年冬天,梅洛-庞蒂通过加入抵抗组织"社会主义与自由"重新认识了让-保罗·萨特(梅洛-庞蒂在巴黎高等师范学校上学时已认识他)。该组织出版了大约十期地下评论,直到 1942 年初两名成员被捕导致其解散。战争结束后,1945 年,梅洛-庞蒂与萨特和波伏娃合作创建了《现代》杂志社,这是一份致力于"文学创作"的杂志,他在 1952 年之前一直担任该杂志的政治编辑。

在 1943—1944 学年结束时,梅洛-庞蒂完成了他的重要论文《知觉现象学》(Phenomenology of Perception),并于 1944—1945 年在巴黎孔多塞中学(Lycée Condorcet)任教,接替此前由萨特任教的职位。梅洛-庞蒂在 1945 年 7 月为他的两篇论文进行了答辩,并达到了"优秀"博士论文的要求。同年秋天,梅洛-庞蒂任职里昂大学心理学教师,并于 1948 年晋升为心理学教授。从 1947—1949 年,他还在巴黎高等师范学校教授补充课程,他的学生包括年轻的米歇尔·福柯(Michel Foucault)。梅洛-庞蒂于

1947—1948年开设的课程"马勒伯朗士、比朗和柏格森作品中灵魂和身体的结合"(由让·德普伦记录)于1968年出版。这门课程是他在里昂大学和北卡罗来纳大学教授的,目的是让学生为进一步的大学教育而做好准备,福柯也参加了该课程。

1947年,梅洛-庞蒂定期参加学院哲学会,这是一个由让·瓦尔(Jean Wahel)成立的协会,旨在为知识交流提供一个开放的场所,而不像索邦大学那样拘泥于学术形式,许多巴黎顶尖思想家经常光顾。梅洛-庞蒂在1947年出版了他的第一本政治哲学专著《人道主义与恐怖:关于共产主义问题的论文》,在书中,他对自由民主和共产主义之间不断发展的对立做出了回应,对马克思主义采取了"观望"的态度。1948年出版了一本关于艺术、哲学和政治的散文集《意义和无意义》。1948年秋,梅洛-庞蒂在法国国家广播电台发表了每周七次的一系列主题演讲,随后被出版为《心情随笔:1948》。

梅洛-庞蒂于1948—1949年拒绝了作为客座教授加入芝加哥大学哲学系的邀请,而是于1949年初从里昂大学获得了一年的假期,在墨西哥、纽约等地发表一系列演讲。1949年末,梅洛-庞蒂被任命为巴黎大学儿童心理学和教育学教授,并在这个职位上广泛讲授儿童发展、精神分析、现象学、格式塔心理学和人类学。他在索邦大学的八门课程都是由他的学生笔记汇编而成,并发表在《索邦大学心理学公报》上。梅洛-庞蒂在这一职位上工作了三年,直到1952年当选为法国科学院哲学主席,这是法国最有声望的哲学职位,他一直担任到1961年去世。44岁的梅洛-庞蒂是有史以来当选这个职位的最年轻的人,但他的任命也存在争议。在没有遵循教授大会批准主要候选人典型程序的前提下,道德和政治科学院作出了前所未有的决定,将梅洛-庞蒂的名字从候选人名单上删除,但这一学术机构的决定随后被教育部部长本人推翻,他允许全体教员投票支持梅洛-庞蒂参选。梅洛-庞蒂1953年1月在法兰西学院的就职演讲以《哲学礼赞》为题而发表。他在法兰西学院的许多基于学生的笔记或基于梅洛-庞蒂自己的课堂笔记的课程随后出版。

面对朝鲜战争引发的与萨特日益增长的政治分歧,梅洛-庞蒂于1952年12月辞去了《现代》政治编辑的职务,并于1953年完全退出编辑委员会。他对萨特政治的批评在1955年随着《辩证法的冒险》的出版而公开,在该书中,梅洛-庞蒂与革命的马克思主义保持距离,并尖锐地批评萨特的"极端布尔什维克主义"。波伏娃同样尖锐地反驳,以《梅洛-庞蒂和伪萨特主义》为题的反驳文章同年发表在《现代》杂志上,指责梅洛-庞蒂故意歪曲萨特的立场,三个以前亲密无间的朋友之间出现了难以愈合的裂痕。梅洛-庞蒂在法兰西学院期间的朋友包括列维-斯特劳斯和雅克·拉康(Jacques Lacan),几年来他是流行周刊《快报》的定期撰稿人。1955年10月和11月,在法语联盟的委托下,梅洛-庞蒂访问了几个非洲国家,包括突尼斯、法属赤道非洲、刚果和肯尼亚,在那里他发表了一系列关于种族、殖民主义和发展概念的演讲。1956年,他出版了《著名的哲学家》(*Les Philosophes Célèbres*),这是一本经过大量编辑的关于重要的古代和当代思想家(有趣的是,从印度和中国的哲学家开始)的首创性介绍读物,撰稿人包括吉尔·德勒兹(Gilles Deleuze)、吉尔伯特·赖尔(Gilbert Ryle)、阿尔弗雷德·舒茨(Alfred Schutz)和让·斯塔罗宾斯基(Jean Starobinski)。1957年4月,梅洛-庞蒂拒绝接受法国荣誉军团勋章,此举是为了抗议第四共和国在阿尔及尔战役中使用酷刑的不人道行为。1957年10月和11月,他作为法语联盟的第二任委员,在马达加斯加、留尼汪岛和毛里求斯讲学,他认为联盟委员会的主要动机是希望亲眼看到法国海外领土政策改革的效果。梅洛-庞蒂生前出版的最后一本书《符号》,该书时间跨度历时十余年,最后出版于1960年,收集了关于艺术、语言、哲学史和政治的论文。他最后发表的一篇论文《眼与心》,阐述了绘画的本体论含义,发表在1961年的《法国艺术》创刊号上。1961年5月3日,梅洛-庞蒂因心脏病发作在巴黎去世,享年53岁。

梅洛-庞蒂的学生克劳德·勒弗特(Claude Lefort)在老师去世后出版了他未完成的两本手稿:第一本是《世界的散文》,这是一本关于文学和表达的探索,起草于1950—1951年;第二本是《可见的和不可见的》,收集了1959—1961年梅洛-庞蒂的大量工作笔记，展示了梅洛-庞蒂成熟本体论的要素。第二份手稿显然是一个更大的项目，是《存在与世界》的一部分，在1957—1958年间，又有两项未发表的内容被大量起草：《自然或沉默的世界》(La Nature ou le monde du silence)和《本体论的介绍》(Introduction à l'ontologie)。这些手稿与梅洛-庞蒂的许多其他未发表的笔记和论文，由苏珊娜·梅洛-庞蒂(Suzanne Merleau-Ponty)于1992年捐赠给法国国家图书馆。

梅洛-庞蒂虽然英年早逝，但是他的影响之深刻、辐射范围之广，已经远远超出了他生命的长度。梅洛-庞蒂的一生是奋斗不止的、硕果累累的一生，他的学术思想遍及心理学、哲学、历史学、文学、美学、绘画艺术等各个领域。近些年来，随着研究的不断发展和深入，他的思想也越来越受到重视，他提出的一系列重要问题和观点将继续吸引和启发后人。

第二节　梅洛-庞蒂身体现象学思想的社会背景

一、对时代问题的反思

当代法国的社会思想几乎成为欧美西方文化及其重要理论产生所有重大变革的思想基础。如果说在反思近代资本主义社会历史发展进程上，18世纪的法国启蒙运动成为整个欧洲思想的理论来源的话，那么，在人类社会发展历史进入21世纪的重要时刻，当代法国思想再次成为推动西方文化重建的主要力量源泉。但是，诞生于20世纪下半叶的法国思想革命浪潮，不仅仅是对第一次启蒙运动的简单翻版，就其彻底性而言，它是真正的"反启蒙"，是对第一次启蒙运动及其思想发出的严峻挑战，甚至企图从根本上颠覆以往一切成就的思想运动。因此，从这个角度来讲，这是对启蒙运动的第一次全面性的历史审思，这也是一次试图完全逆转启蒙运动历史进程的后启蒙运动（高宣扬，2016a）。20世纪下半叶，法国的哲学、人文社会科学经历了一个艰难的重建过程，正是两者在理论根基和方法论上的彻底变革，成为法国思想家开展一切思想观念改革的前提和出发点，正因为如此，当代法国思想界取得的任何一切成果，都是建立于这两者的基础上。

历经半个多世纪的变革，任何传统观念都遭到了前所未有的批判，新的思想在一种毫无约束的氛围中得到发展。思维领域的变革引发了社会科学和自然科学的革命，也进一步促使其他具体学科彻底实现理论的变革。这些变革引发了多米诺骨牌效应，导致法国整个社会生活、思想动态、个人心态的变化。法国思想历经半个多世纪的变革，不仅改变了学术整体风貌，也改变了法国普通社会大众的生活习惯和作风。法国的社会思想同理论、实践与社会大众的生活紧密相连，为世界上其他国家的思想变革树立了新的标杆。由于当代社会科学和自然科学的创造性活动与法国普通社会大众的生活密切相关，人们普遍发现：与传统的日常生活相比，当代法国人最平凡的日常生活已经蕴含了更丰富的内容，日常生活虽然平凡、琐碎、重复，但却充满了灵感和灵性，这才是超越人类最高尚思想和情感的真正基础。曾经被认为与日常生活活动脱节的科学、艺术和哲学创造活动，现在频繁地展现在法国社会大众的日常生活中。最高层次的精神活动与最常见的身体活动、现实生活结合在一起，极大地凸显了当代法国文化的时代性和示范效应。

梅洛-庞蒂所处的社会时代危机四伏，人类凶残的战争、疯狂的掠夺、经济危机、法西斯主义崛起等社会现象，使千百年来形成的近代法国文明崩溃瓦解了。身体现象学是对当时社会上所出现的社会危机、科学危机和伦理危机的一种时代之问。危机是诱导科学走向自然的一个纯粹主观的或唯心的部门，还是走向一个纯粹客观的部门。科学之所以陷入理论上的困惑，就在于一方面科学加强了人对自然的驾驭，另一方面科学的可理解性反而降低了，因而这种危机的重要特征之一就是把人物化了，视人如同机器一般的存在。因此，摆脱科学危机是身体现象学的一个重要抱负。

身体现象学所处的时代精神，是对当时的社会危机以及由此所产生的一系列诸如人生意义、价值等根本问题的回应。在这样一个充满矛盾和危机的社会环境，使人们对一向有确定"价值""意义"的观念发生了怀疑。上帝死了，人们一直赖以生存的精神支柱动摇了，在人们心目中出现了巨大的空洞和旋涡。面对残酷的社会现实、迷惘的人生，梅洛-庞蒂认为科学已蜕变为只局限于对纯粹事实而非意义的研究，因而不能也不愿意面对人的生存意义与价值的问题。所以，身体现象学在一种全新的维度中，以一种全新的视角、方法来回应时代所提出的难题。

二、在两次世界大战中凤凰涅槃

在20世纪发生的两次世界大战，实际上不仅仅是欧洲各个国家经济、政治政策延续的结果，也是社会文化积累到一定程度必然的结果。在法国近代发展历史上，遭遇两次世界大战的洗礼，已然成为各种思想理论创造复兴的历史机遇。毫无疑问，战争导致生灵涂炭，破坏了法国社会大众平静的生活，但也摧毁了生活中的邪恶力量，并揭示了隐藏已久的社会文化危机的内在根源，激发了人们的创新精神，使人们更加向往和热爱自由，提高了人们的自我反省能力，明确了社会文化转型发展的方向。

从本质上讲，第二次世界大战是为自由、民主的社会理念与法西斯独裁政权的强权之间的一场战斗，实际上这也是人类社会不同文化价值观之间的战斗。战争毫不留情地毁灭人，但也孕育了新思想。如法国哲学家福柯的老师冈吉勒姆（Georges Canguilhem，1904—1995）深受战争的影响，二战之前他是一位和平主义拥护者，但是由于战争的需要和教育，他立刻摇身一变成为一名反法西斯的战士。深受战争影响的思想家还有诸如加缪（Albert Camus，1913—1960）以及梅洛-庞蒂等人，他们都在战争中饱受战火的洗礼。而像萨特、列维纳斯、阿尔都塞（Louis Althusser，1918—1990）等著名哲学家更是饱受残酷战争的伤害，他们一度被关押在战俘营中，人身自由遭到残酷无情的剥夺。在连续不断的枪声、炮火声中,尽管他们的身体和肉身被限制在战俘营中,但他们的思想却更加活跃,逾越了牢不可破的铁丝网,不停地探索人性,反思现代性,不时发出振聋发聩的睿智哲学呐喊。萨特于 1943 年出版的《存在与虚无》和列维纳斯于 1947 年发表的《从存在到存在者》等重要作品,都是在战俘营中写出来的。萨特曾说,纳粹的独裁统治使他真正明白了什么是自由。加缪虽身患疾病,但他依旧参加反法西斯的地下战争,并发表了《异乡人》《西西弗斯的神话》和《加里古拉》等战斗檄文,用他手下的笔当作武器,与法西斯展开了激烈的战斗。而梅洛-庞蒂于 1945 年出版的《知觉现象学》,就是在他参加抗德战争时写的。因此,第二次世界大战是近代社会和文化危机激烈的外在反应,同时,在某种程度上,又是法国思想家反思的最佳历史时期(高宣扬,2016)。

在这样特殊的历史背景下,法国思想界把社会文化转型、思想重构、心灵熏陶以及生活方式的改变等各个方面综合在一起加以考虑,认识到西方思想文化的发展正面临着一个新的转折点。

第三节 梅洛-庞蒂身体现象学思想的哲学背景

现象学对于 20 世纪当代法国哲学的发展具有重要意义。与德国现象学的先行者相比,法国现象学的主要不同点在于他们所探讨的新问题,如身体、历史意义、社会生活意义。现象学在法国的广泛传播和认可,以及在不同方向上的研究和发展,引发了 20 世纪法国哲学多姿多彩的面貌。当代绝大多数重要的法国哲学家和思想家以现象学的成果为研究起点,对现象学展开不同的解释、理解和研究,这就决定了当代法国哲学呈现出不同思想流派的鲜明特点和多元化的发展态势。在所有的这些特点中,法国现象学最突出的特征之一是,受到了德国现象学思想的精神启发,服务于自己的生命哲学实践,重视人的价值、生命,关注自由与现实问题(杨大春,2005)。现象学在法国的发展主要可以划分为两个阶段:第一个阶段是毫无条件的接受阶段。在这个阶段,现象学几乎无一例外由在德国受过训练的学者回到法国传播。第二个阶段是本地化的生产阶段。在此阶段,法国本国人结合实际情况,对德国现象学进行创造性的改造或解读,使之成为法国人手中的有力工具(赫伯特·斯皮格尔伯格,2016)。

梅洛-庞蒂与法国现象学运动处于同一个时代,尽管他没有参加对德国现象学引进的工作中,但是从法国现象学运动的独立开始,他一直是最为活跃的成员之一。而在他生命的最后时期,也正值结构主义取代现象学之际(杨大春,2005)。在这个时候,梅洛-庞蒂的思想受到了黑格尔、胡塞尔和海德格尔等哲学家思想的影响。处在学生时期的梅洛-庞蒂就很反感1920年在法国流行的学院派哲学,他既反对新康德主义的观点,也反对各种形式的唯心主义。相反,他痴迷于柏格森和马塞尔等人所强调的有血有肉的、活生生的具体体验。梅洛-庞蒂尤其受到马塞尔的著作《形而上学》的影响,他将该著作讨论的"体现"和"在世存在"等重要概念吸收进自己的思想体系中,特别是他提到马塞尔的观点:"我是我的身体"(Marcel,1954),而不是拥有一个身体。

当代法国哲学思想在世界文化史上具有重大意义,从而在西方文化思想宝库中占有重要一席之地,成为西方文化思想宝库中富有活力和创造力的一个组成部分。当然,法国的哲学理论思想不再是传统意义上的哲学,因为它在哲学本身的性质、基本内容和研究方法等方面做了重要修改。法国哲学思想中所具有的变革和自我批判精神,成为法国思想界产生重大变革和不断取得突破性发展的基石。法国哲学的长处在于它不囿于已有的或传统的理论羁绊,而是不断跟随时代的步伐进行自我批判和超越。法国哲学在不断自我批判和超越的过程中,打破了传统学科或理论的框架,积极尝试与其他学科对话与交流,将理论研究推升到一个崭新的高度。更重要的是,法国哲学不只是实现了与其他学科的对话,而且还与普通日常生活、社会文化实践相结合,重新恢复现代社会价值观异化的人的本来面目,帮助其找到本真的生活,使整个社会生活方式和精神面貌产生了重大变化(高宣扬,2016)。

一、黑格尔的影响

梅洛-庞蒂对黑格尔(Georg Wilhelm Friedrich Hegel,1770—1831)的理解主要来自瓦尔(Jean Wahl,1888—1974)、科耶夫(Alexandre Kojéve,1901—1968)、伊波利特(Jean Hyppolite,1907—1968)等人的讲座或著作。这些黑格尔的诠释者将黑格尔解读为存在主义者和具有历史意识的社会思想家。他们通过各种历史形式说明人类知识的增长。实际上,梅洛-庞蒂对黑格尔、柏格森以及后期的胡塞尔的思想进行了综合,他指出,辩证法与直观是相容的,甚至是相互融合的:以柏格森主义和胡塞尔的经验为例,我们可以追溯到,逐渐使直观发挥效用的过程,这个过程将直观与辩证法的观念发生一段时间的积极变化,并将本质直观转化为一种"生成现象学",而身体的生命统一性将一个时期的矛盾方面联系起来,这个时期以其存在的范围而存在(Merleau-Ponty,1964b)。

此外,梅洛-庞蒂认为黑格尔才是真正的第一位存在主义代表人物。根据梅洛-庞蒂的观点:黑格尔的思想是存在主义的,因为它不是从一开始就把人看作一个完全被赋予自己明确思想的意识,而是视为一种生命,一种对自己负责并试图理解自己的存在(Merleau-Ponty,1964c)。

他将黑格尔描述为两百年来所有重要哲学思想的源头,包括对马克思、尼采、现象学、存在主义和精神分析学的研究。此外,他也承认从伊波利特对黑格尔的解释中获益。他还认为,克尔凯郭尔对后来黑格尔的回应不应掩盖黑格尔早期著作《精神现象学》中关于人的存在的大量阐述。在这本著作中,黑格尔试图通过把身体的内部活动描述为社会活动来重新获得历史的全部意义,直到人类达到一种绝对的知识,在这种知识中,意识最终等同于他的自发生命,并通过自拥有(self-possession)而重新获得。对梅洛-庞蒂来说,这个阶段更多的是一种生命方式,而不是一种哲学(Merleau-Ponty,1964c)。梅洛-庞蒂从黑格尔那里借鉴了一个鲜活的、具体的辩证法的概念,这个概念适用于历史、社会生活以及人与环境的关系。梅洛-庞蒂在黑格尔的《精神现象学》中特别关注知识结构和自我意识的产生与演变的论述,尤其是黑格尔所称的"客观精神"领域,这个领域由制度化的社会环境和客观化的文化形式所组成。梅洛-庞蒂认为,黑格尔是一位杰出而又特殊的哲学家,"他试图探究非理性现象,并将其引入一种扩大的理性范围内,这仍然是本世纪的主要任务"(Merleau-Ponty,1964c)。梅洛-庞蒂反对黑格尔拒绝把我们存在的偶然性包含在某种综合的理性图式中,而且他也没有关注黑格尔提出的发展绝对知识体系。梅洛-庞蒂认为,偶然性必须始终被强调为首要的、不可分解的、纯粹的事实性。他说:"任何存在的事物和任何具有价值的事物的偶然性并不是一种可以忽略的真理,我们必须找到一种方法把它存放在某个系统的角落:它是一种形而上学世界观的条件"(Merleau-Ponty,1964c)。

二、布伦施维格和柏格森的影响

(一) 布伦施维格的影响

首先我们应该看到现象学在引进法国之前,即梅洛-庞蒂在求学时期的法国哲学现状,当时法国哲学的主流主要是柏格森(Henri Bergson,1859—1941)的生命哲学和布伦施维格(Léon Brunschvicg,1869—1944)的观念论哲学思想。这两种对立的哲学理念都对梅洛-庞蒂产生了深刻影响。梅洛-庞蒂与处于同一时代的学人一样,自然而然地接受了这两种哲学的影响,一方面是布伦施维格的"反思哲学",这种哲学理念延续了笛卡儿式和康德式观念论的思想,即主张意识单独构成了实在;而另一方面,柏格森的生命哲学反映的实在论,它在外部实在中看到了意识的直接材料。到1930年他修习完哲学学业任务后,从法国哲学思想的视角来看,布伦施维格和柏格森哲学两种思想占据主导性势力。梅洛-庞蒂认为,布伦施维格的哲学思想占据优势地位,而柏格森的思想则处于劣势地位,但是法国现象学力图反对的是前者,而后者是可以利用的资源(杨大春,2005)。

布伦施维格是科学哲学的典范，他传达的是一种笛卡儿式的、康德式的理性主义传统思想，注重认识论和反思方法在认识世界中的优先性。他之所以在当时产生深刻影响，并非由于他的原创性思想，而是因为他主管着教师资格考试。梅洛-庞蒂把他描绘为"一位通晓文学、艺术和诗歌的哲学家""一位具有高深学问的思想家"，但是，"这一哲学思想的内容是肤浅的"（杨大春，2005）。实际上，布伦施维格哲学是康德哲学和笛卡儿哲学的混合体，"布伦施维格向我们展示了一种康德意义上的观念论传统，这种观念论在很大程度上是康德式的观念论。通过布伦施维格的影响，我们理解了康德和笛卡尔式的哲学，也即：这种哲学朝着一种反思的尝试"（杨大春，2005）。

(二) 柏格森的影响

与布伦施维格哲学思想具有相同势力的是柏格森哲学，柏格森的哲学思想充满了独创性，但是在哲学权力、传播途径和影响力等方面远不及布伦施维格，主要是因为他没有在索邦大学任职，所以他的思想没有成为大学的一部分。柏格森的哲学倾向与布伦施维格完全相反，他具有明显的反康德和笛卡儿主义的倾向。梅洛-庞蒂在谈到柏格森当时不明显的影响时说："但我们还是想谈谈这种影响以及它可能导致的方向。如果它对我们产生影响，那应该是一个和康德主义、笛卡尔主义引领我们的方向完全不同的方向"（杨大春，2005）。

尽管梅洛-庞蒂否认柏格森在其巴黎高师求学时期对他有重要影响（当时柏格森已经退休），但他后来在1953年的"哲学颂"的演讲中和1947—1948年关于柏格森的演讲中均认可了柏格森的重要意义（Merleau-Ponty，1968b）。梅洛-庞蒂认为，柏格森为现象学铺平了道路，因为他在哲学中强调了具体直观的能动性。柏格森的著作《物质与记忆》大量涉及感知和记忆，这为梅洛-庞蒂日后讨论的主题提供了丰富的材料。特别是柏格森反对唯物主义和唯心主义、对于各种表征主义的批判意识、对以行动为中心的身体主体的观念以及对我们生活经验流的强调，都能在梅洛-

庞蒂的哲学中找到对应的影子。同时,梅洛-庞蒂也批判了柏格森把身体看作是一种客观存在,而把意识的主要内容看作是一种认知观点(Merleau-Ponty,1962)。

三、胡塞尔的影响

胡塞尔的思想对梅洛-庞蒂的作品存在着强烈的影响。胡塞尔认可了还原论的重要作用,并对它作了重新解释。梅洛-庞蒂指出,胡塞尔认为还原论是任何真正探索的肇始,还原论"对胡塞尔来说总是一种神秘的可能性,而且他总是会回到这个概念上来"(Merleau-Ponty,1964b)。他还在《知觉现象学》这部著作的序言中谈道:毫无疑问,胡塞尔花了大量的时间来处理这个问题,或者频繁地回到这个问题上来,因为"还原问题"在他未出版的著作中占有重要的位置。很长一段时间以来,甚至在最近的著作中,还原被认为是对先验意识的回归,在此之前,世界是存在的,也是完全透明的,因为被一系列的感知所激活,哲学家的任务是根据它的结果而开始重构(Merleau-Ponty,1962)。

梅洛-庞蒂强调了胡塞尔对还原论的理解中丰富的模糊性。一方面,胡塞尔强调还原的非自然性,强调以自然的态度克服我们对世界同化的困难。另一方面,胡塞尔也突显自然态度本身在给予我们对世界产生丰富、具体和直接的认识形式中所发挥的重要作用。梅洛-庞蒂赞同胡塞尔的观点,即现象学是通过一种特殊形式的反思来终结自然态度,但他不同意胡塞尔的另一个观点,即这种终结效果将我们带回一个透明的先验意识。相反,克服自然态度并不是把我们放在一个封闭、透明的环境中的问题,而是承认思想是从它们落入自然态度的方式中产生的。事物不仅仅是表现为笛卡儿式的纯粹广延特征,而正是因为我的身体的性质及其感觉和运动的能力而表现在它们的属性上,事物是"被束缚在我的身体环境中的"(Merleau-Ponty,1964b)。此外,我并不觉得自己是一个孤立的意识,而是说:"我思必须在一个情境中揭示自己,正是在这个条件下,先验主体才能成为一个主体间性的实体"(Merleau-Ponty，1962)。与胡塞尔那样专注于认识的彻底性不同的是，梅洛-庞蒂探讨的是我们身体的体验和处境，而这种处境是我们将自己向世界开放的肉身世界，在本质上有无限的开放性。从这个意义上说，梅洛-庞蒂的现象学不再以意识维度为主题，而是试图阐述与意识和处境深深交织缠绕在一起的世界本身(Merleau-Ponty，1968a)。因此，梅洛-庞蒂虽然受胡塞尔现象学的影响，但他与后者走向了一个完全不同的方向。

在《知觉现象学》这部著作中，梅洛-庞蒂已经强调了触觉感官的复杂性，尤其是当我们自己触碰自己的时候，如：当我的左手触碰自己的右手时，我隐约感觉到右手的"包围部分"或"接触部分"(Merleau-Ponty，1962)。梅洛-庞蒂认为这个例子呈现了我们与自己身体的复杂关系，也是理解反思特征的经典例子。"我们不能同时体验触摸和被触摸；相反，我们是在从一种效应转移到另一种效应上。对于个体而言，主动性和被动性是两种不同的因素，这使得我们忽视了我们身体在我们的感知中的外部控制自己"(Merleau-Ponty，1962)。梅洛-庞蒂以此期望解决主客二元论的问题，这样可见物和身体的相遇就类似于"肉体作用在肉体上"(Merleau-Ponty，1968a)。身体和可见物是紧密相连的，但是又被一些裂缝分离着，它们彼此纠缠在一起。

胡塞尔对意向行为—意向关联的阐释始于《逻辑研究》，该著作第二册的第一章揭示了符号、心理体验、意义和表达现象中的对象之间的奠基和构成关系。他指出，互动话语中的所有表达都具有符号的功能。对听话人来说，表达是说话人"思想"的标志，是说话人意义的心理体验。胡塞尔将语言表达的这种作用称为传播，其内容由被传播的心理体验构成，把表达和客观联系起来的不是所传达的心理体验，而是表达的意义(高剑婷，2018)。

在"回到事物本身"的旗帜下，胡塞尔强调回到经验的始源，回到最初的沉默的经验及现象学描述。"我们的开端是那些纯粹的，可以说沉默的经历，只有现在，这些经验才能够纯粹陈述它们自己的原始意义"(埃德蒙德·胡塞尔，2008）。胡塞尔关注开端和沉默的体验的原因是反对用感觉材料或经验的普遍形式来代替对意向经验的意义的探究。在梅洛-庞蒂的著作中，体验开始的问题领域变成了体验如何进入表达的问题领域：一个完整的表达，一个表达它想表达的一切，必须掌握它的开端，忠实于最初的经验，只有这样它才能掌握它的结束。

梅洛-庞蒂还把胡塞尔有关本质还原的问题转化为生活经验的问题。正如梅洛-庞蒂在《知觉现象学》绪论中所言，"胡塞尔的本质注定要回归到经验关系的整体性中，就像渔民从海洋深处打捞上来的活鱼一样"（莫里斯·梅洛-庞蒂，2001）。梅洛-庞蒂将本质还原为体验，是因为他看到了胡塞尔哲学思想中的内在张力："一方面渴望回到最初的沉默经验，另一方面渴望更新这种属于先验主体的经验；一方面，重新构思现存世界的特点，另一方面又准备从意识活动的角度出发而在意识中构建世界"（雷诺·巴尔巴拉，2007）。在这种内在张力中，有必要放弃将现象学还原理解为一种被先验意识赋义的行为，这种选择让梅洛-庞蒂看到了完全还原的不可能性。在这个意义上，知觉现象学是原初身体的现象学的展开，在那里意识凭借其肉身化而可被感知，表达的事件通过"做"（doing）来体现。

（一）对胡塞尔现象学的解读：体验、表达和他人

从某种程度上讲，梅洛-庞蒂在与胡塞尔的对话中形成并发展了自己的现象学思想，但梅洛-庞蒂却被胡塞尔作品中的未思（L'impensée）所吸引。他自己曾说："当胡塞尔行将完成自己的生命旅程时，存在着来自胡塞尔的非思，这对于他是千真万确的，而且它向别的东西开放。""同样，一个哲学家的作品和思想也是由被讲述的各种东西间的一些关联构成的。从这些关联的角度看，不存在客观解释和任意解释的二难，因为它们不是思想的对象；因为作为阴影和反映，人们在把它们提供给分析性评价和孤立的思想时瓦解了它们；人们只能通过重新思考它们才能忠实于它们，才能重新发现它们"（莫里斯·梅洛-庞蒂，2003a）。换言之，思与未思是相互缠绕在一起的并对彼此开放，此外，前者是在后者的背景或视域下而

不断显现出来。思也就是重新思考或继续思考,抑或是激发未思。因此,思想是一种连绵不断、永无止境的开放,不断激发出新的视角和理解。在梅洛-庞蒂看来,胡塞尔的未思在于先验还原与主体间的还原之间的张力。

在本部分内容中,我们先从"身体是意向构成的原型""时间的构成"以及"表达、体验和他人"等三个方面阐述胡塞尔的主体间的还原理论,然后再研究梅洛-庞蒂对胡塞尔的超越,并重新获得对肉体的解释方式。

1. 身体是意向构成的原型

为了更好地说明知觉,胡塞尔特别强调"己身"在意向构成中的功能与作用。在分析知觉的情况时,胡塞尔认为对象从来不是以总体的形式被给予的,而是以某种显现的形式被给予的。"我们的知觉只有借助对物体的纯粹显现作用才能到达物体本身,……并且它从空间事物的本质(甚至包括最广义的'被视物')得出这样一个结论:这样一种存在必须通过显现才能在知觉中被给予"(埃德蒙德·胡塞尔,1996)。胡塞尔甚至认为上帝自己也是根据物体的显现方式来知觉世界的(埃德蒙德·胡塞尔,1996)。具体而言,我们从不同的角度、方向来知觉物体。因此,要分析物体是如何被给予我们的,我们首先要理解我的身体在意向构成中的功能与作用。实际上,每一种现象不仅预设了显现物,而且还以知觉显现物的主体为先决条件。换句话说,现象通常是从某种角度出发和从一定的距离被给予主体的。胡塞尔认为,这个认知主体处在特定时空中的肉身主体,也就是我的身体。因此,物体是显现给、并通过各种显现方式知觉对象的"我的身体"构成的。更进一步来说,在知觉对象的各种各样的活动中,感知对象显现的支点是我的身体(佘碧平,2007)。胡塞尔认为,外界其他对象得以显现的前提条件是身体,身体是所有体验的前提,离开了我的身体,一切都不可能发生。简而言之,我的身体是意向构成的原型,通过它我的身体与周围的环境、世界交织在一起(埃德蒙德·胡塞尔,2013)。

此外,胡塞尔还加深了关于我的身体作为意向构成的原型的思考,特别是在分析运动觉在知觉对象形成中的重要性方面。胡塞尔意识到身体的运动(如用手触摸、肌肉运动、眼球运动)在对空间和物体的知觉体验中处于主导地位。虽然梅洛-庞蒂很关注胡塞尔的身体观念,但是他更多地研究了胡塞尔的未思之处。在《哲学家及其身影》中,梅洛-庞蒂强调:"无论愿意与否,不管是打乱了自己的计划还是因为大胆的天性,胡塞尔再一次点燃了一个野性的世界和一种野性的精神。"但是,胡塞尔最终还是使身体让位于先验的意识,并强调意识是一切构成、意义或活动的"始基"。反思会潜移默化地侵入我身体的所有构成之中,成为所有构成和意义的范例。如,触碰与被触碰的重叠就是"一种反思"(埃德蒙德·胡塞尔,2013)。然而,梅洛-庞蒂在意识构成中发现了一种矛盾:自然有时作为绝对精神的对象而出现,有时又作为始源的、已经精神化的层面而显现。为了解决这个矛盾,梅洛-庞蒂主张把"自然的此在"解释为"本体论的一张纸"(un feuillet ontologique)和一种"所有存在的基层"(Merleau-Ponty,1995)。因此,所有的先验还原都不是一种纯粹的生产,而是一种对意向生活的描述。换句话说,就是对存在本身意义的实现,它逐渐被理解和认识,但从未完成。

2. 时间的构成

在《观念Ⅱ》这部著作中,胡塞尔不仅认为认知主体借助身体的作用处在相应的空间位置上,而且认为意识的时间化是以个体所感受到的身体为前提条件的。胡塞尔在《内在时间意识的现象学》中拓展了对意识时间化的研究,在该著作中,他主要是想阐释意识是如何时间化的。准确来讲,他想追问意识如何能够综合时间流逝的各个瞬间。为此,他以"听一首乐曲作为一个时间对象的知觉"为例进行说明,在这种情况下,知觉活动由很多瞬间或当下的点所构成。这些当下的"点"在记忆中前后相继或左右相连地变动着。声音首先是一个被感知的外在对象,在意识当前内在性的特点中持续地延续它被感知的存在。当我听到声音时,我保持着当下的记忆,并立即在我的内在意识中"回忆"以往的记忆。同时,我在时间的连续"流动"中感受到连续的声音。因此,在旋律中连续的或左右相连的现在点之间有连续性,其中每个当下点与新的现在点同时出现并在记忆中变化。任何一段音乐都是按照这个记忆过程呈现给我们的。

此外,如果记忆是指向刚刚消失的声音,那么期望意识是等待将要出现的声音,它是指向那些触及全部意识活动中未来的声音。因此,必须强调的是,对某个时间对象的整体知觉"存在时间差异,且这种时间差异是在始源意识、期望意识和记忆中被构成的"(埃德蒙德·胡塞尔,2017a)。这些记忆和期望构成了意识的"鲜活的当下",即主体自我呈现的"当下"。因此,意识是时间的流动,它时时刻刻都被构成了回忆和期望的统一体。只有通过现在的断裂,同时又回忆过去和期望未来,主体才能把自己呈现为一个"鲜活的当下"和带有自身时间性质的意识。正如胡塞尔所说,"在重新回忆中,当下出现在我们面前,但是它'显现'的方式与知觉中当下的显现方式存在很大不同。这一当下不是被'知觉'到的,……而是被呈现的"(埃德蒙德·胡塞尔,2017a)。对胡塞尔而言,呈现是一种变动。所以意识的时间化导致了自我意识对自身的区别。

最后,意识的时间化与我的身体紧密有关。"时间的各种形式和样态,现在的、过去的和未来的,都是在原初的现在和这些时间状态中被原初地给予的此在或个体存在的模式"(埃德蒙德·胡塞尔,2019)。也就是说,在生活世界中,时间性只能借助我的身体才可以出现在意识中。在此基础上,梅洛-庞蒂挖掘了胡塞尔现象学的未思之处,并最终确立了"身体的锚定"。

3. 表达、体验和他人

笛卡儿的现象学还原方式以及主体间的现象学还原方式,都是在寻求一条通往纯粹的、始源的体验之路,而这种体验同时既属于又不属于一种心理学的经验。本质上它是一种缄默的纯粹意识。而且,这种缄默的意识有其自身独特的意义,最终体现在纯粹表达中。纯粹表达与观念紧密联系在一起,但是与依赖于事实表现的知觉和身体又很大不同。

事实上,对胡塞尔而言,时间和身体作为媒介并不能保证确定性。因此,我们必须从中获得纯粹表达。时间和身体不仅缺乏充分性,而且还必须在纯粹表达中表现为纯粹的意识成分。准确来讲,"它从缄默的纯粹体验开始,而关键是把它带入其意义的纯粹表达中"。梅洛-庞蒂频繁引用了胡塞尔这句话,它暗含了先验的纯粹体验和事实表现的内在矛盾,因为先验主体既依赖又构成了生活世界。

此外,胡塞尔还提出了主体间还原的生成方式,即在先验自我中有时间化和当下存在。这个过程会引入另一个还未出现的在场,换言之,它预设了一个缺席、间隔和差异。在这里,我们遇到了同一性和差异性的矛盾以及身体的构成和先验构成的矛盾。胡塞尔在《经验与判断》中试图解决这些矛盾。但是,这些矛盾呈现了从前谓词的经验到谓词的思想的困难。这不仅涉及主动和被动、目的与历史,还涉及超时间与时间的关系。胡塞尔区分了客观时间和作为范畴对象的时间,后者可以被描述为超时间性,因为当下化允许它在不同的时间内保持相同。因此,借助时间的多重性,先验自我能够在谓词中构成非现实的同一性(埃德蒙德·胡塞尔,2019)。

根据意向性的思想,前谓词的经验是对对象自发产生的意识。因此,"主动和被动之间的区别并不是那么鲜明的"(埃德蒙德·胡塞尔,2019)。在这里我们可以看见一种主动性与被动性之间的暧昧状态,它代表了前谓词的经验与一般判断的生成之间的过渡状态。

先验现象学的任务是揭示依赖和隐藏在心理学自我里面的先验主体的构成活动。在这里,心理上的自我不再是一个与自然现实有关的名字,而是历史视野中任何理由的先验主体的密切相关者。与永恒性不同的是,胡塞尔认为这种目的是无限的目的,它的历史是无穷的,因为这些逻辑真理不是永恒的,而是普遍的,不是时间之外的而是在所有时间中都有效的。

根据梅洛-庞蒂的观点,先验构成的形成和变化是先验进入历史之中(Merleau-Ponty,1964b),它指的是在历史上从纯粹的经验到纯粹表达的过渡。"因此,哲学不是一种知识,而是一种警告,警告我们不要忘记所有知识的来源。我们不认为胡塞尔同意这个定义,因为直到最后他总是看到回到话语、鲜活的历史以及回到生活世界之中,作为一种准备步骤,必须是普遍构成的哲学任务"(Merleau-Ponty，1964b)。梅洛-庞蒂认为，胡塞尔找到了问题关键所在，但是他的解决办法却是不理想的，因为胡塞尔提出"意义的表达"只存在于纯粹意识的起始阶段。这种解决办法不仅激发了纯粹表达和时间化的身体构成之间的矛盾，而且还引发了他者的问题。

在《哲学家及其身影》中，梅洛-庞蒂在对胡塞尔的讨论时特别指出了对他人身体的感知是如何从自己身体的体验中形成的。"我的右手加入与我的左手握手的动作中。当我握着对方的手，或者仅仅是我看着他的手的时候，对方的身体在我面前被激活了。……我的手是'共存'的，因为它们是同一身体的两只手：他人是借助这种共存的延伸而显现，他与我都是作为一个身体间性的有区别的器官"(莫里斯·梅洛-庞蒂，2000a)。对此，我们可以从以下三个角度来把握身体间性的含义。

第一，把主体间性看作是一种存在的肉体结构，他人的身体与我们自己的身体交织在一起："他者"和"我"是通过主体对世界的投射和世界对主体的投射从而在存在的开放性中诞生的。从首次知觉伊始，我就已经拥有了这个世界和他人。因此，他人的存在不应理解为对象与意识主体面对面的呈现，而应理解为存在的增殖，这种增殖是通过自我和他人之间的联系而达到的。

第二，对他人的体验是在感官体验中产生。例如，"这个人在那里看，而我对世界的感觉就是他。我很明白这一点，因为我参与了他的视野。当他的眼睛落在现场的时候，他自己看到了这个幻象。此外，当我说我发现他在看，那里什么都没有，就像在……：我知道他在思考，这两个命题相互嵌套。我说那里有一个人，而不是一个木头人，就像我看到那里的桌子，而不是桌子的一个想法或形象"(Merleau-Ponty，1964b)。因此，他人的问题不是通过各种参与现象的"表现"来"共同发生"的主体，而是共同的知觉："我看见这个人在看，就像我的右手碰到我的左手时，左手也在碰到我的右手"。由此可见，我对他人的体验与我的肉身体验没有什么不同，我已经获得了对感官的思考。感知召唤着身体中所有其他的身体性。更准确地讲，对感性的体验将我的身体和全部其他的身体性融合成一个协同作用的系统。这正如梅洛-庞蒂所说:"存在是我最大的隐秘处,我也在一个绝对的在场中达到一个原始或狂野的状态,它掌握着世界、其他人和真实的秘密"(莫里斯·梅洛-庞蒂,2003a)。

第三,对共同存在结构的开放使"移情"成为可能。因为"移情"是建立在感性的嵌入式体验中的,所以它不涉及主体之间的区分,而是主体间性与匿名存在之间的区别。"如果有差距,那也不是在我们自己和他人之间,而是在我们所沉浸的原始普遍性与我们自己和他人的系统之间的差距。生活在主体之前的东西不能在数字上与主体区分开来,因为在这个层面上既没有个体化,也没有数字上的差异。对他者的构成并不后于身体的构成,他人与我的身体一起从原始状态中产生"(Merleau-Ponty, 1964b)。总之,主体间性不是来自自我领域的超越性构成,而是通过感性形成的主体间性。在主体间性中,自我和其他人一样,跨越了不同的界限,向对方开放。然而,这种共存不是通过并列空间而是通过拓扑结构清楚地表现出来。

(二)对胡塞尔现象学的超越

身体现象学既有对胡塞尔现象学的继承,也有对胡塞尔现象学的超越与发展。胡塞尔的经典主张"回到事物本身",梅洛-庞蒂则认为"现象学是对本质的研究……但现象学也是一种将本质放回存在的哲学,它不认为人们只能根据'人为'来理解人和世界……它试图直接描述我们的经验是什么,而不考虑学者、历史学家和社会学家可能给出的经验的因果解释"(莫里斯·梅洛-庞蒂,2001)。同样是"回到事物本身",但梅洛-庞蒂所说的与胡塞尔的理解不同。胡塞尔的"事物"是"超验的自我"和"纯粹的意识";梅洛-庞蒂的"事物"是通过知觉的作用获得的"身体经验"。对于梅洛-庞蒂而言,人类的一切理性形式都是通过身体感知获得的经验。身体经验是所有理性的前提,是最原始的经验。"回到事物本身",就是要回到这种朦胧的、前反思的身体体验(叶浩生,2019)。

"从一定程度上说,现象学什么都是或什么都不是"(赫伯特·斯皮格伯格，2016），梅洛-庞蒂说这句话的目的是想要超越胡塞尔的现象学。对于胡塞尔而言，纯粹现象学和它所基于的现象学哲学仍然是两回事。但对梅洛-庞蒂而言，现象学要求我们提供一个存在的含义甚至是完整的哲学。现象学不仅是哲学的预备学科，它还"包围着"哲学。要重点强调的是，梅洛-庞蒂在他的第一篇评论马塞尔的《存在和有》的论文中，对现象学在书中所起的作用产生了浓厚的兴趣，并提出将现象学应用于整个人类存在。

但是，在梅洛-庞蒂的第一部著作《行为的结构》中（Merleau-Ponty，1963），现象学还没有占据特别突出的位置，只是在最后一章探讨身心关系的时候才明确提到了现象学。尽管如此，梅洛-庞蒂为了解决行为问题，以严谨的态度将现象学作为一种方法而引入，甚至这些问题格式塔心理学也没有彻底解决。当最后提及现象学时，它主要是作为关于批判主义的哲学被介绍的。梅洛-庞蒂赋予"现象"一词以一种特殊的作用，即用它来表达"主客体之间的内在关系以及它们之间存在的稳定结构，这些结构将现象与单纯的显现区分开来"；而本质（essence）几乎因其不存在而引人注目。在梅洛-庞蒂看来，专注于研究这种现象的哲学就是现象学。

由于他总是试图在理性与非理性、身体和灵魂之间进行调和，这使得他无法接受胡塞尔从意识的角度对认识有效性所作的解释。对胡塞尔来说，现象学是对纯粹意识的被给予性研究，它决定了被给予对象在意识中的本质联系。由于现象涉及意识的整个领域，意识的范畴和内容以及理论、实践和价值的所有领域都包含在其中。这说明胡塞尔现象学正是在对"普遍的、纯粹的意识本身"严格审视的前提下，得出了"理论普遍有效性"的解释。然而，梅洛-庞蒂认为这种普遍的有效性源自反思的"真实性"，而且还进一步认为这种真实性取决于反思的"纯粹性和一致性"，而以本源存在的模糊性证明了胡塞尔的"内在真实性"是不够的。

（1）现象学还原：完全还原的不可能性。梅洛-庞蒂遵循胡塞尔的现象学还原道路，得出的结论是"还原最大的教训是完全还原的不可能性"（莫里斯·梅洛-庞蒂 2001）。这不仅表明胡塞尔对明见性的诉求是不完整的，而且也表明了明见性背后的本质内容不能被暧昧的意义彻底澄清。

因此，这就是两者的根本差异所在。这种说法从表面上看是反对胡塞尔的现象学观点，但实际上是揭示了胡塞尔现象学的不足之处，并在一定程度上影响了法国现象学的发展。

对胡塞尔来说，在对外界事物悬置之后，现象学还原的目的是想通过本质直观获得纯粹认识的普遍性（埃德蒙德·胡塞尔，1999）。本质直观作为现象学的一种重要方法，与经验直观密切相关。经验性直观是对个别对象的直观，它使对象在个别对象的知觉中成为"被给定的东西"。与经验性直观不同，本质直观不是对外部对象的意识，而是意识本身的"被给予"（埃德蒙德·胡塞尔，1996）。例如，"红色"的直观本身就是本质直观的范畴，尽管对"红色"的本质直观是建立在具体的红色之物的基础之上，但是红色的本质与任何一个具体的红色之物都存在本质区别。可以说本质直观是在纯粹意识活动中建构的本质，不同于通过抽象或归纳等思维活动而获得的本质（杜小真 等，2011）。与此同时，本质直观作为它自己的赋予之物，在胡塞尔看来是在纯粹的主观意识被把握（埃德蒙德·胡塞尔，1999）。

但是这种直观所觉察到的本质究竟是什么？这与经验又有什么关系？人们为什么对所看到的总是感到困惑？这种争论在日常生活中和理论研究中随处可见，甚至可以在人们对胡塞尔著作的阐述中看到。对胡塞尔来说，建立在经验直观基础之上的本质直观，就像人们在体验计数时开始掌握数字一样。以数量和形式为前提条件的纯数学对象，表达了多种事物不同量的共性特征和空间形式之间的紧密关联（孔慧英 等，1993）。据此，我们就可以理解想象的自由变更更有助于人们把握事物的本质，而且想象的自由变更作为与经验事物紧密联系的"常项"，已脱离任何具体经验的性质，并可以解释变体的无限性和丰富性。由此可见，本质直观虽然包含了经验开始时的一般事物，但被直观到的本质不是一个具体的事物，而是一种统一的观念，也就是意识的一种规定性。

胡塞尔对现象的还原使人们直观地理解了知识的先天本质是如何产生的，从而使本质还原表现出追问经验之源的维度，这是现象学朝向先验现象学转变的关键(埃德蒙德·胡塞尔,2007)。这也有助于人们理解为什么胡塞尔也看到了现象学的"先验转向"。先验现象学这种"追问知识形成的终极源头的意图"(德尔默·莫兰,2005)使人们对现象的理解深入到纯粹主体的领域,这组成了"互相联系的连续体"的来源。但是这个来源并非意味着还原的终结,因为现象学还原的本质直观涉及构建的行为。构建活动中"特有的暧昧统一性成为本质直观的前提条件"(埃德蒙德·胡塞尔,1999)。梅洛-庞蒂以对还原本身的怀疑作为出发点,从胡塞尔的明见性向"两义性"转变,从而对现象学在法国的发展产生了深刻影响。

对于胡塞尔来说,"暧昧统一性"强调的是观念的统一性,比如,数字"3",它可以是使3个西瓜、3辆车、3种概念等联系在一起的抽象观念,它是存在于经验计数背后的观念和对象的统一性。"暧昧统一性"作为连接两者的"一",不属两者中的任何一方。梅洛-庞蒂通过借助格式塔理论中格式塔的观念来阐述这种统一性。当他立足于自然生产本身时,暧昧性就变得不可能清晰化了。在有机体的生成过程中,虽然人可以模拟有机体的一些行为和功能,但这样的模拟与有机体本身的生产是完全不同的,也不能确定生产活动是否会再次产生。这说明在自然生产的活动中,如果只是从主体性的视角去追问知识的起源是远远不够的。梅洛-庞蒂试图对这一不足进行阐述,其阐述不仅在自然生产领域,还涉及社会和历史活动范围。

对于胡塞尔来说,作为一种绝对化的操作,提供纯粹普遍性的本质直观使纯粹直观中的明见性得以显现。正是因为本质形式的获得蕴含了基本内容被给予方式的任何变更的可能性,使它具备了"形式的无限性和多样性"的重要特点(埃德蒙德·胡塞尔,2002)。但关键问题是,绝对化的操作未必是本原自身赋予的事物,而是通过自由变更而获得了实现。本质直观与其说是直观,不如说是在直观中加入了反思的成分。这说明本质直观作为一种现象学的方法,使观看者能够通过独特的观看方式看到了被观看的对象。在这种程度上讲,梅洛-庞蒂进而指出,观看不再是一种中立、无介入的、不参与的活动,而是已经成为看者和被看者联系紧密的操作,甚至可以说是一种"共谋关系"(莫里斯·梅洛-庞蒂,2001)。这种深层次的"共谋"关系存在于现实世界中,在梅洛-庞蒂那里它以"两义性"的名义包含了许多潜在的问题,也正是基于此,梅洛-庞蒂得出了完全还原不可能性的观点(王亚娟,2017)。

(2)本质还原:是手段而不是目的。胡塞尔眼中的本质还原是从实存到达本质的方法,对梅洛-庞蒂而言变成了"手段"而不是"目的"。它类似于一张"网",能够用来"像捕捉鱼虾或藻类一样"捕捉活生生的经验关系。梅洛-庞蒂认为,现象学致力于捕捉在所有语言表达之前的独特事实。在这方面,本质的还原可以通过使世界出现在本质的语境中的呈现方法来直接帮助我们。它将"在世界变成主观状态或主观思想之前的真实面貌表现出来的决心"明确表达出来(赫伯特·斯皮格伯格,2016)。本质现象学的这种颠倒显然与存在主义者从本质到实存的转变是一致的。根据梅洛-庞蒂的观点,甚至胡塞尔本人在他后期著作中也放弃了对本质的信仰。

(3)意向性的新功能:揭示现成的已经"在那里"的世界。意向性的主要作用是揭示世界作为一个现成的世界已经"在那里",梅洛-庞蒂使用的方法与萨特在他的超象的存在(transphenomenal being)"本体论证明"中使用的方法相同。梅洛-庞蒂的最终目标是获得意向性的"扩展了的"概念,它不仅可以运用于我们的意识活动,而且还构成我们与世界的所有关系以及我们对他人的"行动"的基础。

(4)现象学最重要成就:极端的主观主义和极端的客观主义的结合。梅洛-庞蒂在《知觉现象学》的前言中指出:"毫无疑问的是,现象学的最主要成就是将极端的主观主义和极端的客观主义在世界的概念中结合起来"(莫里斯·梅洛-庞蒂,2001)。梅洛-庞蒂对现象学的最后一个要求又涉及对胡塞尔概念的一个重要的新解释。胡塞尔的重要目标是在纯粹的主体性中找到所有知识的最终基础。梅洛-庞蒂的阐述使现象学的重心发生了明确的转移。他含蓄地反驳了诉求于主体性的做法,这种诉求尝试通过所谓的"截然对立的现象学"将主观态度和客观态度结合起来。

四、海德格尔的影响

在出版《行动的结构》著作之前,梅洛-庞蒂就引用了柏格森、胡塞尔和黑格尔的观点,但没有借鉴海德格尔(Martin Heidegger,1889—1976)的思想,海德格尔对他的影响是逐渐形成的,梅洛-庞蒂在1945年甚至还没有重视海德格尔的思想。虽然梅洛-庞蒂的"人似乎存在着以解释存在的本质"的观点看上去与海德格尔相似,但他那时还没有受到海德格尔的影响。起初,梅洛-庞蒂认为海德格尔只不过是胡塞尔对存在于世界中的自然态度的延伸,直到他开始深入研究语言和艺术的时候,他才意识到海德格尔的重要作用。

海德格尔强调的是存在本身,而梅洛-庞蒂则重点强调人的存在。实际上,他把海德格尔视作仅仅是继承和发展了胡塞尔生活世界理论的学生,而不是一个彻底创新的哲学家。他在《知觉现象学》的前言中写道:《存在与时间》这本著作源于胡塞尔的提示,只是相当于对"自然的世界概念"或"生活世界"概念的明确阐述。对此,直至胡塞尔生命结束前,他一直将其视为现象学的重要主题(Merleau-Ponty,1962)。

(一)与海德格尔现象学的区别

20世纪50年代,梅洛-庞蒂一直阅读海德格尔,并试图在继承胡塞尔现象学的同时吸收海德格尔的思想。有研究认为,"身体"问题体现了梅洛-庞蒂与海德格尔之间的联系,而"语言"问题则突出地体现了海德格尔对他的影响(王亚娟,2014)。1958—1959年,梅洛-庞蒂在法兰西学院开设了"哲学的可能性"课程,在语言、存在和历史等领域对海德格尔的主要著作进行了解读。

首先,两者都看到胡塞尔关于先验意识的构成与生活世界之间的矛盾,都看到构成性意识的抽象性而主张通过返回语言、文化、历史等具体领域来揭示存在,从而发展出各自的存在论。巴尔巴拉指出:"整个《知觉现象学》都把能感的身体界定为在世存在的样式或载体,正是在作为知觉主体的本原身体中,胡塞尔和海德格尔的思想在其中开始交汇起来了。从唯心论的限制中解脱出来的胡塞尔的现象学,向海德格尔用来标示此在的在世存在的描述敞开了,而梅洛-庞蒂则把一种因其肉身化而能感知的意识描述为在世存在的"(雷诺·巴尔巴拉,2007)。

其次,对于胡塞尔提出的如何将沉默的体验带向其本己的表达的难题,也即如何去除遮蔽而让事实自行展现,梅洛-庞蒂与海德格尔都希望通过思考语言与存在之间的关系,来找到解决问题的方法。学者王亚娟指出,梅洛-庞蒂通过"差异""涌现""逻各斯"等概念对存在和语言关系的阐明,与海德格尔晚期关于"大道与道说"的思想非常接近。对海德格尔而言,作为"道说"的语言并非"人言",而是比"人言"更深的维度,是语言的"大地性"(王亚娟,2014)。

最后,在语言现象上,海德格尔将词语进行了词源学的还原,通过推翻词语的固定意义来挖掘其隐含的、隐藏的意义,再次勘探语言与其意义源头,以解释学的现象学方式来揭示存在。梅洛-庞蒂则将自己限定在一个更为具体的、心理的领域,通过一个拥有和成为其身体的人使用语言来投射出他所处的具有空间-时间性的世界,突出身体知觉的前反思、前客体性。梅洛-庞蒂提出"思考着的言语"的概念,认为不是我们在说语言,而是存在在人身上说语言,这与海德格尔有相似之处。梅洛-庞蒂认为,存在与言语之间存在着本质的交织:言语中断了此在向存在的开放,实现了存在意义的涌现;但言语既不是客体或在者意义上的"图像""模仿"或"象征",也不是能指与所指之间的一一对应,而是能指与所指的相互激发与相互倒置(高剑婷,2018)。

(二) 对海德格尔的继承与超越

大约从 20 世纪 50 年代起,梅洛-庞蒂就开始意识到《知觉现象学》这部著作的基础是不充分的。他发现这部作品中提出的问题没有办法解决,因为它们仍然是从意识和对象的区别开始(Merleau-Ponty,1968a)。

他对现象学的理解是胡塞尔式的描述现象学,即现象学"直接描述我们的实际经验,而不关注它的心理变化和因果联系的解释结果"(Merleau-Ponty,1962)。但是,人们不能只停留在描述这些现象,而且还必须质疑它们,重新返回存在场。受海德格尔本体论的影响,梅洛-庞蒂开始质疑现象学的概念,这种现象学只对显现出来的现象进行纯粹的描述,认为世界的开放是一种隐藏和敞开的过程。此外,被解释为意向活动的结果的现象属于存在意义的个体化。为此,在《知觉现象学》这部著作之后,梅洛-庞蒂计划以新的本体论为前提而给现象学奠定基础。

1. 从此在到存在

从 20 世纪 50 年代开始,在法国学术界,对海德格尔的思想演变和发展存在着一种常见的理解:即从此在的分析论(人学)到"追问存在"(神秘主义)的转变,并认为《存在与时间》(马丁·海德格尔,2014)中体现了一种否定论(焦虑是否定和本真性的来源)和人学(存在者对存在的超越是人的根本特征)。此外,海德格尔只从《什么是形而上学》开始,并为了最终获得对"存在问题"的理解,他才转向肯定论并对人道主义形成了超越。但是梅洛-庞蒂并不支持这种解释,他认为人学不是开端,神秘主义并不是终点。海德格尔的思想在发展与演变的过程中的确出现了一定的变化,但这不是根本性的变化,而只是一种表达发生了变化和研究的拓展、深化。海德格尔最终也意识到此在分析论不能获得存在的意义本身。我们由此得知,第二个表达并没有否定第一个表达,但是,语气和表达方式明显发生了转变。因此,梅洛-庞蒂认为人与存在之间有一种同义关系,即开放性。此在向一个存在的领域敞开,并通过这个领域向除自身之外的其他肯定性敞开,从而进入存在。对于此在而言,存在基本上处于一种隐匿状态,表现为一种退隐的形式,它必须始终超越到自身的隐匿中,即不是进入到虚无之中,而是进入到其他的存在之中。

当然,应该指出的是,海德格尔在关于此在向存在的开放问题上确实经历了从直接描述到间接描述的转变(Merleau-Ponty,1996)。在《存在与时间》这部著作中，海德格尔对此在向存在的敞开进行了直接的描述，他把此在直接定义为非在，这些都涉及他对本质的理解有关。海德格尔从《论真理的本质》出发，否定了本质与存在之间的无差别性，认为只涉及本质是远远不够的，还必须充分考虑到本质的真理（Merleau-Ponty，1996）。比如，海德格尔指出："我们并不限定在对遥远事物的内在表征上，以至于在我们的思想中，事物的表象只有一种循环。此时此刻，当我们回忆起海德堡的旧桥时，这个地方的想法不仅仅是此时此地每个人的体验：对于这座桥的想法的关键是抓住我们与桥之间的距离。即使从现在开始，我们就在那座桥旁边，而不是在我们意识中的存在表象内容旁边"（佘碧平，2007）。在我们和这座桥之间，有一种此在通向存在的入口。因此，正如梅洛-庞蒂所说，"此在首先就是在世界、存在之中，这正是海德格尔首先想从所有分析中拯救出来的东西"（Merleau-Ponty，1996）。因此，如果说海德格尔的思想发生了变化，那么就是从此在分析论到本体论的过渡。实际上，后者也包含了前者的意义，它最终"排除了对虚无概念的粉饰，也排除了人学的两可歧义性"（Merleau-Ponty，1996）。

我们再回到本质与真理的关系的问题上来。海德格尔认为，真理既不是理性符合事物，也不是事物符合理性；它存在于对存在的敞开中。因此，对存在的敞开限制了全部的真理和所有的本质。据此，人的自由或超越不是任意的，而是在这种对存在的敞开中。毫无疑问，作为存在的敞开的自由不能被理解为被动的。正是在对上述概念的解读中，梅洛-庞蒂提出了自己的肉身概念，并最终超越了胡塞尔意向性的概念。根据对意向性的分析，过去发生的意义显现在构成意识的领域之内，但胡塞尔还有一点没有把握，即产生意向解释的绝对沉思之地，它可以包含现在、过去，甚至可以对未来敞开（Merleau-Ponty，1968a），这就是向存在敞开的领域。因此，过去不再是对过去意识的修改或再现，相反，过去意识作为被动存在的过去拥有。"我发现了它，是因为它在那里存在着"（Merleau-Ponty，1968a）。意向性是存在固有的意向性，所以，排在首位的是作为存在的一个因素的肉体而不应该是意向性。

此外,真理作为对存在的敞开并不是一种内在联系。它喜欢在开放中隐藏自己。因此,它不能按照确切的性质来定义。但这种存在退隐的性质,既被客观的形而上学所忽略,它使存在变成伟大的存在者,又被主观的形而上学所遗忘,它在绝对知识中理解存在的意义。为此,海德格尔逆向而行,他欲借助解构形而上学来再次探索存在的意义。当然,这种解构的形而上学并不是绝对的虚无化,从一定程度上说,它是对形而上学的重新建构,通过它我们可以接触到存在的体验。因此,哲学的研究要远离存在和虚无之间的对立或矛盾。它所寻求的根本不是存在和虚无主义的绝对虚无,而是非存在者,它包括世界(Welt)和此在,而且作为存在和虚无主义的空无的共同来源而被给出。对此,海德格尔认为,"不是所有空无的东西都存在,对我们来说甚至空无也属于存在"(马丁·海德格尔,2015)。因此,萨特所指的存在和虚无的关系存在矛盾,因为存在不是"它所是",而是"它所不是"。毫无疑问,虚无化是存在出场的前提条件,但虚无化也是"被遮蔽的在场"。正如海德格尔所说,"缺场的存在,使得空无破坏了出场,但不会消灭存在。当存在遭到空无的破坏之时,空无反而体现为一种非凡的出场,它正是因为自己是这个出场而隐退了自身"(马丁·海德格尔,2015)。

2. *存在的语言*

在海德格尔的思想体系中,梅洛-庞蒂感兴趣的是存在与存在者、存在与语言、存在与时间的关系。海德格尔认为,"思获得了存在对人的本质的理解,它既不形成也不产生这样的关系。思将它通过存在获得的东西而显现给存在,在思中,这种显现就在于语言包含了存在"(Merleau-Ponty,1996)。而梅洛-庞蒂正好从"思"的含义出发,提出了"思考着的语言"的概念,而且还说出了同样的一句话:不是我们在说语言,而是存在在我们身上说语言。存在和语言两者之间有一种"本质的交织":语言打断了此在对存在的敞开,并使存在意义获得了涌现,但同时语言并不是指对象或存在者意义上的形象、模仿或符号,而是执着于能指与所指的一一对应关系。作为对存在的理解,语言经历了存在的隐匿和显现。换句话说,存在的显现不是一蹴而就的,而是借助各种历史象征获得实现的,这使得能指和所指之间的关系具有相对性。因此,语言与存在产生关系时,变成了以某种方式汇集"天—地—神—人"的中介。

海德格尔说:"如果人们想到桥,首先意识到的只是普通的桥。当然偶尔或在其他时间也有可能表示其他东西。如果是作为一种表达,它还有象征意义,比如我们所提到的连接的象征、交往的象征等。如果桥真的只是一座桥,那么它绝不是一座普通、简单的桥,而且是具有象征意义的桥。从某种意义上来说,它表示着严格来说不是它的东西,它首先是一种象征。如果我们从严格意义上理解桥的话,那么它绝不是表达。它仅此是一个事物而已。作为一种事物,它自身汇集了四个要点:天—地—神—人"(Merleau-Ponty, 1996)。

梅洛-庞蒂受这段话的启发,他采用"世界的辐射线"(rayons du monde)去理解海德格尔的上述表达。他指出,象征或语言像存在的辐射线,它会引发其他辐射线。每一条辐射线都是天—地—神—人的联结,而且各种维度都互相交织。由此,能指与所指互相激发对方。在语言与存在、存在与非存在之间并没有一种外在一致性的联系,而是相反,"此亦是彼,它们处于一种曾经存在和现在存在的关系中,同样,我们必须把语言看作意义和向存在的敞开一样"(Merleau-Ponty, 1996)。由此看来,"Sinngebung"(意义)问题也并不是很难理解。"Sinngebung"并不是说有纯粹、透明的意义,而是有不同的意义和区分符号。换句话说,"Sinngebung"不仅仅是接受和获得的东西,也不完全是人们投入的东西,它一开始就是累积和创造性把握的交织。所以,语言不是自然,也不是约定俗成,而是历史。掌握语言也就是掌握意义划分的历史。

3. 存在的历史

从上述讨论得知,回答什么是历史是理解语言与存在关系的前提条件。在《存在与时间》这部著作中,为了避免存在是最高存在者的客观主义概念,海德格尔认为应该从时间的角度来理解存在。但这就又导致了一个对人道主义的误解：即时间似乎是对意识的超越。因为海德格尔认为，敞开和在世的入迷状态不是一种意识活动，因为在产生意向性之前，必须有一种使得意向性能够敞开的空间（Spielraum）和范围（Gegend）。而这个"Gegend"就是时间。也即：时间不能作为一系列并非同时的"当下"的前后相继来理解，而应作为一系列既是前后相继又同时发生的当下来把握。毫无疑问，它开创了存在的历史。为了避免与反映人类行为和情感变化的历史概念产生混淆，海德格尔倾向使用"Geschichte"（Merleau-Ponty，1996）。

那么，存在的历史究竟是什么？海德格尔认为，它与存在的功能紧密相关，即与存在的隐匿和显现有关。存在既不是最高级的存在者，也不是创造的进化，它只是作为一种退隐而存在。存在者的显现是存在的隐匿，然而这只是存在的产物。准确来讲，存在的历史就是存在与自身分离出来的过程，它表明了存在与存在者各种变化的关系，但我们不能对这些变化进行等级划分或作客观的分类。虽然海德格尔认为西方文明忽略了存在，但这种忽略并不能说明人类社会历史的退步，而是一种存在的开放或完成。

海德格尔认为，对存在的忽略是为了让"既定的、现成的、被创造出来的存在，即对作为主体来讲是客体的存在享有优先权，这种存在是人为的、限定的，与我们的思想、表达、技术和参考体系紧密相关"（Merleau-Ponty，1996）。但是，在忽略存在的过程中，还有一种与存在有关系的世界，因为存在的开放永远不会被存在者填满。因此，"危险的事物并不是技术，也没有技术魔鬼；取而代之的是技术存在的神秘性。作为一种开放的存在，技术的存在本身就有危险"（佘碧平，2007）。然而，危险本身也有自救良方，因为如果技术是某种存在开放的方式，那么它就是我们运用真理力量的途径，也正如海德格尔所讲，"技术的存在终究是有歧义的，而且这种歧义是与所有存在的开放，也就是与真理的神秘性紧密有关"（佘碧平，2007）。因此，我们也不能说一定要让人们控制技术，或者说技术有一种改变人的存在的想法。从这个意义上说，西方文明中已经发生的对存在的忽视并不是致命的，因为存在是一切形而上学的真理，但是它"不是仅仅只有一个，而是使西方文明与东方文明的对话成为可能"

(Merleau-Ponty，1996)。这是存在历史的一个新的起点。

然而,我们发现尽管海德格尔的阐释启发了梅洛-庞蒂后期的思想,但梅洛-庞蒂仍然把自己与海德格尔区分开来。在《可见的与不可见的》这部著作中,他发现直接表达存在是不可能实现的。因此,人们必须尝试间接的表达,如借助科学与生活的各种象征让存在显现出来(Merleau-Ponty，1996)。但是,与海德格尔不同的是,梅洛-庞蒂执着于体验和现象的存在。在他看来,对体验或现象的解释是把握存在问题的前提。存在只有作为存在者之才有其深刻的意义:"我们不能直接给予本体论,我的间接方法是唯一符合存在的方法——作为否定的'神学'和被神学否定的'哲学'"(Merleau-Ponty，1996)。因此,个体不必超越可感知的存在的领域;相反,个体必须严谨地思考可感知的存在。尽管海德格尔坚持存在与存在者的本体论区别,但他一直在寻求根本的直接表达,即使当他意识到这不可能时,亦是如此(佘碧平,2007)。然而,对梅洛-庞蒂而言,这个根本必须相对于存在者间接地达到。一切现象、一切存在者,都是存在的表达和显现。因此,存在不能绝对区别于个体存在物的意义。当然,对于梅洛-庞蒂而言,存在也可被视作不可见的同义词,但这种不可见与可见并没有什么不同:它并不是根本,而是存在者的视界。一切能感知到的都是存在的东西。因此,这种本体论的差异不能被理解为绝对的差异,因为存在和存在者之间的差异同时也是它们的同一性。具体而言,正是在这种同一性中,本体论的差异得到了可靠的保证。此外,梅洛-庞蒂还进一步指出:"没有各种层次、视域或位置的等级制度,有的只是一切事实的维度和一切维度的真实性……其依据是本体论的区别"(Merleau-Ponty，1968a)。

第四节 梅洛-庞蒂身体现象学思想的心理学背景

梅洛-庞蒂所处的时代正是科学主义心理学为主导的时代,以科学主义心理学为主导的心理学为保证其自身的科学性、"合法性",将自然科学领域中的原子论、还原论、客观论、决定论、定量研究等研究原则移植过来。这些努力在促进心理学学科独立和繁荣发展之时,本身却导致心理学的发展危机重重。梅洛-庞蒂在提出和发展自己的心理学思想时,受到了当时心理学发展的影响。因此,本节重在分析梅洛-庞蒂的身体现象学思想的心理学背景。

一、行为主义心理学

行为主义心理学视人为自然界的一部分,强调心理学的自然科学定向,严格坚持可操作、可量化的研究原则,仿照自然科学的模式构建心理学的理论大厦,呈现出以方法为中心的科学本质观和还原论、原子论、客观论的研究立场。行为主义心理学将科学主义方法论发展到了极致:完全否认人的意识、心理,把人视为机器,坚持以可量化操作的行为为研究对象,奉行心理研究的客观态度与方法,坚持严格的客观主义;主张将人的一切行为还原为生理过程,将心理研究中发现的规律归结为 S(刺激)—R(反应)联结的规律,否认心理学研究的对象、理论与目标等与自然科学的差异,贯彻严格、彻底的还原主义。

在行为主义者看来,心理学纯粹是自然科学的一个分支,它的目标就是实现对人类行为的预测和控制,将对猫、狗等动物的研究所得出的结果运用到人类身上,承认人与动物之间没有分界线。虽然人的行为有其精细性和复杂性,但也仅仅是行为主义者研究计划的一部分。为了清楚地表明行为主义者在心理学方法论上的科学主义立场、纲领,行为主义主张将环境影响还原为物理刺激,将机体反应还原为物理、化学分子的运动,心理学的任务就是要明确环境刺激与机体反应的因果联系,在明确这种因果联系后,知道了刺激就能预测反应,知道了反应就能预测刺激,达到了心理学预测和控制行为的目的。在对研究结果的解释方面,行为主义也否认意识、本能、情感的作用,把人看作是由外界环境、教育造就的机器,强调外界环境的绝对作用。

梅洛-庞蒂在《行为的结构》中有一段很长的重要段落,它直指行为主义的核心问题。他说:"我们说一个人或一种动物有某种行为,不会说酸、电子、鹅卵石或白云有某种行为,除非是用比喻的方法。在目前的工作中,我们试图直接阐明行为的概念,而不是遵循它在美国心理学中的发展。我们将通过唤起人们对混乱意识的注意以简要地证明这种直接的程序。在混乱的意识中,行为的概念在其起源国(美国)得到发展……行为的概念在各种哲学中走过了一段艰难的时期,但是这些哲学并没有成功地将其概念化。即使是与它的主要发起人华生在一起,行为也只是不充分的哲学表达。行为并不局限于中枢神经系统,它存在于个体和环境之间。因此对行为的研究可以不涉及生理学。最后,它是生物体在自身周围投射的一系列活动,这些活动影响着典型意义的刺激。但是,这种行为直觉中健全而重要的东西——即人类对物理和社会世界的永久辩论和'解释'的愿景已和一种贫乏的哲学相妥协。在对亲密心理阴影的反应中,行为主义在很大程度上只寻求生理甚至物理的解释,而没有看到这相当于把行为放回神经系统。在我们看来,当华生谈到行为时,他想到了别人所说的存在;但只有摒弃因果或机械思维而转向辩证思维,行为的新概念才能获得哲学地位"(Merleau-Ponty,1963)。

二、格式塔心理学

格式塔心理学认为,心理学的研究对象不是感觉元素而是直接经验,直接经验就是个体在当下所体验到或感受到的一切。个体知觉到的经验是一个有意义的整体现象,这种整体现象与外界的直接客观刺激并不完全相同。格式塔心理学认为外部的客观刺激只是物理刺激,只具备物理属性,这些物理属性只有被人以整体的方式感受到以后才成为直接经验,也才有意义,因此直接经验具有超物理、超几何的特征(叶浩生,2005)。此外,格式塔心理学认为人类有意义的整体行为也是心理学的研究对象。

当然,格式塔心理学眼中的行为与行为主义心理学的行为肯定不同,格式塔心理学认为行为是一种有目的、有意义的整体行为,而不是行为主义所说的关于肌肉收缩、腺体分泌的原子式的行为。在研究方法方面,格式塔心理学更注重如实地描述经验,通过整体的观察法获得对行为的理解。格式塔心理学反对将意识分解为元素,一再强调整体并不是部分相加之和。格式塔心理学代表人物考夫卡、科勒和惠特海默都有过类似的观点,经验、直观性和整体性构成了格式塔心理学方法论的核心要素。科勒对大猩猩的研究以及格式塔中的"现象场"蕴含了现象学方法的精髓。科勒曾经说:"同其他学科一样,心理学只有一个起点,就是我们发现的世界,真实的和没有预判的世界……所有的发展都必须始于真实世界的图景,这个起点是毋庸置疑的,因为科学没有任何其他的基础"(Henle,1979)。这些思想对梅洛-庞蒂的身体现象学产生了深刻影响。

梅洛-庞蒂将格式塔心理学称为"新心理学"(new psychology)(Merleau-Ponty,1964c),并以此来衡量其他所有的心理学数据和理论。在梅洛-庞蒂看来,格式塔心理学在心理学思想上取得了一些突破,但他也认为这些突破并没有得到格式塔学家本身的充分理解。在问题的准确阐述和精确表达方面,格式塔理论为心理学提供了一种比行为主义和内省心理学更好的选择。此外,梅洛-庞蒂认为格式塔理论批判传统心理学许多预设的能力非常重要。例如,对恒常性假说的批判、对解剖学偏见的批判、对作为行为基石的反射的批判等,都有助于心理学更好地解决许多重要问题。梅洛-庞蒂在与其他心理学立场的大多数辩论中赞同格式塔的立场,他为格式塔辩护,反对拟人化、唯心主义和天赋论的指控。他肯定了格式塔基本的直觉及其所有意义,并创造性地运用了运动的主要概念,如中心(centering)、优先平衡(preferred equilibrium)、重构(re-construction)、自发性(spontaneity)、整体过程(total process)、场(field)等概念。对梅洛-庞蒂而言同样重要的也是格式塔的重点是:地理环境(geographical environment)和行为环境(behavioral environment)的区别,特征(physiognomy)和风格(style)的概念,强调内部观点(internal viewpoint)和定性以及描述的方法。梅洛-庞蒂对格式塔心理学的理解不仅仅是理论上的,而且他还将上述格式塔的贡献应用于他自己对行为、身体、知觉等领域的具体分析中。显然,梅洛-庞蒂理解、应用并支持心理学中的格式塔立场。

尽管他钦佩和赞赏格式塔心理学的贡献,但他对格式塔心理学也有批判。他认为格式塔心理学的发展受到了阻碍,就像他那个时代所有的心理学一样,被其现实的假设所阻碍。他多次指出格式塔理论家是如何忘记了他们最有效的描述,并根据当时的哲学偏见解释了他们的一些发现。对于格式塔本身的概念尤其如此,梅洛-庞蒂认为格式塔心理学家没有完全发展这一概念,部分原因是他们没有一以贯之地将结构思维应用于他们的问题上。因此,他们最终开始强调物理格式塔的优先性。

三、精神分析心理学

发轫于19世纪末叶的精神分析心理学是西方现代心理学的重要流派之一,这一流派的创始人是奥地利精神病学家西格蒙德·弗洛伊德(Sigmund Freud,1856—1939)。弗洛伊德的精神分析心理学的思想的形成和发展与他临床诊治神经症和精神病的工作经历紧密相关。通过临床工作经验,弗洛伊德认为要通过自由联想法、梦的解析法和日常生活的心理分析法对人的无意识开展研究。弗洛伊德认为,人类的意识活动只不过是无意识活动的副产品,无意识的活动远远比意识活动更为重要,因为无意识的心理活动虽然不被察觉,但却支配着个体的行为,他甚至认为无论是正常个体的言行活动还是异常个体的各种行为症状,以及人类的宗教、文化、艺术和科学活动都会受到无意识的影响。弗洛伊德认为,个体生命中最有动力的因素就是性欲、潜意识的动机、人格等深层次的内容,因此他提出了本能、人格三因素、人格发展阶段、焦虑与心理防御机制理论等著名思想观点。弗洛伊德提出的精神分析学说对于人类社会文化的发展产生了深刻的影响,但是他的理论也存在非理性主义倾向、生物学化倾向以及庸俗的形而上学的还原论等局限。

"每个时代背景下的理论观点,都是在这个特定历史背景下的产物,在不同的时代会有不同的形式,也因此会产生不同的内容"(卡尔·马克思 等,2009b)。梅洛-庞蒂与精神分析心理学的关系在他的职业生涯中发生了明显的变化:起初他忽视了这一流派,但他在职业生涯后期认真对待它。然而,正如梅洛-庞蒂所说,"我们接受和喜欢的精神分析不是我们拒绝的那种(传统的精神分析)"(Merleau-Ponty,1969)。梅洛-庞蒂所接受的精神分析是由法国精神分析学家特别是拉康以及后来的精神分析学家改造的精神分析心理学,这些精神分析心理学家更喜欢对弗洛伊德的发现进行社会文化层面的解释。梅洛-庞蒂说:"弗洛伊德的才华显然不在于哲学的或面面俱到的表述,而在于他与事物的接触……弗洛伊德在倾听生活中嘈杂的声音方面是非常有效的"(Merleau-Ponty,1969)。梅洛-庞蒂认为精神分析至少处理了一些合理的问题领域,比如,父母与子女之间、兄弟姐妹之间、父母之间以及个人与他的文明和文化之间的关系。梅洛-庞蒂肯定了弗洛伊德一些著名发现的大致方向,但不一定同意他所有的具体阐述。梅洛-庞蒂认为,传统精神分析中主张只要有父母和孩子,恋母情结就不可避免,但他认为这更像是一种孩子必须面对不可能的情况,即孩子不能真正成为他母亲的情人(Merleau-Ponty,1964b)。重要的是孩子如何接受这种不可能。恋母情结与其说是一个原因,不如说是一个参照系和维度被强加给了孩子。一种情结被理解为非整合的、局部的行为,它是由典型的情况引起,它只有明显的自主性而且仍然模棱两可,正是因为它不是整合的(Merleau-Ponty,1963)。正是这种情结的模糊不清促使弗洛伊德假设潜意识。例如,在发现压抑的时候,弗洛伊德意识到人们的行为是有原因的,而这些原因他们自己也不知道。但是梅洛-庞蒂注意到同样的现象,他认为压抑也不是完全无意识的,否则那些压抑的病人也不能避免他们想要避免的情况。然而,这些病人确实没有意识到他们具体在避免什么。因此,对于梅洛-庞蒂来说,无意识不是一种未知,而是我们对不想假设的东西的未成形的了解(Merleau-Ponty,1964c)。对他而言,最好将无意识描述为一种模糊的知觉(Merleau-

Ponty，1970），一种矛盾的意识，一种古老的或原始的意识，他说"弗洛伊德的思想……证实了现象学对意识的描述，意识与其说是知识或表象，不如说是赋予（investment）"（Merleau-Ponty，1969）。肉体性和性欲被梅洛-庞蒂理解为一种赋予的力量，这就是我们为什么可以看到身体和性欲都与无意识联系在一起。此外，梅洛-庞蒂强调精神分析关注现象的意义。他证明了弗洛伊德如何把症状视为过度决定（over-determined）的含义，正因为如此，这些症状是象征性的。他还认为"弗洛伊德诠释学……在它最没有争议的方面，当然是一种解释梦的（oneiric）和沉默的语言，我们行为的语言。"（Merleau-Ponty，1964c）梅洛-庞蒂再次肯定地引用了弗洛伊德的话，他写道："'心理事实有一种意义'，这种意义必须得到解释。他试图把它们放到主体的整个生命中，放在他行为的动态中，从而表明它们的意义"（Merleau-Ponty，1964a）。

梅洛-庞蒂赞扬了弗洛伊德的发现：有意识的生命不是完整的人格，"心理事实有意义"，甚至身体机制，如对括约肌的控制都孕育着贪婪、慷慨等意义。梅洛-庞蒂重新定义了弗洛伊德的内化和机械性无意识，因为正是无意识选择了什么东西将被承认为正式存在，什么东西将被压抑，什么情况将被避免。他把无意识描述为一种我们拒绝接受的、未被意识到的、未成形的知识，也是一种模糊的认知，它将其对象视为有视觉障碍的人，因而不能清楚地看到它们。他还重新解释了弗洛伊德对行为的还原因果解释。在弗洛伊德看来，情结就像一种存在于我们内心深处的东西，并在表面上不断产生影响。这一事实被视为弗洛伊德因果语言的部分理由。梅洛-庞蒂将正常人的性行为划分为一种"自主循环"和"与整个主动的、认知的存在相连"的过程，这显示了一种典型的结构并处于相互表达的关系中，这将形成一个更加统一和整齐的世界存在的概念。但事实上，他有些勉强地主张前者：性生活不仅仅是人格其他部分的表达，而且经常是冲突的，"在世界中存在"并不是对一个主体存在的理想化的主题化，而是对一个个体不同行为风格和结构之间相互模糊关系的认识。施耐德的案例表明，性生活可以像认知生活和实践生活一样受到定性的影响，但也可能存在侵犯人际关系的自主的性欲意向性,就像即使在悲伤中,眼睛也会被一个闪亮的物体吸引。没有精确的方法来区分哪些属于不同的意向性,因为每一种意向性都建立在另一种意向性的基础上;避免性欲紧张可能会导致逃避和孤独,但反过来也可能会出现全新的行为结构,因此不能简单地简化为最初的性欲状况。同样的,梦也没有明确的潜在内容,而这种潜在内容可以从显性内容中机械地推导出来。梦者以模糊的象征形式表达他的整个存在,他存在的任何层次都可能弥漫在梦里,从性到精神。如果行为的结构没有得到整合,梦可能会表达冲突,但是,尽管梅洛-庞蒂接受弗洛伊德的升华概念,认为它是对生物现实的逃避,而这种逃避由于不真实且与行为的其余部分相冲突而暴露出来,但他坚持认为,在这种整合中,爱、神圣、艺术不是升华,而是真实的现实(Merleau-Ponty,1963)。

四、整体心理学

肯特·戈尔德斯坦(Kurt Goldstein,1875—1965)是德国著名的神经学家和心理学家,他最杰出的贡献在于创造性地提出了生命的"机能整体论"(Holistic Theory)思想(包蕾萍,2002)。戈尔德斯坦继承了现象学和存在主义的基本观点,并在动物实验和临床实践研究中系统地提出机体发展的"整体论"思想,即特定机能之和并不等于整体机能,特定机能也不能离开整体机能而存在。具体而言,机能整体观主要体现在以下三个方面:第一,某一特定机能与机体其他机能紧密有关。如个体在打哈欠的时候常常会产生无意识的伸懒腰动作,除了胳膊之外,身体的其他部位也要保持某种姿态才能完成打哈欠的动作。第二,机体某一特定机能的变化会影响机体的其他机能。如,用针刺激脚底可以使小腿收缩,同时也会感到疼痛。第三,某一特定机能的局部障碍会对机体的整体反应方式产生影响。戈尔德斯坦利用格式塔学派的图形-背景关系来解释这种现象。图形的形成离不开背景的衬托。机体从变化的背景中区分出一个稳定的图形是很困难的。一个图形只有在背景保持某种不变性的情况下才能成为图形。也就是说，整体的图形-背景关系决定了最终的图形。机体的某一特定机能与有机体的其余部分之间的关系就是这样的，如果单独谈论机体的特定功能，而忽视有机体的其余部分，势必会产生片面和错误的理论。总之，戈尔德斯坦认为，不能将研究结果建立在人为的实验室环境或突发偶然情境中，而应该建立在机体的整体状况中。戈尔德斯坦理论的核心是机能整体的观点，他强烈反对将整体的机能分割为某些独立机能之和。

梅洛-庞蒂受到戈尔德斯坦整体论思想的影响，尤其是戈尔德斯坦的"整体论"观点，他在《行为的结构》中反复借鉴了戈尔德斯坦整体论思想，强调对人的心理和行为要开展整体研究。梅洛-庞蒂将这些思想创造性地融入他所谓的行为结构的"辩证"概念中。根据这一观点，随着有机体的进化和变得更加复杂，更高层次的行为会出现，从而改变有机体的生命及功能。因此，代表这些更高形式的新能力并不是简单地依附于神经生理学（丹尼尔·托马斯·普里莫兹克，2019）。梅洛-庞蒂借助戈尔德斯坦的整体论思想将发展描述为行为的结构化和重组，并将压抑视为无法将某些固定的结构、对某种刺激的僵硬反应整合到成人行为结构中，这种行为是病态的和机械性的，就像低等生物的僵硬反应一样。

五、皮亚杰学派

皮亚杰学派是当代儿童心理学中的主要学派之一，该学派的主要代表人物是瑞士心理学家皮亚杰（Jean Piaget，1896—1980），该学派以儿童认知发展为主要研究内容。1952年，皮亚杰与梅洛-庞蒂在索邦大学相遇，此时，皮亚杰在索邦大学担任遗传心理学教授（Merleau-Ponty，2010）。梅洛-庞蒂在索邦大学的讲座中经常引用皮亚杰的话，他反对皮亚杰过度地将儿童降低到"达到"某些发展阶段，因为这样的儿童发展模型无法解释儿童如何从一个阶段过渡到下一个阶段，同时他忽视了更大的社会、文化和历史状况在儿童心理发展过程中的重要性。

梅洛-庞蒂认为,皮亚杰对儿童的解读是负面的,因为皮亚杰是根据成人能力的程度来评判儿童的心理发展水平,而皮亚杰又低估了儿童语言和成人语言表达的价值。梅洛-庞蒂还认为皮亚杰忽略了艺术语言、表达语言和童年语言的价值。梅洛-庞蒂反对皮亚杰的主要理由是:皮亚杰通过关注获得的东西,错过了儿童心理发展过程中失去的东西。梅洛-庞蒂认为这是由于皮亚杰实验研究中的一个方法论问题,因为皮亚杰假设了感知、推理、成人语言等一系列认知发展过程。这些心理发展的成熟标准与成人的标准接近,但是并不能反映儿童心理发展的真实水平。此外,梅洛-庞蒂在论述儿童知觉、表征等内容的时候也批判了皮亚杰的观点。对皮亚杰来说,感觉运动要么是观念的联想,要么是逻辑运算。梅洛-庞蒂认为皮亚杰缺乏对儿童知觉世界的理解,皮亚杰试图用智力活动的语言或者形式逻辑的语言来表达儿童对世界的知觉。总之,梅洛-庞蒂认为皮亚杰关于儿童心理发展的概念是假设的,而且他构造了一组与观察结果一致的假设。

第三章 | 梅洛-庞蒂身体现象学及其心理学方法论蕴含

- 第一节 梅洛-庞蒂身体现象学
- 第二节 身体现象学心理学方法论蕴含

第三章 | 梅洛-庞蒂身体现象学及其心理学方法论蕴含

意识现象学被身体现象学所取代,这表明身体哲学在20世纪大陆哲学中逐步占据了主导地位,由此导致了意识哲学的逐步解体。身体现象学是最典型的身体哲学,它强调的是身体和心灵在主体中的结合。在梅洛-庞蒂的哲学思想中,身体问题是现象学的首要课题。本章主要考察了梅洛-庞蒂的身体现象学的思想内涵,并在此基础上揭示其心理学方法论蕴含。

第一节 梅洛-庞蒂身体现象学

梅洛-庞蒂对现象学的意义所作的最明确、重要的阐述在他的著作《知觉现象学》的序言中,它结合了对胡塞尔现象学的独特重申和重新解释。梅洛-庞蒂在序言中一开始就坦率承认,现象学还没有广泛接受的定义,对现象学的看法还存在不同的理解。但这并不妨碍他说:"现象学可以被看作一种思维方式或一种风格(style),在达成彻底的哲学意识认识之前,它只是作为一种运动而存在……我们应该在自己身上找到现象学的含义及其真正意义。……只有按照现象学的方法才能真正理解什么是现象学"(Merleau-Ponty,1962)。

一、现象学根本方法:现象学还原

梅洛-庞蒂认为,从现象学还原方法的视角来理解现象学是最便捷的通路(Giorgi,2009)。所谓现象学还原,就是排除一切先入之见、一切因袭传统的思想、理论预设,从而达到"面向事物本身"。一般意义上讲,现象学还原存在两种类型:一是狭义上的现象学还原,即先验还原;二是广义上的现象学还原,即本质还原。所谓先验还原,它是先验现象学排除实在之物,达到对纯粹自我、先验自我和先验意识的把握的方法。本质还原是纯粹现象学用以排除事实,从而达到对本质的理解的一种方法。具体而言,它对所给予对象进行双重还原:首先是对外界客观对象的存在存而不论,而专注于外界客观对象是什么,专注于外界客观对象的"所是"(whatness);其次,排除"所是"中非本质的现象和杂多表象,仅分析它的本质。在本质还原中,"对象"和"主体"都放入括号中,不予判断、不以已有经验理解它们,它们的有效性需要重新受到怀疑。无论是哪种还原类型,都要求人们以一种清纯的、纯粹的和纯真的视角,从纯粹的自我对外界客观对象重新进行考察,把所有的一切都"悬置"起来,整个世界都被括号括起来,这对科学研究而言是很关键的,而且对生活自身也同样如此——它为我们提供了一个重新开始的机会,摒弃过去经验对了解当前事物的影响。因此,"悬置"是一种思考的方式,也是一种存在的方式,更是一种解放了的立场。"悬置"给予我们一个新的出发点,一个清纯的心灵和没有杂多的时空环境,借助"悬置"我们可以随时随地拥抱世界所给予的一切。因此,"悬置"的过程也是我们对外界客观对象产生新认识、新情感、新理解的过程。

现象学还原想要表达这样一种观点,所有超越之物(即没有内在地给予我的东西)都是无效的,也就是说,它们的存在和有效性不能被视为存在和有效性本身,不能被视为前提,更不能被视为假设。只有借助还原才可以获得现象的本质。本质还原的最终目的在于洞悉现象的本质,研究事物的共同结构。每一种对象,无论是理想的还是假想的,都有其固有的结构,这种结构是某一类对象"重叠"的东西,即一类对象所具有的共同特征。对梅洛-庞蒂而言,本质不是形而上学的,更不是脱离了对象的孤立存在(莫里斯·梅洛-庞蒂,2001)。

现象学尝试捕捉先于所有语言表达的独特事实,这方面的本质还原可以通过让世界在本质语境中显现的方法而直接帮助我们,它体现了使世界像它成为主观状态或主观思想之前那样出现的决心。本质现象学的这种颠倒,显然与存在主义者从本质到实存的转向是一致的(在这个意义上,它实际上是使现象学从属于对实存事实的研究)。在梅洛-庞蒂看来,就连胡塞尔本人也在他的最后一部著作中抛弃了对本质的信仰的看法(赫伯特·斯皮格伯格,2016)。

一切纯粹现象的总和构成意识,意识具有意向性。意识总与具体存在紧密相连,但并非简单地对现存事物的反映。意识既不能脱离具体的存在,但又超越了具体的存在,世界是意识的世界,没有主体意识就没有世界,同样,没有具体的存在也就没有人的意识。一言以蔽之,任何意识都是指向外界的事物,意向性活动所指的对象可以是真实的,也可能是想象的。意向的内容是意识的直接指向、"直观"的对象,或者说是与意识普遍统一的共相,是绝对的客观存在。现象的两个维度是指意向内容和实在内容。现象学要把实在内容还原为意向内容,在形式和方法上都是从主观还原为客观,从一端还原为另一端,从而达到对本质的理解,实现认识的科学目标。个别的纯粹现象无法满足我们的意向,只有本质直观的抽象,才能给现象学带来拯救。因此,现象学的根本任务是直接直观地把握各种真实内容和可变内容中不变的本质,把握本质要素及其相互关系。

想象变更(imaginative variation)也叫思维实验(Polkinghorne,1983),是现象学方法的关键步骤,就是在想象中对现象的特征以尽可能多的方法作出变更,以将主要特征和次要的、偶然的特征相区别,想象变更的最终目的是理解经验的本质特征。现象学研究者的研究取向是通过想象变更的方法达成对现象本质的认识,掌握现象的真实意义。如可以通过想象变更的方法确定一张桌子的特征,它具有红色的、方形的特征,是由木头制作而成的。那我们可以通过想象变更的方法了解到底是什么因素决定了它是桌子而不是其他物品,是形状吗?是颜色吗?是材质吗?要发现桌子的本质特征就需要采用想象变更的方法。如颜色——红色是桌子的本质特征吗?不,因为我们能够在脑海中想象各种颜色的桌子,而这些不同的颜色不会对桌子产生任何影响。那材质呢?这张桌子是木质的,那我们还可以轻易地想象出其他材质的桌子——金属的、玻璃的、石头的等,这些材质都能制作成桌子。我们发现无论是颜色、形状、材质等特征都不能确定什么是桌子，但是我们通过想象变更可以发现桌子的限定性：一张桌子的功能是具有可用性，这样，功能可用性就是桌子的本质特征，如果不具备这个本质特征，桌子也就不能称之为桌子。此外，我们还可以对桌子做更多想象上的变更：美感、大小、结实性，等等。无论桌子是什么材质做成的，它总会有一定的结实性，能够让人写字、画画、放东西并有一个能被抓住的特征——整个过程都能通过想象来实现。

二、现象学原则：回到生活世界

现象学还原把对自然世界的信念放在括号里，对胡塞尔来说现象学是他的唯心主义的手段，而对梅洛-庞蒂而言则成为我们可以用来揭示生活世界的手段。它是通过解开我们与世界的习惯性的联系来做到这一点。

现象学的描述原本是为了回到"事物"本身，并对事物提供严格的科学解释。然而，对于梅洛-庞蒂来说，它主要意味着一门在客观研究的意义上反对对事物及其外部因果关系的理解以回归生活世界（Lebenswelt）的科学。梅洛-庞蒂含蓄地拒绝遵循胡塞尔的反思性分析，这种分析试图从主体中追溯生活世界的根源。"回到事物本身绝对不等同于像唯心主义那样回到意识，在我们对世界进行任何分析之前，世界就已经存在了。实在必须被描述，而不是被建构或被构成"（Merleau-Ponty，1962）。对胡塞尔来说，作为认识批判的现象学方法，需要排除一切杂多，才可以重新澄清认识的起源。而在梅洛-庞蒂眼中，不再把绝对的自我给予视为认识唯一可行的方式，而是不断地从清晰的"我思"回归到生活世界，即那些以各种形式呈现及被捕捉到的东西，并进一步探索环境、历史和文化在"我思"活动的构成中所起到的关键作用（王亚娟，2017）。

对于梅洛-庞蒂来说，对笛卡儿二元论的驳斥不仅仅是哲学命题和学术争论的问题。1951年，梅洛-庞蒂在日内瓦国际会议上总结20世纪人类哲学的进展时提到，他选择了超越1900年存在于唯物主义者和唯心主义者之间的文化鸿沟作为他的主题（James，1967）。唯物主义者认为人只是进化中的一个阶段,它的最高成就仅仅是满足基本的生物需要,而唯心主义者则把人的精神价值与身体的任何关系相分离,他们把传统的道德标准绝对化,不管他们在实践中是否强迫人们伪善,他们把病态的艺术定义为高贵的,即使它产生了病态的幻想。20世纪的伟大进步不仅在于调和,而且在于把人类价值意识和支撑它们存在的基础结构视为不可分割的(Merleau-Ponty,1964b)。我们所处的世纪已经消除了"身体"和"精神"之间的界限,把人的生活完全看作是精神和身体的生活……(Merleau-Ponty,1964b)。人类的存在之所以成为谜,是因为它必须用自身之外的机制或原理来解释。

梅洛-庞蒂说,经验主义者向我们隐藏了"文化世界"或"人类世界",然而我们的一生几乎都是在其中度过。对我们大多数人来说,自然不过是一个模糊而遥远的实体,被城市、道路、房屋,尤其是被其他人的存在所覆盖。现在,对于经验主义来说,"文化的"物体和面孔由于记忆的转移和投射而具有其独特的形式和魅力,所以人类世界只有在偶然的情况下才有意义。一幅风景、一个物体或一具躯体的外表,并没有决定它是"快乐的""悲伤的""活泼的",还是"沉闷的""优雅的"或"粗糙的"(Merleau-Ponty,1962)。如果我们试图从警察的态度或公共建筑的风格来解释一个城市的特征,还原论者认为我们只是把我们的感受投射到惰性的东西上:心灵被定义为私人的,因此不可能有城市精神的公开表达。经验主义使我们疏远了"我们的家园"(Merleau-Ponty,1962)。

三、给人类经验一个纯粹的描述

梅洛-庞蒂认为,行为主义者、巴甫洛夫和其他的机械和因果理论认为行为、学习、知觉这些活动是物理和生理相互作用的结果,这足以定义它们是涉及感觉、记忆、联想的一些"心理化学"的结果。有了这些,经验主义者可以建立起我们经验的相似的"对等物"(Merleau-Ponty,1962)。但是,如果把行为具体化,人们就会发现自己置身于三个外在层次的事件之中，而不是单纯的描述所揭示的经验活生生的统一中不可分割的三个方面。这三个层次的事件是：自然事件、有机事件、思想事件，这些事件之间可以相互解释（Merleau-Ponty，1963）。在《知觉现象学》的序言中，梅洛-庞蒂将现象学描述为"描述问题而不是解释或分析问题"（Merleau-Ponty，1962），并继续把它与科学解释和（唯心主义）反射分析进行对比。描述是"一种叙述而不是一种重构"，应避免将科学调查所获得的关于世界或身体的知识投入知觉，或将其解释为外部事物在心灵中引起的事件（Merleau-Ponty，1963）。梅洛-庞蒂称经验和我们经历的世界为"前预测性"（antepredicative），以表明经验不是因果系统中的事件，世界也不是科学定义和定位对象的集合。在《可见的与不可见的》这部著作中，他用"前客观"（preobjective）代替了"前预测性"。他的目标是对行为的哲学解释，不将身体视为一种物质、一套机制，也不将心灵视为一种笛卡儿式的思维实体，与身体分离。在某种程度上，这种笛卡儿式的区分已经进入了"常识"的主体，因此"前预测性"经验也意味着在用常识术语描述它之前的经验。

人们经常说素朴意识（在哲学意义上）是现实的，或者至少应该在这方面区分常识的观点，即口头上对知觉的解释和知觉经验本身以及口头上的知觉和活生生的知觉之间的区别。当我们生活在没有言语和反思的环境中，如果我们回到它们在我们面前的样子，如果我们试图忠实地描述它们的存在模式，它们不会唤起任何现实的隐喻（Merleau-Ponty，1963）。

梅洛-庞蒂对行为的许多"描述"可以与赖尔在《心灵的概念》中的描述相提并论。在指出身体在行为中所经历的不是常识或科学意义上的物体时，他指出，在移动我的身体时，我不必像对物理物体那样，先定位它，然后在地理上运输它的各个部分；即使要定位我的手臂，我也必须以一种非客观的方式移动我的头部或眼部肌肉。我看着我移动的物体，而不是我自己在移动（Merleau-Ponty，1962）。运动能力是与世界相关的一种基本形式，所以梅洛-庞蒂说，意识首先不是"我认为"的问题，而是"我能"的问题（Merleau-Ponty，1962），梅洛-庞蒂在一篇典型赖尔式的文章中谈到了打字的表现：这个问题通常是这样提出的，好像对写在纸上的一封信的知觉唤起了对同一封信的再现，而这封信反过来又唤起了对在机器上敲击它所需要的运动代表。但这种语言是神话。当我扫视眼前的文本时，典型的或熟悉的模式就会立刻形成。当我坐在打字机前时，一个运动空间在我的手底下延伸出来，我可以快速地说出我读过的东西（Merleau-Ponty，1962）。因此，要知道如何打字，并不意味着要知道键盘上每个字母的位置，甚至也不是对每个字母都形成条件反射……如果习惯既不是一种知识形式，也不是一种不自觉的行为，那么它是什么呢？它是一种用手去认识，只有通过身体的努力才能发挥作用，而不是转化为客观的公式（Merleau-Ponty，1962）。这是一个前预测性或前客观经验的例子，正是在这个前语言水平上，我们体验世界和行为。

眼睛和耳朵立即被给予正常主体而作为进入同一个世界的手段，而且这个世界对他来说是前预测性的、不证自明的……康德的主体假设了一个世界，但是为了能够维护一个真理的存在，实际的主体首先必须有一个世界或存在于世界中，也就是说，在他周围维持一个意义系统，其对应和关系不需要为了被使用而被明确（Merleau-Ponty，1962）。

相对于解释，描述需要理解经验，而不是强迫它进入一个陌生的模式。但是对物体和心灵的感知对经验来说是不同的，"事物被认为是它们所表达事物的显现，它们的意义被压缩到它们本身之中，并按照它们的字面意思呈现出来"（Merleau-Ponty，1962）。梅洛-庞蒂试图把神话的心灵从那些不成熟的理性中拯救出来，比如在孔德的著作中，神话是不可理解的，因为神话被看作是对世界的一种解释和对科学的期待，但它仅是对存在的投射和人类状况的表达（Merleau-Ponty，1962）。同样，19世纪将幻觉分类为"没有物体的知觉"，将错觉分类为"尽管有相反的证据，但仍保持错误的判断"，这是客观思维的一个例子，它从一个外部观察者的立场来概括临床现象，然而，对病人所描述的经验的现象学关注表明，他意识到他的妄想系统不属于普通世界。梅洛-庞蒂经常引用闵可夫斯基、斯特劳斯和宾斯旺格等现象学和存在主义精神分析学家的著作，他们理解患者世界结构的方法是基于格式塔心理学、现象学和存在主义哲学。

四、身体处于首要位置

梅洛-庞蒂现象学的核心在于"身体"这个概念。梅洛-庞蒂认为,用这种传统的方式来理解身体就不再是我们真正的身体,而是生物医学意义上的客观躯体,没有意识的身体就变成了没有生命意义的、机械式的机器。在梅洛-庞蒂看来,物质和精神的统一于身体之中,"身体和心智并非截然独立,在人身上是一个有着身体的心智。换句话说,人是这样一种存在物,他之所以能够了解事物的本质,是因为他的身体仿佛就根植于这些事物之中"(Merleau-Ponty,2004)。身体既是客观存在,又是主观的主体;它既是第一人称的"我",又是第三人称的"它";身体既能进行感知,又可被感知。

梅洛-庞蒂将身体放在现象学的首要位置,并提出了"身体性"(corporeality)的含义。身体性是对胡塞尔身体概念的进一步拓展,它不仅是支持我们行动的可见和可触摸的身体,也包括我们的心灵思想,甚至还包括我们所处的环境。作为一个整体,身体超越了任何内在与外在、自在与自为、身体与心灵等二元论思想,身体将其综合在一起,并借助行为和知觉呈现出来(张尧均,2006)。因此,意识的意向性(intentionality of consciousness)是建基于身体意向性(intentionality of body)之上的。而身体意向性是一种表现身体技能和习惯行为的运动意向性(intentionality of motor)(Dreyfus,2002)。对于梅洛-庞蒂来说,意识的特性"不是我思,而是我能"(莫里斯·梅洛-庞蒂,2001)。比如,"对于在奔跑中的足球运动员而言,球场并不是'客观对象'……它触发了某种运动模式,并且它在触发运动的时候就好像运动员与它融为一体一样。球场本身并不是给予他的,而是作为其实践意图的内在部分展现给他;运动员和它融为一体,并且直觉到了'目标'的方向。可以说,意识正是在这种环境中栖息。当下的意识无非是环境与行动的辩证法。球员的每一个微小动作都会改变球场的特征,建立了一条可以展开和完成动作的新力量线,从而再次改变球场的现象"(Merleau-Ponty,1962)。由此,梅洛-庞蒂实现了从"意识现象学"到"身体现象学"、从"意识意向性"到"身体现象性"的转换(陈巍,2016)。

梅洛-庞蒂认为身体是融贯主观世界与客观世界双重意蕴的载体。他在《知觉现象学》中以手的"触摸"和"被触摸"为例子论证了这一个观点:"我的身体之所以为人所知,是因为它给了我'双重感觉':当我用左手触摸右手时,作为感知对象的右手也具有这种感知属性。刚才我们已经看到,两只手不可能被另一只手触摸而触摸到另一只手,当我的两只手相互接触时,问题不在于我可能同时体验到两种感觉,就像人们可以感知两个并列的物体一样,而在于两只手在'触摸'和'被触摸'之间随时切换的一种暧昧不清的结构"(莫里斯·梅洛-庞蒂,2001)。换句话说,两只手可以在触摸和被触摸之间切换,但对于任何一只手而言,都不可能同时既在触摸和又在被触摸。"对我的左手而言,我的右手是一块骨头和肌肉,在这团骨头和肌肉中,我立刻猜出了另一只灵活的、活生生的右手的形状或显现,我把它伸到物体中去探索物体。当身体执行其认知功能时,它对外部世界感到惊讶,当它试图主动触摸时被触摸,并开始进行一种足以将身体与外界物体区分开来的'反省'"(莫里斯·梅洛-庞蒂,2001)。因此,梅洛-庞蒂认为,身体既可以触摸又可以被触摸,既是主动的还是被动的,既是自在的还是自为的。一言以蔽之,身体既是主体还是客体,身体是主客体相互融合的载体,它具有含混性(ambiguity)和可逆性(interconvertibility)的特征。

同样的,梅洛-庞蒂认为身体还是融贯自我与他人双重意义的载体。这依旧可以从手的"触摸"和"被触摸"的例子得到论证:"当我的右手触摸到我的左手时,或者当我意识到我身体的其他部分时,我正在以一种特殊的方式体验自己,在这种方式中,预备了其他人体验我以及我体验他人的方式"(丹·扎哈维,2008)。根本原因在于这种触碰和被触碰的关系可以迁移至自我和他人的接触关系上,典型的例子就是握手:"握手也是可逆的,我的手既可以感觉到被触摸,还可以感觉到在触摸"(张尧均,2006)。这也意味着主体的自我体验必须包括他者的维度,这是交互主体性实现的前提。

在《知觉现象学》末尾,梅洛-庞蒂清晰地表达了他对认识的主体和客体的新认识:"世界和主体是不可分割的,与它分离的只是作为投射世界的主体;主体与世界也是不可分割的,与它分离的只是主体自身所投射的世界"(莫里斯·梅洛-庞蒂,2001)。这样,梅洛-庞蒂把理智主义的"意识""主观感知"转向了"身体和意向性",把认识对象由客观主义的"外界对象"和"感觉材料"转向了"身体和世界的共在",从而打破了被赋予的"神话",实现了认识主体和认识客体在"身体"中的融合(陈巍,2016)。总之,身体现象学彰显了身体在认识世界的过程中扮演了基础角色,并对笛卡儿以来的"扬心抑身"意识哲学传统进行了质疑和批判。

五、关于辩证法的观点

梅洛-庞蒂对黑格尔和马克思辩证法的现象学阐释始于他对现代性危机的界定。在梅洛-庞蒂看来,理性模糊性的历史表现之一就是现代性的危机,关于这方面,黑格尔和马克思的辩证法与现象学是一致的,即历史的发展并非注定,而是取决于人的创造性与愿望。只要人类认识到,任何社会发展的模式并非普遍相同,而是对历史发展的暧昧性的一种理解和感知,其主要目的是启发人们创造更好、更新的制度,如果这个目标能得以实现,那么人类就能够很容易地破解现代性的困境。

(一)对黑格尔辩证法的现象学解释

梅洛-庞蒂说:"黑格尔是一个世纪以来所有伟大哲学的源头"(莫里斯·梅洛-庞蒂,2008b)。他对黑格尔辩证法的解读散落在他各个时期的著作、论文、讲座和笔记中。在《知觉现象学》出版之后,梅洛-庞蒂尝试将现象学与黑格尔的辩证法融合起来。梅罗-庞蒂认为,黑格尔是第一个作为一个世纪以来(1845—1945)各种哲学(如马克思主义、尼采哲学思想、现象学和存在主义、精神分析)的发源之地,他开创了探索非理性并将其整合为广义理性的哲学事业。梅洛-庞蒂说:"对黑格尔作出一种解释,就是对本世纪的全部哲学问题、宗教问题与政治问题发表意见"(Merleau-Ponty, 1964c)。

梅洛-庞蒂认为,"真正的哲学讽刺哲学,即非哲学"(Merleau-Ponty, 1996)。哲学与非哲学具有双重性质的,通过后者可以达到前者,即哲学可以在非哲学的状态中变成哲学,但是,它不仅仅是如此,而且还可以无限开放,不断要求自己摆脱非哲学的状态。也就是说,哲学就是通过连续的各种非哲学状态之间的反复变化呈现自身的意义。就黑格尔的辩证法而言,梅洛-庞蒂认为,从1807年的黑格尔到1827年的黑格尔,就是哲学借助非哲学的状态达成自己的典型示范。梅洛-庞蒂认为,在《精神现象学》阶段,黑格尔是一位存在主义者。例如,对于"上帝之死"是指必须把绝对理解为"能够死去",也就是从人的历史存在的视角去理解什么是绝对,换句话说,绝对是在人的历史性存在中不断揭示出来的。在这方面,哲学不是通过认识通向绝对的道路。我们不能从笛卡儿或康德的哲学传统出发去理解知识,认识不是由主客分离的模式预设,而是与我们的生存本身是一体。换句话说,认识、科学、主客体等在我们的生存中不断呈现和诞生。因此,现象学作为精神的自我呈现,不是绝对的结果,而是绝对本身。"一切都必须根据我们的存在来定义,是我们的生活在认识,它面对事物本身是不断开放的"(Merleau-Ponty, 1996)。

简而言之,认识就是我们的存在本身,它与绝对不可分离,有一种密切相关的关系,换句话说,绝对是我们存在的真理,它与认识紧密联系,它的意义不仅在自身,也在自身之外,它是自身的投射,又与自身保持一定的距离,而且被自身解构。黑格尔在1807年提倡的就是这种批判哲学。但是到了1827年,他已经把现象学发展成为一门实证的或思辨的哲学学科。然而,对梅洛-庞蒂来说,这是不可避免的,因为这是从体验到表达的过渡。

在梅洛-庞蒂看来，辩证法不是黑格尔的意识史，而是人类的存在史。自然、人、历史不是可以清晰界定的实体，而是生存运动本身。也就是说，没有主体与客体、物质与精神的分离，只存在一种生存运动，它在不断地否定自身。自然不再是一种超脱于外在的物体，而是感性的、与人的生存紧密相关的对象，具有一体两面的特征。在这个特征上，感性—实践的人就代表了自然朝着历史的方向发生转变。对于这一点，梅洛-庞蒂认为，真正的辩证法主义不是"邪恶的辩证法"，不应该坚持任何不真实的"辩证综合"，而要看到历史是怎样"分叉"的，持续质疑我们的政治立场，不断寻找新的途径和方式，这就是"超级辩证法"。但是，危机蕴藏着"机会"，历史的发展不是预设的，它也取决于人的创造和欲望。只要我们人类意识到无论何种模式和社会制度都不是普遍的，而是对历史的模糊性的一种理解和知觉，其目的是引起人们创造更新的模式和社会制度，那么人类就能逐渐走出历史的困境（佘碧平，2007）。

在梅洛-庞蒂看来，黑格尔是一位终结论者，即认为历史是一种逻辑的展开，尝试在各种概念之间的关系中探寻历史事件的最终解释，而个人经验则隶属于观念的命运。梅洛-庞蒂认为黑格尔把所有的一切都考虑进去了，把所有的一切都综合到他的"大而全"中去了，但是恰恰忘记了自己所处的生存境域。换言之，这种绝对理念的综合并非"彻底的综合"，它只是特定个人在一个相对固定的时间中完成。梅洛-庞蒂认为黑格尔忘记了"脚下的大地"，忽略了自己的历史性。梅洛-庞蒂说："对于1807年的黑格尔，《精神现象学》不仅仅是一部思想史，它是处于经济结构、社会道德、法律制度与哲学著作之中的精神表现史。它的核心问题是要重新理解整个历史的意义，把握社会实体的内在发展，而并非运用哲学争论来阐述人性的历险"（Merleau-Ponty, 1964c）。此外，最终获得的绝对知识也并非一种哲学理念，而是一种生活方式。对于1827年的黑格尔而言，历史运动最终在一个等级森严的社会制度中达成了自己，而对于1807年的黑格尔而言，历史运动是以人类社会之间重新达到一种真正的和解而结束。

具体而言,《精神现象学》并非尝试将全部历史都纳入一个预先设定的逻辑框架中,而是引发每个时代的各种学说观点,让它们根据自身的内在逻辑规律而发展。在《精神现象学》的导言中,黑格尔并没有废除人类的各种经验。相反,他把它们集中在一起进行分析,这就是黑格尔的存在主义。它并不是用概念来设定历史,而是分析个人经验和内在逻辑。这不像康德在《纯粹理性批判》中所做的那样,科学经验在何种条件下是可能的,而是在一般情况下,道德、审美和宗教经验是如何可能的,并描述了人类面对世界与他人的处境,把不同的宗教、艺术作品、经济制度和法律制度,理解为逃避人类存在的困难或面对这种困难的各种方式。在这里,体验不再像康德所说的那样仅仅是我们对感性世界的思考,也并非科学式的经验,而是一种生活经验。

此外,人不是像石子或其他自然物那样的存在,而是一种焦虑的存在,总是在努力想成为真正的自我,因此总是拒绝把自己局限在某种范围内。这种寻求超越自我的"忧虑"是对"虚无"和"死亡"的"忧虑"。这就是梅洛-庞蒂所说,"生存的意识最终是死亡的意识"(Merleau-Ponty, 1964c)。因此,任何试图把人限制在某一领域或地区的学说都脱离了人的生存意愿。例如,纳粹推行的种族理论就是这样。虽然它要求人们记住悲剧和死亡,但它实际上是用悲剧和死亡的经验来凸显非人的本能,最后掩盖了死亡的意识。总之,历史终点的"大而全"会抹煞个体的存在。他说:"在这个意义上,《精神现象学》是允许教会哲学和共产主义哲学成为可能,而并非让存在主义的个体哲学成为可能"(Merleau-Ponty, 1964c)。

梅洛-庞蒂把1807年的黑格尔解读为存在主义,而且还尝试把历史唯物主义和存在主义结合起来。在《知觉现象学》第一部分的第五章中的一个长篇注释中,他反对用还原主义和因果决定论的思维来理解历史唯物主义。因此,历史唯物主义强调的并非它的经济因果关系。梅洛-庞蒂说:"生产与工作方式不是历史和思维方式的基础,而生存、共存方式、人际关系才是历史和思维方式的基础"(莫里斯·梅洛-庞蒂,2001)。也就是说,不存在单纯客观的经济因果关系,因为只有一种存在和共存方式赋予经济关系以意义,所以经济关系只是人存在和共存方式的一部分,它与伦理、宗教等"在社会事件的统一体中相互表达,就像身体中的每个部分在行动上是相互包含的统一体,……不可能像人们想象的那样,把人类生活简化为经济关系或法律、伦理关系"(莫里斯·梅洛-庞蒂,2001)。

(二) 对马克思辩证法的借鉴

梅洛-庞蒂在选择现象学研究方向之前,已经先行接受了存在主义与马克思主义相结合的理论视角。这一理论视角试图在批判传统二元论思维的基础上,实现个体从自我到他者和社会历史的主题转换。为了实现这一主题转换,梅洛-庞蒂将马克思主义特别是青年马克思的人学辩证法思想融入现象学,使现象学突破了胡塞尔的先验论,实现了存在主义的转型(吴晓云,2016)。梅洛-庞蒂的哲学思考道路与马克思主义存在复杂而密切的联系。马克思主义不仅作为理论前提激发了他对现象学的思考,还因其理论特色使他的身体现象学思想凸显出存在的个体差异和对历史的尊重。尽管在晚年,梅洛-庞蒂批判了马克思主义,并最终离开了这一理论体系,采取了"反马克思主义"的立场,但正如他本人所说的,"拒绝联系也是联系的一种形式"(莫里斯·梅洛-庞蒂,2001)。马克思主义就像一盏明灯,时隐时现地照亮了他的思考和行动。

通览梅洛-庞蒂身体现象学的主要思想发展进程,我们可以清晰地发现马克思的哲学思想对他在不同时间的著作带来了深刻影响。梅洛-庞蒂早期出版的作品《行为的结构》已经呈现出辩证法思想的端倪,他在对传统心理学中行为的观点进行批判之后,提出了行为的辩证结构。随后出版的著作《知觉现象学》以身体为主要论题,结合辩证的现象学方法,阐述了知觉的、能动的身体在感性思维和理性思维产生与形成上的作用,最终揭示了人的存在是以身体为主要特征的存在。学术界一般认为梅洛-庞蒂早期的两部著作还只是在元哲学的层面,其中期著作《意义和无意义》和《人道主义与恐怖》等从身体现象学的角度解释了政治运动、社会实践等社会现实问题,并对"经济基础与上层建筑的关系""共产主义与人类解放""阶级的含义与阶级斗争"等一系列核心概念作出了现象学的解读。但是,到了后期,梅洛-庞蒂对马克思的批判愈来愈多,这主要体现在《辩证法的历险》《符号》《可见的与不可见的》等后期著作思想中。因此,整体上可以说,马克思的思想启发了梅洛-庞蒂的理论思考,具体而言,表现在以下几个方面。

(1) 梅洛-庞蒂为了解决身体与意识、自我与他人的矛盾问题,合理吸收了马克思主义的辩证法,为解决这些问题提供了方法论上的可能。梅洛-庞蒂认为,胡塞尔开创的现象学运动,已经远远超越了笛卡儿自我反思的思维方式,把一切直观显现的对象作为一切反思活动的"基底"。由此,现象学就反对了"对自我意识的自恋"(莫里斯·梅洛-庞蒂,2003),进而将身体、生活世界、他人等主题纳入现象学的范围。但由于坚持还原论的哲学视角,胡塞尔的观点实际上也没有摆脱身体与意识、自我与他人之间的对立关系。因此,他不得不重新建立一个"先验的自我"去理解充满差异和矛盾的现象学世界。梅洛-庞蒂为了解决现象学在方法论上的缺陷,借鉴了马克思主义辩证法的思想。梅洛-庞蒂说:"当我们走向辩证法的时候,本质是'现象的现象',身体是'沉默的我思',他人是'另外一个自我',它们之间的鲜明区别才能被打破,从而实现理解现象、为他人的存在铺平道路的目的"(莫里斯·梅洛-庞蒂,2003)。

(2) 马克思关于实践观点的阐述,为梅洛-庞蒂从身体现象学的视角论证他人存在的问题提供了理论支持。马克思借助对人类的生产实践的考察,从人类的外在活动方面,阐释了人与世界的紧密联系。根据马克思辩证法的原则,"思想被视为描述和理解的人际生活"(莫里斯·梅洛-庞蒂,2001),也可以从内在角度体现人对生活世界的干预状态。所以,梅洛-庞蒂说:"我思是对前反思的反思"(莫里斯·梅洛-庞蒂,2001)。梅洛-庞蒂立足于"我思",在胡塞尔的现象学路径基础上,揭示了身体是一个活生生的自我存在,并且通过身体的中介作用,呈现了整个社会生活的历史图景。此外,梅洛-庞蒂借助马克思辩证法的思想,解决了他我存在的矛盾问题。现象学的伟大功绩之一就是把他人问题引入了现代哲学,但它仍然没有彻底解决该问题,因为现象学始终不能有效解决他我之间的冲突和矛盾。因此,梅洛-庞蒂借助马克思辩证法的思想,辩证地思考他我之间的关系问题。他认为,通过辩证的方式将看似矛盾的他我置于生活世界的脉络中使两者互动起来,就能有效打破两者之间的分界线,两者在生活世界中作为"唯一存在的两种因素"(莫里斯·梅洛-庞蒂,2001)而共存。

(3)梅洛-庞蒂立足于现象学的视角对马克思主义的辩证法进行了解读。为了解决现象学本身存在的他我理论问题,他重点借鉴了马克思主义的辩证法理论,但是,这种建基在现象学基础之上对马克思主义辩证法的理解,从一开始就存在问题。首先,梅洛-庞蒂对马克思主义辩证法的理解存在偏差,后者的核心观点是:实事求是,一切从实际出发,在实践中检验和发展真理。马克思重点强调了实践对人类理性的意义。无论何种理论,只有植根于实践经验,并不断接受实践的批评和修正,才会朝着更加合理和科学的方向前进(吴晓云,2010)。从这个角度来看,整个人类历史呈现出一种曲折向上的螺旋上升:从感性的经验到理性的知识,然后,理性的知识与不断变化的实践经验产生冲突,这种矛盾导致了新的理性知识的诞生……以此循环往复,无限接近人类构想的家园。但是,梅洛-庞蒂却并不这样认为,在他看来,历史是迂回的但绝不是进步。他说:"历史好像就是人的身体,可以把它和一件艺术品相比较"(理查德·沃林,2001)。历史不可能凝结成一个明确的科学理论,它只能是身体对某个方向、某个感觉的审美感知。换句话说,历史从来不揭示必然的真理,只有直觉和模糊的体验。这种体验在某些历史时期表现为明确的革命纲领,而在另一些历史时期体现为模糊的意向。因此,整个历史生活表现为"既非连续的创新也非连续的重复,而是既产生稳定形式又打破它们的唯一运动"(莫里斯·梅洛-庞蒂,2001)。其次,作为现象学的发扬者,他和德国现象学前辈类似,向往某种"前科学"的先验力量,以消除历史中的随机性和偶然性,最终达成历史意义的"垂直涌现"。在他看来,这种力量与其说来自无产阶级的辩证理性,不如说是依靠一种艺术的直觉把握。由于对这种非理性直觉能力的依赖,梅洛-庞蒂没有像马克思那样具体地深入到资本主义社会生活的实践中去,系统归纳和总结历史发展的科学规律。他对马克思主义的期望从一开始就是乌托邦式的。这种苍白无力的期望,当面对与之相矛盾的历史现实时,很快就走到了马克思主义的对立面。

(三)对辩证法的现象学解释

当胡塞尔提出"面向事物本身"的经典口号时,对传统哲学思维范式的超越已初露端倪。但是,由于胡塞尔的现象学理论观点坚持传统的还原论道路,无法从根本上克服主体与客体、身体与心灵之间的矛盾,最后还是重新回到了先验哲学的道路。为了彻底根除胡塞尔现象学理论观点中的先验残余,梅洛-庞蒂走向了现象学与辩证法相结合的道路。

1. 悬搁与自否定

自形式逻辑从亚里士多德开创以来,这种方法在抽象认识中一直占据主流地位。该方法以同一律(A=A)、矛盾律(A≠非A)、排中律(要么A,要么非A)等三大定律为基础,采用封闭而又严谨的逻辑形式规则,推演出完整的知识的系统(邓晓芒,2014)。对形式逻辑而言,一个最重要的特征就是逻辑要素保持自身质的稳定性,唯有如此,才能确保真理的绝对性和准确性。但是,从抽象形式看起来不存在矛盾的理性判断,在面对实在经验的内容时,往往会出现不同的情况(吴晓云,2009)。例如,当人们判断"花是红色的",这种"个别是一般"的形式逻辑中,已经暗藏着"个别非个别"的矛盾。康德把这种客体与主体、经验与理念的二律背反称之为物自体的"先验幻觉"。胡塞尔将康德所说的"经验现实"和"先验观念"融合成一个包罗万象的"本质直观"。辩证法在面对二元论的困境时,则显然不同于前两者的观点,它不是停留在寻求一种更高的先验结构,而是使经验与观念、主客体直接相互作用,并将这种相互作用的运动过程上升到一个"绝对"层次。这正如伽达默尔所说:"辩证方法是从一个形式逻辑法则到另一个形式逻辑法则的内部演变,它不是发轫于任何假设的断言,而是随着概念的螺旋运动,在思想本身的渐进展开中得出其内部结论"(汉斯-格奥尔格·伽达默尔,1992)。辩证法的理论内涵不是追溯先验知识构架,而是把观念与经验、主体与客体解释为本质的"自否定"关系。具体而言,"自否定"涉及两个方面的操作,否定、否定之否定。作为一种怀疑的精神,辩证法立足于直接经验,揭示出主体假定的外在于主体自身的对象所潜伏的内在矛盾。因为外在对象并不是它所呈现的那种形象,因此,主体必须摒弃先前的关于对象的看法,对对象重新建立一种新的形象。这种新形象不断完善并且固化成为某种确定知识,又会被不断变化发展的经验现象所证伪,从而又开始新一轮的知识更新运动……以此循环往复。

为了更好地阐释辩证法的"自否定"原则,梅洛-庞蒂列举了判断"花是红色的"这样一个简单的例子。例如,当我们判断"一朵花是红色的"就说明"红色"是花的属性,但是,对辩证法而言,更准确的表述应该是:花"有"红色的(莫里斯·梅洛-庞蒂,2001)。换言之,我们在当下看到的这朵花,在过去可能是以不同的方式存在的,但是在当下它是以一种"红色"的状态而存在,不排除在未来的某个时刻会以另一种状态出现。所以说花既可以是红色又可以不是红色的。它的属性绝非一种绝对固定的原点,而是一种相对的过程和运动。梅洛-庞蒂想通过这个例子告诉我们,辩证法的旨趣是,它能看到超越当下意识的必然运动,看到实践经验对改变思想的作用。梅洛-庞蒂认为,关于二元论对这方面的批判方面,现象学与辩证法有共同的地方。他说:"二者不仅可以相互包容,甚至还有可能汇合在一起"(莫里斯·梅洛-庞蒂,2003b)。现象学对自然态度的悬搁,蕴含着辩证法的否定思想。

在胡塞尔经典的现象学理论中,关键一步是对自然态度的悬搁,这种停止判断的做法并非把传统的哲学观念"付之东流",而是为了显现它们的本质(莫里斯·梅洛-庞蒂,2001)。换言之,现象学之所以停止判断,把存在的加括号,目的是清除理性观念对实践经验的干扰,促进经验对观念、外在对象对认识主体的生成作用。正是在这个角度上,梅洛-庞蒂认为,胡塞尔的意向性理论、晚期的生活世界的观点"使我们越来越远离了严格的科学方法论而走进'辩证的情形'"(Merleau-Ponty，1964c)。

此外，梅洛-庞蒂在认同胡塞尔现象学理论观点对逻辑主义的批判作用的同时，还指出了其内在的缺陷，他说："先验还原被理解为重新回到先验意识，在先验意识的面前中，世界以绝对透明的方式展开"(莫里斯·梅洛-庞蒂，2001)。换言之，悬搁的方法在胡塞尔眼中，只是现象学还原的权宜之策，一旦获得对真理知识的把握(即先验自我)，任何变化之物只是对先验本质的改头换面而已。从这种层面来说，现实世界无非是先验结构的一个例子——最初由先验自我加以悬搁，然后让自我统觉"根据结果来重构"(莫里斯·梅洛-庞蒂，2001)。因此，虽然胡塞尔早期的意向性学说和后期的生活世界学说，反对了哲学的形式逻辑，但是，从最根本的意义上说，胡塞尔并没有彻底摆脱这种传统哲学思维的影响。为了摆脱逻辑主义的残余影响，梅洛-庞蒂认为，现象学不得不走向最具有批判和否定精神的辩证法，他说："对事物本身或直接对事物的研究，只要它是有意识的，就不是间接事物的反面；间接只不过是坚定地承认直觉的一个悖谬：为了拥有自己，个体必须从走出自我开始，为了看到世界本身，必须首先远离它"(莫里斯·梅洛-庞蒂，2003b)。

2. 现象学视域下的辩证法

根据现象学的观点，本质和现象是紧密联系在一起的，本质寄居于一系列现象的展现之中。但是，获得对本质的理解，并不是一件很轻松的事情，这需要通过现象学还原的方法。"本质还原是一种展现在重回我们之前世界的样子的解决方案，主要是为了同等对待反思和意识的非反思生活"(莫里斯·梅洛-庞蒂，2001)。为了实现对现象和本质的理解，梅洛-庞蒂站在现象学的立场来把握辩证法。

我们以他在《知觉现象学》中对花的论述为例，来解读梅洛-庞蒂现象学视域下的辩证法的观点。当我们第一次看到红色的花时，就产生了一种关于"红色"的了解，这是一种在当下发生和直接涌现的现象。随后，我们可能在其他地方看到黄花、蓝花、紫花……于是，我们通过感性经验看到了所有花的各种颜色和形态,也会认为一切皆"无"。但是,只要我们稍加思索,我们会发现,这个"无"并不是空洞无物的意思,而是蕴含着自由和潜在,也即:花的颜色有无限多变的可能,"有"各种各样颜色的花。所以,从一个更高的层面来说,我们获得了一个有关本质的间接认识:花"有"各种各样的颜色。这里的"有"又能作为一个直接性的现有知识,开始了新的、更深层次的"有""无"的辩证运动……如此循环往复,不断运用至整个世界,整个世界也在这种辩证运动下呈现出一部动态发展的历史。在这个辩证运动中,每一个后来者超越了前者,但也没有取消或否定前者,相反地,后者把前者视为本身发展的基础,并且同化到当下的情形中。在这个角度上,梅洛-庞蒂认为,辩证法把在时空上看起来是相互对立的事物置于历史时间的发展脉络中,摒弃了矛盾双方之间清晰的本质分界线,使它们在互相运动和转化的过程中成为一个辩证统一的生命结构,在不同的阶段表现出相异的形式。在梅洛-庞蒂看来,只有现象学视域下的辩证法,才能实现由最直接的生活到哲学的生活之转变(莫里斯·梅洛-庞蒂,2003b)。

3. 辩证法是一种主体间性的关系

梅洛-庞蒂在《知觉的首要地位及其哲学结论》的报告中,简明扼要地表达了《知觉现象学》的核心观点,即:相比较理智意识而言,作为原初意义的知觉经验更具有首要地位。面对笛卡儿传统中对"我思"的强调以及法国哲学中所体现的对历史的乐观态度,他发现很难解释战后法国的现实,因此试图从知觉经验中寻找出路,他认为现实世界"没有必要建立在我们的同一种理性意识的参与上,因为这样一来,意识的不容置疑的多样性就被取消了"(莫里斯·梅洛-庞蒂,2002)。梅洛-庞蒂认为知觉经验是理性的前提,理性的基础是知觉经验所体现的经验协调,因为"当知觉发生时,从我的主体性深处看到了另一个具有同等权利的主体性……赋予我的对象一个新的主体间性或客观性的维度"(莫里斯·梅洛-庞蒂,2002)。梅洛-庞蒂从本体论的角度给出了这种平等的主体间性的基础,即"我们之间有一种紧密的存在"(莫里斯·梅洛-庞蒂,2002)。由此可见,梅洛-庞蒂将辩证法理解为一种主体间性的关系。

为了进一步解释这种主体间性的辩证法,他将辩证法的驱动力定义为"一个介入占有自然模式并与他人形成关系模式的个体,是人的具体的交互主体性和所有存在的连续的、同时的共同体",而不是从我们外部给予的"社会性自然""世界精神""观念自身的运动"或"集体意识"(梅洛-庞蒂,2008b)。这就意味着,从知觉经验发展到理性的过程被梅洛-庞蒂进一步深化为从原初自然序列的感性存在中理解文化的诞生过程。在这个诞生的过程中,人类活动"在一个没有一刻能够抛开也不可能简化的自然和历史情境中,知识被投入到人类实践的普遍性之中并被后者所装载",在主体之间的关系中"不再仅仅是关于认识论的主体,还是人类的主体,它依赖于一种连续的辩证法,根据它们的情境,形成与其经验有关的范畴,并通过他从这种情境和这种经验中发现的意义来改变它们"(梅洛-庞蒂,2008b)。在这里,梅洛-庞蒂以主体间性辩证法的驱动力问题解决形而上学的困难,即心灵与身体、主体与客体之间受二元思维支配下,形而上学把身体、客体看作次等,并与心灵、主体分离开来,那么,怎么能解释知觉经验能发展理性观念和文化呢?通过阐述主体间性辩证法的驱动力,梅洛-庞蒂确认了可以发展为精神存在的物质性、具有主体特征的客体、可以生成文化世界的原初自然(primordial nature)。通过"辩证"这个术语来论证形式逻辑中这些看起来相互矛盾的范畴之间的相互作用(刘沛妤 等,2021)。

第二节 身体现象学心理学方法论蕴含

一、从自然的态度到现象学的态度

梅洛-庞蒂在《行为的结构》中反对笛卡儿主义的思路。传统的笛卡儿观点认为,物质具有广延特征,彼此之间是一种相互外在的关系。而根据这一传统观点,心理现象不具备广延性,而且是立即可得的(Merleau-

Ponty，1963)。在该著作的引言部分，梅洛-庞蒂就旗帜鲜明地表达他的全部目的，即要理解由固定法则支配自然界和错综复杂的人类社会界的关系：我们的目标是理解意识与自然的关系——有机的、心理的甚至社会的。从本质上讲，我们在这里将自然理解为许多相互外在的、由因果关系联系在一起的事件(Merleau-Ponty，1963)。

在此，我们可以看出梅洛-庞蒂对自然做了严格的、传统的定义，自然是受因果关系严格约束的事件范畴(后来他谴责这一观点是"客观的思想"的观点)，他认为自然事件发生在外部空间世界。在该著作中，他希望"从最底层为出发点"以一种中立的方式来研究人类行为，而不是经典的心物二分理论。他反对华生将意识排除在研究之外的行为主义，更反对将人类复杂行为简单归纳为刺激—反应系统。刺激—反应的模式来自严格的实验室环境，但并不适用于解释动物鲜活的反应：经典概念中所定义的反射并不代表动物的正常活动，而是有机体通过分离的部分进行工作时所产生的反应，即不是对复杂的情境作出反应，而是对孤立分散的刺激作出反应。这就是说，它与病态有机体的行为相对应——损伤的主要作用是破坏神经组织的功能连续性——并与"实验室行为"相对应。在这种环境中，动物处于一种拟人化的状态，因为它不必处理那些事件或诱饵所代表的整体，它仅限于做出某些区别；它必须对某些只有在人类科学中才单独存在的物理和化学因素作出反应(Merleau-Ponty，1963)。

现象学方法的目的是通过忠实、真正地描述构成生活经验的现象，来充分解释我们所生活经历的整个背景——我们面临的唯一世界。梅洛-庞蒂在心理学研究中倡导一种"现象学态度"，即如实看待经验内容的态度，不滥用所谓的"科学规定和前提"的研究立场。他主张以"现象学的态度"面向事物本身，以现象学的本质直观直接把握研究现象的根本特征。他在《行为的结构》中提到，要坚持对行为的直接经验作出真实描述，而不是以传统自然科学的方法对直接经验到的行为进行逻辑式的分析(Merleau-Ponty，1963)。梅洛-庞蒂继承了胡塞尔经验直观的方法，认为在心理学研究中应当对身体的经验采取"顺其自然"，摒弃一切科学的预设。他在对行为的研究中采取一种结构的态度,反对把整体的行为、心理活动分解为化学式的元素。

梅洛-庞蒂借鉴胡塞尔的现象学关于本质还原、现象学还原的方法,采用"知觉"的范畴克服存在和意识的矛盾,使主观和客观统一到身体。他认为没有脱离主体的客体,也不存在脱离客体的主体,而身体就是这不可分离的统一体。梅洛-庞蒂受现象学的影响,从"知觉"的首要性和身体现象学的角度出发,提出"我在世界之中,世界也在我之中",认为世界不是没有主体的世界,主体也不能脱离世界而存在。对于梅洛-庞蒂而言,知觉的现象学方法是澄清知觉是如何活生生的。知觉的现象学方法将"忠实于活生生的现象"(Merleau-Ponty,1962)作为首要标准,并认为只有遵守这样的标准,科学才能真正得到实践。

梅洛-庞蒂在《知觉现象学》的前言中阐述了这一方法的本质:什么是现象学?胡塞尔的第一部作品问世半个世纪后,我们还继续问这个问题,这可能看起来很奇怪。尽管如此,这一问题远未解决。现象学是对本质的研究,它认为所有问题都必须确定本质,如知觉的本质或意识的本质。然而现象学是一种哲学,它把本质放回到存在之中,认为应根据"真实性"来理解人和世界。虽然它是一种先验的哲学,但是它悬置了来自自然态度的主张以便能更好地理解它们。这也是一种这样的哲学,在反思之前,世界总是作为一种不可剥夺的存在始终"已经存在",它的全部努力是重新发现与世界的始源的联系,以便最终将这种联系提升到哲学的地位。这是一种渴望成为"精确科学"的哲学研究,但它也是对"活生生的"空间、时间和世界的一种描述。它试图对我们的经验提供一个直接的描述,而不考虑经验的心理起源或科学家、社会学者或历史学者可能对经验提供的因果解释(Merleau-Ponty,1962)。

二、从科学世界到生活世界

在科学世界中,人是自然的一部分,意识也具有自然化的特征,人的意识是按照因果规律的具体时空中的存在，人的心理和行为都属于物理自然的统一联系。因此科学世界中的所有对象都是遵循一种物理的、因果规律的存在。科学世界将人的自然性特征视为第一性的存在，以此来审视人的心理现象，而忽略了直接经验到的一切。科学世界对人的理解的致命缺陷在于，它脱离了人的生活世界，用拆解的方法研究人、理解人，把人归结为某种始源性的存在，并将这些始源性的存在视为人本质的存在形式，一旦理解了这种存在形式，就可以说明人的一切。因此，科学世界观以一种"物种逻辑"的方式看待人，因而其结果必然导致对人的物化、抽象化。

而从生活世界的视角观照人，就是要秉承"面向事物本身"的精神，从所给予的经验出发，悬置一切假设学说。人的经验始终与外界客观对象有意义的联系。生活世界是我们所处的世界，是直接给予我们的世界。梅洛-庞蒂说："回到事物本身，就是回到认识一直在谈论的世界，关于这个世界，所有的科学规则都是抽象的、象征的、相互依存的，就像我们已经知道的树林、草原或溪流的景象的地理规则一样"（Merleau-Ponty，1962）。以生活世界作为研究的出发点，这就意味着拒绝对人的经验世界做任何的抽象和剥离。梅洛-庞蒂说，"确切地说，生活世界对心理学的意义在于，心理学必须从现象如何显现或如何被体验的角度来解释，而不是从应该如何显现的某种观念来解释"（莫里斯·梅洛-庞蒂，2001）。梅洛-庞蒂受到胡塞尔现象学的影响，通过阐述生活世界的概念以达到克服自然主义的目的。他强调"重新返回事物本身，重新返回在认识之前就始终存在的世界"（莫里斯·梅洛-庞蒂，2001）。

与自然科学的路线相比，身体现象学贯彻了现象学的基本主张，赋予了生活世界更原本的地位，将人的现实生活作为研究的根基和背景，强调生活经验的重要性，将生活经验提升到新的高度。自然科学的心理学在生活的基础上进行研究，从生活中提取出一般的规律，然后反过来应用于生活。在身体现象学看来，这种做法强调了自然世界的重要性，而没有看到科学世界是基于生活世界这一事实，忽略了经验在生活世界中的种种表现。梅洛-庞蒂在对知觉进行研究的时候,反对将知觉视为感觉的集合或对外界刺激的被动反映,他将知觉放置于人的生活世界背景下,并认为知觉本身就是心理现象与外在世界的原初联系,是心理意向性本质的反映,由此发现了知觉现象中的启动效应(launching effect)和促进效应(entraining effect)(莫里斯·梅洛-庞蒂,2001)。

只有从生活世界的角度出发,才能避免对人的自然科学态度,才能真正把握和理解完整的人,也只有在生活世界的地基上,才能真正把人的生存和发展视为一种不同于"物化"思维的本质存在。在一定意义上可以说,人的规定性就是人生活于其中的生活世界的规定性,这就是梅洛-庞蒂所说:"人就是生活在世界本身,生活世界为人的生存和发展提供了一切可能性"(莫里斯·梅洛-庞蒂,2001)。

总之,为了达成真正的"人"的心理学,需要在心理学研究中秉持"生活世界"的理念,真正实现从自然科学的主导态度向生活世界领域的转变。生活世界是人对现实的直接呈现,是呈现人的现实意义和价值的最根本的世界。生活世界的心理学价值在于强调忠实于心理现象的重要性,把研究对象定位为对人的真实研究,把人当作真实的"人",研究现实生活中真实体验的人的心理,并进行纯粹的描述和意义理解。

三、从逻辑主义到直觉主义

梅洛-庞蒂反对逻辑主义思想在心理学研究中的运用,他拒绝对所观察到的心理现象做进一步的逻辑抽象与概括,他认为要坚持直觉主义,主张以现象学的本质直观理解心理现象的意义和价值。梅洛-庞蒂批判把当时主流自然科学的方法运用于心理学领域的做法,因为自然科学和心理科学所研究的对象是完全不同,后者所要理解的是作为整体的"意识事实"的世界。梅洛-庞蒂在《行为的结构》中一再强调,自然科学的方法不能运用到心理学研究中。在他对行为的研究中,他的主要任务是揭示行为关联的整体结构。这种对行为的结构和意识的整体脉络所进行的描述和分析,梅洛-庞蒂称之为"前反思"(pre-reflection)(Merleau-Ponty,1963),即一种前反思的意识,通过对生命整体脉络的把握而反向认识自身的活动。梅洛-庞蒂认为这是理解意义的最好的办法,即生命主体朝向自身的生命体验是把握意义的首要手段。梅洛-庞蒂认为世界是具有内在活力、存在能动性与主动性的生命个体,他强调意义是生成变化的过程,认为只有通过内心的体验和直觉才能把握意义。

直觉主义是一种不加任何粉饰、不分析意识经验的研究思路,它采用简单直接、清晰明了的态度看待意识的体验,真实客观地描述自然的体验,不加任何推测或解释。直觉主义的研究思路立足于事实,以事实的研究为前提条件。在梅洛-庞蒂眼中,格式塔心理学是由幻想到事实的心理学,因为它摒弃了科学的预设,以事实为基础,在事实的前提下研究行为。直觉主义在放弃预设和成见的基础上,强调如实地描述直接经验。在《知觉现象学》中,他批判了科学过于依赖理性推理,根据理性推理获得真理而忽略事实的做法,他对此强调:"对科学的探索不应该受到概念的限制。依我之见,科学的开始是发现自身,文艺复兴把它们带入了一个全新的时代,从这个时代开始,任何科学中的命题数量都尽可能地减少。如今,这项事业已经越来越成功,随着实验方法的不断改进和更新,越来越多的事实也开始呈现在我们面前。此外,科学已经抛弃了过去的主观猜想以及许多先入为主的幻想"(莫里斯·梅洛-庞蒂,2001)。

梅洛-庞蒂认为,对现象的如实描述是一种没有先决条件的研究方法。他在《行为的结构》中激烈反对行为主义心理学对行为开展原子式的分析研究。他认为行为主义心理学把人的行为简化为各种元素,这种前提不是对我们意识到的现象进行如实描述的结果,而是对世界、外部事物认识的一般假设。他从身体现象学的角度出发,认为心理学的方法只是如实描述人的存在,而不能持任何理论客观分析人的存在。梅洛-庞蒂在《行为的结构》中主张对行为、意识等心理现象的如实描述,反对滥用各种科学假设和前提。当然,梅洛-庞蒂对"描述"方法的使用离不开对格式塔心理学的理解。格式塔心理学主张首先对经验进行如实的描述,然后解释经验，再理解对象的意义和价值。这种描述是对当下经验直接的、即时的如实描述，不诉诸任何科学假设或前提。梅洛-庞蒂认为格式塔心理学对知觉的研究不仅使我们接触到刺激，而且使我们接触到研究对象重要的社会环境。梅洛-庞蒂在《行为的结构》中大量引用戈尔德斯坦的作品，尤其是通过借鉴戈尔德斯坦对施耐德的描述，阐明了对现象的如实描述对心理学研究的重要性。例如，如果施耐德被要求闭着眼睛在空中画一个圆，他必须通过一系列的动作来找到他的手臂，然后像黑暗中的人一样摸索它，做一些直线或曲线的粗略动作，直到他发现自己在一条圆形的路径上，也就是他完成了画圆的动作。如果对这些行为不加理解地加以描述，将会呈现出一幅可笑的画面。但是，结合对施耐德的其他观察和实验，这个实验揭示了一种意义。施耐德有画圆的运动能力，知道"圆"这个词的意思，但是运动和语言能力不适用于抽象的、想象的情况，比如在这个实验中，而它们可用于施耐德谋生的重复工作（制作钱包），以及具体的对话和有限的日常情况。他无法完成需要自由想象力的任务，这不能用丧失特殊能力来解释，而应被理解为他整个生活方式的改变，一个比正常人更狭窄的世界的限制。这不是施耐德所看到的世界，而是施耐德如何看待这个世界，以及他所描绘的世界中排除了什么。这和对他的症状进行分类一样客观，但它涉及理解他的主观性。正如梅洛-庞蒂所说："可测量的关系不能垄断真理，我们对于什么是客观的概念必须完全重新定义"（Merleau-Ponty，1962）。

意向性问题也能说明梅洛-庞蒂倡导直觉主义研究路线的思想（杨大春，2005）。意向性问题是梅洛-庞蒂身体现象学心理学思想的一个核心问题。他首先继承了胡塞尔关于意向性学说的意义，但是他对这个概念又有超越。梅洛-庞蒂对意向性的概念进行了明显的扩展，这是从生存论的角度上的"领会"，而不是从认识论的角度上的"理解"。梅洛-庞蒂认为，意向性问题的关键在于领会而不是理解，我们不是客观世界的旁观者，而是植根于世界，生活在特定情境中的人。我们与他人在世界中共在、共生。因此，对意向性的理解就不再囿于个体与自然的认知关系，而是延伸到个体与历史文本、事件的关系,以及延伸到我与他人关系的直觉表达。因此,与在认识论意义上对数学和物理规律的静态理解相反的是,"领会"要求进一步从整体上把握"整体意向",这就需要我们不仅把握某个东西对于表征来说是什么,而且还要理解它独特的存在方式。与此相应的是,我们就进入了整体的历史维度之中,整体的历史也因此成为一个更广泛的意向性领域,"就历史这一维度而言,人类的任何话语与身体姿态(无论是经常性的还是下意识的)都具有特定的意义"(Merleau-Ponty,1962)。但这个问题是多方面的,因此涉及多个层面,如人与世界、与他人和自己的活生生的真实关系。

四、从还原主义到整体主义

梅洛-庞蒂认为,不能把人的行为看作是一系列对刺激的条件反应,而应当把人的行为看作是一个动态的、灵活的、与环境相互作用的系统。在《行为的结构》的其他章节中他还提及:"一个有机体的反应也不是由部分动作构成的组装物,而是具有内在统一性的姿态。行为是一种具有内在意义、可理解性的反应"(Merleau-Ponty,1963)。因此,在认识到行为具有某种意义并依赖于环境的重要作用时,梅洛-庞蒂反对生物科学将行为视为一种存在于神经系统或身体中的"部分之外的部分事物",相反,行为应被理解为一种由其环境散发的"具身的辩证法"(embodied dialectic)的部分(Merleau-Ponty,1963)。

梅洛-庞蒂反对生搬硬套地将自然科学的还原主义研究原则运用于心理学研究,他坚持将描述、解释的思想应用于心理学研究,主张直觉、理解、解释等心理学的整体主义研究路线。梅洛-庞蒂说:"如果我们用一根头发连续多次刺激皮肤的某个区域,我们首先会有斑点状的、可辨别的知觉,每次都位于相同的区域。随着刺激的持续,定位的准确性下降,知觉在空间上扩大,感觉不再是独一无二的,不再是一种触摸,而是有时冷有时热引起的灼热感。然后,被试感觉刺激在移动,在其皮肤上画了一个圆,最后,再也没有任何感觉了"(梅洛-庞蒂,2001)。因此,所有相关的知觉不仅仅与感觉材料的刺激无法相分离,而且我们的知觉还有心灵和意识的整体赋予和创造。

梅洛-庞蒂认为,生理心理学对主客体领域的区分是一个非常贫乏的概念。梅洛-庞蒂在批判这些自然主义时,并不是想返回到康德的先验哲学上去。他批判康德主义对待认识与言语的关系仅仅是偶然的,而不是根本的、原始的和"不可分解的"(Merleau-Ponty,1963),尤其是他批判了被还原为表征功能的意识概念:拥有一种表征或作出一种判断并不包括意识生命的全部。更确切地说,意识是一个有意义的意向网络,这些意向有时对它们自己是清晰的,而有时却相反,虽被体验到但是却不知道(Merleau-Ponty,1963)。

梅洛-庞蒂还指出,行为主义心理学将感官经验做了简单化处理,而且还误解了合理性的特征。他认为,合理性有不止一种形式,我们应该更多地考虑在身体中所体现的各种各样的具身理性(embodied rationality)连续体,而不是一种标准类型。因此,他在另一部著作中说,科勒在猴子智力方面的研究为我们理解世界提供了新的角度:可以说科勒的研究表明,除了我们自己对世界的感知之外,我们还必须重建动物世界,其世界有它的特殊性,"非理性"的联想、短路的现象,而我们取得的任何成功都是因为我们把动物的经验作为前提,按照这样的方式去理解描述动物的行为向我们展示的行为曲线……我们不可能认为动物和人类在智力方面有相同的概念及意义(Merleau-Ponty,1964c)。

但是,梅洛-庞蒂在引用格式塔心理学的研究结论的同时,也批评他们试图把所有的发现都塞进物理定律中,因此仍然假设物理定律足以解释所有的行为,从而回到"科学的或实证的本体论"中去(Merleau-Ponty,1964a)。与这种物理主义相反,梅洛-庞蒂拒绝格式塔"重新体验"意识存在于物质世界的方式。这当然意味着梅洛-庞蒂不相信一门能够解释人和动物所有行为的综合性心理科学,就像他后来在语言的创作中拒绝胡塞尔一种关于建立普遍语法的愿望一样。梅洛-庞蒂一直强调不同种类的有机体与世界关系的特殊性,它们的特殊身体化形式,以及它们特殊的环境,以便从中提取所有关于刺激和反应的陈述。

在《知觉现象学》这部著作中,梅洛-庞蒂通过对身体空间、身体性欲、身体表达、运动模式和"幻肢现象"的分析,批判了传统心理学有关身体的机械因果论的观点,并借助格式塔理论的整体原则,强调知觉的整体性,进而论证了身心统一的关系,即:身体是作为一个完整的存在而被知觉,行为既不是一个纯粹的心理的也不是一个纯粹的物理的东西,而是一个身心统一的行为。梅洛-庞蒂也继续讨论了《行为的结构》中所探讨的重要论题,即现代经验主义和科学主义在处理人类经验方面的不足。自然科学把人的行为客观化,把人的各种感官割裂开来,未能从整体上把握主体(Merleau-Ponty,1962)。另外,归纳方法和因果关系的论证思想必须受到质疑,梅洛-庞蒂认为因果关系的解释在物理学中有效,但却不适用于心理学(Merleau-Ponty,1962)。梅洛-庞蒂进一步补充说,我们必须把人类主体视为"一种不可再分解的意识,该意识完全存在于它的每一个表现行为中"(Merleau-Ponty,1962)。作为这种方法的一部分,梅洛-庞蒂强调了考虑人类主体自由的必要性。然而,我们的自由是由我们生活在其中的方式构成的,适应了一个意义的世界,在这个世界里,这些意义的重要性不知不觉中已被我们选择了。

根据还原论的内在缺陷,梅洛-庞蒂认为,刺激—反应模型必须被重新理解:首先,刺激并不是单个的、孤立的,而总是在一种整体环境、氛围的条件下显现出来的;其次,反应也不是某些先定的神经生理化学反应,而是存在着某种完整性或内在统一性。梅洛-庞蒂进一步强调,在一个整体的结构中,整体并不等于部分的相加之和,也只有从整体的角度才能准确理解部分的真正含义(Merleau-Ponty,1963)。据此理解,我们应该把可以"刺激—反应"模型修改为"情境—反应"模型,"刺激—反应"模型之间的因果关系也就变成"情境—反应"模型之间的整体关系。

梅洛-庞蒂在《知觉现象学》中认为人与世界的知觉关系是任何一切关系的前提。当然,这种知觉是身体知觉而不是先验自我的知觉,是一种身心交融的知觉。这种知觉概念把我与自己身体的关系、与他人的关系以及与世界的关系全部带入一个整体的结构。我与他人是一种"共同在世"的关系。事实上,在《知觉现象学》中,梅洛-庞蒂一开始就强调了世界的整体性的重要作用,只有从人和世界的整体性出发,才能够理解人和世界的本质(杨大春,2005)。

为了证明整体性的重要性,梅洛-庞蒂最常用的方法之一就是研究我们与整体世界的关系以及假设我们与世界的关系崩溃,正是系统的失败最清楚地证明了整体的重要性。我们接触世界的系统,但是这些习惯性的行为模式对我们的意识来说是模糊的,不能仅仅通过反思来发现(Merleau-Ponty,1962)。梅洛-庞蒂认为我们需要研究有系统功能障碍的个体,以显示系统在正常功能中看不见的特性。他说:"为了看到这个世界并理解它的荒谬,我们必须打断我们认为理所当然的事情,并且……从这个中断中,我们只得以熟悉了世界的非机动化涌动(jaillissement)"(Merleau-Ponty,1962)。

五、从形而上学到辩证法

梅洛-庞蒂在对行为、知觉、身体等对象进行研究时,首先采用了辩证方法。例如,他运用辩证的方法抨击了身心二元论的思想。他指出,我们不能通过一些预设的身心、主客二分的二元论思想来获得对人类行为的真正理解。他在《行为的结构》中指出:"人类绝不只是一种理性的动物。理性和精神现象没有给人一种自我封闭的本能领域"(Merleau-Ponty,1963)。身体和心灵之间并不是截然对立的,身体是承载心灵的载体,而心灵是有身体的心灵,身体和心灵之间是一种水乳交融、密不可分的关系。比如,我可以用我的手指在键盘上打字,是因为我心中存在一个具体的观念。我先通过身体的复杂运动理解这一观念,然后这些观念有目的地指导我的手指在键盘上打字,从而产生一系列有意义的符号,而这些符号又把意义传递给了外界。因此,我们通过辩证的方法才能获得对人类行为充分的、严格的、准确的理解,而且必须从辩证的角度出发,因为这是对人类行为最充分的描述。对于他的这种方法,他在《行为的结构》中说:"只有采用辩证的思维而不是因果或机械的思维才可以获得行为的科学地位"(Merleau-Ponty,1963)。

梅洛-庞蒂认为,还原主义或者因果分析的理论不能揭示真正的行为,因为它们没有认识到有机体的行为、生命是发生在整体的环境中,并与环境产生了一种辩证的关系。他在《行为的结构》中写道:"在描述有机体及其环境时,我们已经接受了这样一个事实,即它们的关系不是机械的,而是辩证的"(Merleau-Ponty,1963)。他还写道:"有机体与环境的关系是辩证的关系,而且这种辩证关系会带来新的关系,这种新的关系不能与一个物理系统及其周围环境的关系相比较,甚至当有机体被还原为解剖学和物理科学赋予它的形象时它也不能被理解"(Merleau-Ponty,1963)。梅洛-庞蒂在《行为的结构》中抨击了还原主义或因果分析的理论忽视了环境,其对于作为主体的人来说是一个重要的领域。因此,要用一种恰当的辩证方法来研究行为和身体的多种意义:"在这里没有身心二元论的问题,换言之,我们应该相对理解身体和心灵的概念。第一,身体不是生物学的解剖实体或化学物质;第二,身体是一种在世存在,与其所处的环境是一种辩证的关联;第三,我们的习惯也可以被视为无法触摸到的身体动作。相对于前一等级来说,这些等级是心灵,而相对于后一等级来说,这些等级又是身体。总之,身体不仅建立了行为方式,而且还是获得力量的整体。进而更高级的组织结构再次建立在身体上,而心灵则开始重新呈现新意义"(Merleau-Ponty,1963)。

梅洛-庞蒂在看待行为、知觉等心理现象时运用了辩证的思维方式。他在《行为的结构》导言中就开宗明义地指出,本书的目的就是要理解"意识"和"自然"的关系。这种关系明显存在着两种立场:第一种是科学的立场。这种立场认为意识属于自然,将意识视为一种"内在的自然",因此属于因果论和实在论的前提。这种立场认为心理发展的规律也理应从属于实在世界的因果规律。第二种是批判哲学的立场。这种立场认为自然作为现象的总体,因此属于理性理念和知性范畴的体系中。很显然,这两种立场都不充分,因此,必须找到一个真正的立足点,那就是行为。正是行为帮助我们"从根部"也就是把"意识"和"自然"从最根本的"界限"上进行区分。在《行为的结构》第一章中,他用辩证的方式回顾了当时心理学所取得进展,并且对行为主义心理学进行了批判,进一步认为科学的实在论或二元论背景和因果分析方法都是不充分的。梅洛-庞蒂通过辩证的方式指出了行为主义心理学根本缺陷,并在借鉴格式塔心理学思想的基础上,认为行为的反应绝不是某种先定的神经生理通路的反应,而是存在着"内在必然性或统一性"(Merleau-Ponty,1963)。

第四章 | 梅洛-庞蒂的心理本质观

- 第一节 身心观
- 第二节 知觉观
- 第三节 无意识观
- 第四节 行为观

第四章 梅洛-庞蒂的心理本质观

在《行为的结构》中,梅洛-庞蒂反对巴甫洛夫和华生等人对动物和人的行为进行还原论分析。他认为动物的经验尤其是人的经验不可能简单地归结为原子部分相加之总和,每一部分未必都符合简单的刺激—反应模式,一个有机体与环境的关系"不是机械的而是辩证的"(Merleau-Ponty,1963)。具体而言,他对自然科学心理学路线的批判主要在以下两个方面:第一,将心理现象看作是实存的东西,由此带来的直接后果就是容易将心理现象还原为原子式的存在。第二,在此基础上,预设心理现象之间存在因果关联。梅洛-庞蒂指出,"在其希望作为自然科学的领域内,心理学忠实于因果关系的思维"(Merleau-Ponty,1963),他对行为主义心理学的批判集中表现在这一点上,他说:"为了解释心灵深处各种模糊不清的反应,行为主义在很大程度上试图利用生理学甚至是物理学的解释,而没有看到这与其最初的定义相矛盾,也没有看到它相当于把行为再次放到神经系统中"(Merleau-Ponty,1963)。而对于格式塔心理学,梅洛-庞蒂在一定程度上是认可的,尤其接受格式塔心理学对行为主义的反叛,并提出了地理环境和行为环境的概念区分。与此同时,他超越了格式塔原有的观点,提出了"结构"的概念,后来他又进一步深化了这种概念,他认为人与世界存在意义关联的中介是身体,人通过身体与世界紧密联系在一起。梅洛-庞蒂身体现象学心理学是一种经验取向的心理学,它以现象学为理论根基,批判了身心二元论和自然主义,倡导心理学研究要以生活世界为出发点,坚持心理现象的意向性本质。梅洛-庞蒂在批判传统的知觉观、无意识观和行为观的基础上,提出了现象学视域下的知觉观、无意识观和行为观。

第一节 身心观

梅洛-庞蒂认为,世界的一切问题可以从身体的问题出发。他以"肉身"概念为基础创建的现象学本体论,尤其是主客一体、心物一体的心身观,为我们更好地理解心身关系与人的"存在",开辟了新的天地。身体之所以能够作为心灵通向世界的入口,是因为它表征和隐喻了一种空间结构和语言符号。梅洛-庞蒂试图让"身体"成为主体,批判了西方传统身心观中意识的霸权。身体的意向和表达不仅是一种向世界开放的能力,更是一种不断自我建构的情境隐喻,成为弥合身心分离的桥梁。原初意义上的"知觉世界"是一个没有主客二分的统一体,并使得身心关系在模糊、暧昧中自由转换。梅洛-庞蒂的"肉身身心观"为解决身心关系开辟了一个新的途径。

一、现象身体

与传统意义上的对象身体概念不同,梅洛-庞蒂提出了现象身体,它是指身心结合的统一身体。它既有主体因素,又包含客体因素,类似于一个知觉场或者意义场。在这种场所中,主客体相互交融,没有你我之分。现象身体既不是纯粹主观的,也不是纯粹客观的;它既是主观的,又是客观的。现象身体既不是纯粹作为主体存在,也不是纯粹作为客体对象而存在,而是以一种"主体—客体"的形式共同存在。这就是身体和心灵的同在状态。换言之,现象身体将身体和心灵综合在一起了,现象身体既具有肉体性特征,又具有精神性特征。比如,当我们自己的左手摸自己的右手时,我们无法完全区分摸和被摸的感觉。因为身体是一个活生生的整体,摸与被摸的感觉是模棱两可的、暧昧的、模糊的状态。身体既可以作为知觉的主体又可以作为知觉的客体。

这就是现象身体所表达的意境:主观和客观并非截然独立,而是无法完全分清,主体和客体是同时共在,身体如同一个大幕布,囊括了屏幕中主客交织的所有因素。现象身体中主客的模糊之境构成了感知和意义发生的语境。而主客体关系的变化是人类与客观世界互动的直接表现。但互动的方式不是主体对客体世界本质的思考,而是在于主体对客体世界的体验：人是怎样行动和体验的，人以怎样的方式存在于世界中。梅洛-庞蒂的现象身体强调体验的方式，这种体验感存在于主体和客体的整合之中，只有在行动或体验中才能更好地研究主客之间的关系。梅洛-庞蒂所讲的身体具有内在流动性。身体不是静止不变的物体，也不是一种供观赏的模型或素描，而是一种像中国写意山水画一样营造出来的意境。由此可见，梅洛-庞蒂的现象身体的概念颠覆了传统意义上的对象身体概念。我们尝试用下图（图1）来概括梅洛-庞蒂的现象身体的概念。

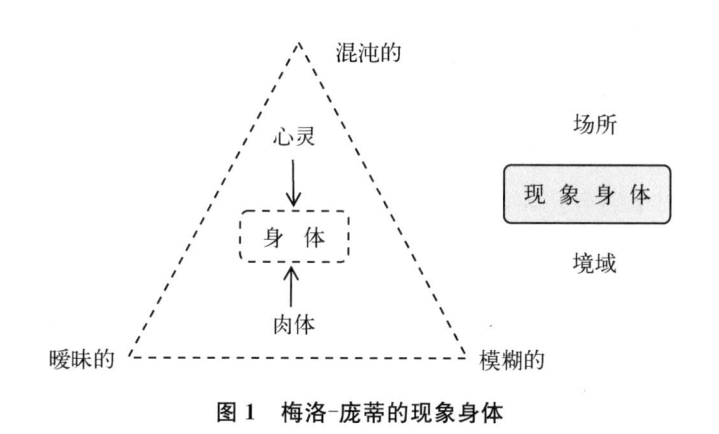

图 1　梅洛-庞蒂的现象身体

通过对现象身体的分析与阐述，我们可以看到它具有以下基本特征：第一，现象身体的暧昧性、居间性。现象身体既不是一种"外延实体"，也不是一种"思想实体"。它是"外延实体"和"思维实体"之间的综合存在。它既不是纯粹的内在性和主动性的存在，也不是纯粹的外在性和被动性的存在。它是内在性和外在性、主动性和被动性原初综合。梅洛-庞蒂指出，暧昧性是现象身体最显著的特征之一。现象身体的模糊暧昧性告诉我们，不能从纯粹心灵的角度对它形成一个客观化或对象化的认识，而只能从身心合一的暧昧体验的角度，从现象身体所具有的独特方式的角度来揭示它的存在。因此，它不是一种能被理智构造的对象身体或客观身体，而是一种只能被知觉的模糊的前对象身体。梅洛-庞蒂认为，真正的问题不是从理智主义哲学的身心二元论的立场来弥合身心统一的暧昧经验,或者将它从属于先定的范畴,而是允许这种沉默的体验"带来对其自身意义的纯粹表达"(Merleau-Ponty,1962)。

第二,现象身体的意向性。梅洛-庞蒂借鉴了胡塞尔的意向性概念,将现象身体承载的"存在于世界中"的始源关系描述为原初意向性结构(Merleau-Ponty,1962)。现象身体蕴含着比理性意识更原初的知觉意识,而这种知觉意识是"由身体作为媒介面向事物的存在"(Merleau-Ponty,1962)。它不是反思性意识的"我思"(I think),而是前反思性意识的"我能"(I can)。但是,需要强调的是,梅洛-庞蒂的意向性概念与胡塞尔的意向性概念有着根本差异:梅洛-庞蒂关注的是身体与世界最初的本体论联系,以及这种最初的联系如何为知识奠定更深层次的基础;而胡塞尔强调的是确定性知识何以可能的问题,因此,胡塞尔阐述的意向性关系是一种认识论的关系(Madison,1981)。

第三,现象身体的世界性。梅洛-庞蒂认为现象身体是"在世存在"的中介,他说:"拥有一个身体就是在一种既定的情境下互动参与,将特定的任务等同于自身,并连续地参与其中"(Merleau-Ponty,1962)。由于对象身体在本质上是一种具有广延性质的客观存在,因此它不具备"图形—背景"视域下的格式塔特点。然而,当现象身体原初知觉经验出现时,它总是以互动的方式参与某一情境,总是处于某一特定的境域,总是处于某一特定的世界。因此,现象身体总是以一个世界作为其任务情境而潜在地出现。我们借用海德格尔的观念,将这一特点归纳为现象身体的"世界性"特征。也正是基于此,梅洛-庞蒂将现象身体视作"特定世界的中介"和"某种世界的潜能"(Merleau-Ponty,1962)。

第四,现象身体的主体性。现象身体具有主体性的特征,在很大程度上是因为梅洛-庞蒂认为现象身体包含了一种被经验主义和理性主义所忽视的主体性,即知觉的主体性(Merleau-Ponty,1962)。理性主义和经验主义都不能解释知觉经验的情境性。因此,知觉的主体既不是经验主义角度的对象自我,也不是经验主义意义上的客体主体,又不是理性主义角度的纯粹意识，而是前对象的现象学主体。因为知觉主体还处于与自然世界的始源关系中，它还没有清楚地认识到自身，也没有能够构建反思性的自我意识。它还不具备以"第一人称"我的角度清晰地表达"我思"。因此，梅洛-庞蒂将前反思的知觉主体视作为一种"自然的我"，一种"沉默的我思"(Merleau-Ponty，1962)。

梅洛-庞蒂克服身心关系问题的难题有别于传统形而上学的机械论方法。他认为身体和心灵是辩证统一、不可分割的整体。身体与心灵只是不同层面功能整合的产物，体现为整合的不同程度。梅洛-庞蒂认为，"身体的功能被整合到一个比生命更高的层面上，身体真正变成人的身体。反之，如果用生命辩证法或者用已有的心灵机制毫无保留地理解身体的行为，那么身体就被认为对心灵起了作用"(杨大春 等，2018)。

梅洛-庞蒂从辩证法的独特视角审视了身心关系，他主要从物理秩序、生命秩序和人类秩序三者的辩证关系来阐述心灵的独特特征。他认为在这三者秩序之间，"每一低级秩序与更高一级的秩序的关系都是部分与整体的关系"(Merleau-Ponty，1963)。根据这种思想，高级秩序已经包含了低级秩序且具有低级秩序所没有的特征，低级秩序也因此被赋予了一种新的含义。梅洛-庞蒂指出，精神的出现导致了一种视角的逆转，在这种逆转中，所有为精神的形成而做的一切历史准备只有在与精神相关时才有意义，而且只能通过精神来理解。这就是康德和胡塞尔先验哲学的意义所在(Merleau-Ponty，1963)。梅洛-庞蒂还指出，精神与生命是相统一的，精神是心理与生理结合在一起而形成的。它包含了生命中已经过去的时刻，"从物理系统和其地形条件到有机体及其环境的辩证关系"的从属辩证关系(Merleau-Ponty，1963)。但是，通常情况下，整体中并不显现这些从属部分。因为正常的个体是一个完整的人，"在正常个体中，身体的过程不是以单独、孤立的形式展开，而是被带入一个更广泛的活动范围"(Merleau-Ponty，1963)。只有在大脑受损的情形下，从属部分才会单独呈现，身体和心灵二者的区分才会非常明显，病人施耐德就是一个很好的例证。因此，梅洛-庞蒂认为，身心统一并不是单一的，而是立体的多层面统一。根据心理与生理结合的程度,根据对各种从属辩证法惯性的克服,不同层面的身心统一关系也随之显现:有作为相互影响的化合物集合的身体,有作为生物及其环境的辩证法的身体,有作为社会主体及其群体的辩证法的身体,甚至我们所有的习惯对瞬间的自我而言都是一个触摸不到的身体。在这样的层次关系中,每一层次相对于前一层次是心灵,而后一层次则是身体。相对于前一个层次每一个层次都是心智,身体则相对于下一个层次。从一般意义上说,身体是一些有组织、有结构的力量的总和,是现存辩证法的基础,是一种更高级形式的解决方式产生的基础,是心灵获得其确定的意义的基础(Merleau-Ponty,1963)。

因此梅洛-庞蒂强调,身心是相对的概念,两者的整合也不是绝对的。与正常人相比,一个没有意识的植物人身心是分离的,但与一个垂死的人相比,他仍然活着,依旧有生命的意义,所以他依旧是一个身心合一的个体。一个身体功能有障碍的人,比如梅洛-庞蒂笔下的画家格雷科,他患有视力障碍,正常人眼里看见的物体在他眼里全部都扭曲变形了。但正是这种身体特征,在他"艺术家的沉思"中拥有了普遍意义,而且成为他思考人类存在另一面的洞察。与此相反,如果一个身体功能健全的人不能把生命中一切偶然、随机的事件整合到整体的行为中,那么他也就是一个身心分离、不完整的人。这就是弗洛伊德对那些生活在童年时期产生的情结中的人的论述:他们无法允许以后的行为、时间将其整合(Merleau-Ponty,1963)。在现实情况中,即使是一个身体功能完全正常的人,也可能在某个特定时刻出现行为场的混乱,这样的例子很常见。例如,当晚上失眠的时候,虽然我觉得很困、很想睡觉,但同时我的身体里似乎有一种异乎寻常的力量,它使我难以入睡,把我的睡意全部赶走了,就在那一刻,我觉得自己好像被一分为二了。某些表情(如梅洛-庞蒂提到的害羞)也显示出身体结构分离的迹象。当我因为害羞而脸红时,我无法控制住自己的脸红。在整体行为分离的情形下,"心灵和身体显然是不同的,这就是身心二元论的真理之所在"(Merleau-Ponty,1963)。但是,真正彻底的行为分离只有在人类死亡的情况下才会出现。只要我们生存于世,身心或多或少都处在某一种层次的统一中。因此,梅洛-庞蒂说:"人永远不会只停留在动物的阶段,无论如何,他的生命总是比动物的生命更完整"(Merleau-Ponty,1963)。梅洛-庞蒂所说"人是有意义的"也就是这个意思。任何一种身心相统一的情况下,身心二元论也就不存在了。

从以上分析,我们可以看出梅洛-庞蒂强调精神的"归属性"和"暧昧性"。精神,作为一个特别的、或许是最高的辩证法,是在生命的心理生理结构中所构成的,它"无法在实现它的具体情形之外去构思"。因此,不存在纯粹的精神,它总是"一种思想观念与存在的不知不觉的结合"(Merleau-Ponty,1963)。此外,生命的结构不是一成不变的,所以精神也会发生变化,不可能一劳永逸地得到。也正是因为如此,梅洛-庞蒂在涉及人类时,他没有使用"心理秩序"或"灵魂秩序"的概念,而是使用了含义更广泛的术语,即"人类秩序"。但是,梅洛-庞蒂指出,精神的概念必须奠基于身体,而且还有知觉在伴随着它。进而,梅洛-庞蒂借助"身体—世界"的结构来说明:精神重新返回到身体,而精神又在身体性的在世存在中得到展开。不过,需要指出的是,梅洛-庞蒂所讲的"身体"和"世界"不是物质层面或客观角度上的身体和世界。身体是蕴含着精神的身体,而世界是现象的、与身体紧密相连的世界,两者互相缠绕,形成了一个紧密不分的结构,正如梅洛-庞蒂在《知觉现象学》中所说的:"整个世界就在我身体里面,我就在我的外面"(莫里斯·梅洛-庞蒂,2001)。

二、肉身

肉身是身心的相结合,成为我们生命的存在,从中我们与世界相互作用、相互影响。基于此,梅洛-庞蒂如此定义肉身:"肉身既不是抽象的心灵,也不是物质实体,也就是说,它位于时间、空间个体和观念之中,是一种在有存在成分的所有地方赋予存在样式的具体化原则。从这个意义上讲,肉身是存在的元素"(莫里斯·梅洛-庞蒂,2008a)。"肉身将他者的身体、本己的身体和外界的对象交织缠绕在一起,将我们包裹在一种没有主客二分的'原始存在'的领域之中,在这个领域中,知觉是由感觉和被感觉、知觉和想象不加区别地交织在一起而产生,也即,知觉体现在统觉中呈现缺席事物的能力,这体现在无所不在的视觉中"(曼努埃尔·埃洛阿,2016)。意识和身体是密不可分的,感性的肉身是主体的共同归属所在,并使主体在其中互为归属,使人得以沟通、交流和分享经验。肉身是身体与世界的结合点,通过它主体最终了解自我的身体。这就是梅洛-庞蒂所说:"现象学的世界并非仅仅属于纯粹的存在,而是借由身体体验的相互作用,借助我的经验与他人的经验的相互作用,通过经验的相互作用来揭示意义"(莫里斯·梅洛-庞蒂,2001)。

梅洛-庞蒂提出,"肉身是一种终极理念"(莫里斯·梅洛-庞蒂,2008a),它不是两个实体的结合或联结,而是借助自身变得可思考。如果它本身有一个可见的连接,这个连接就可以通过我并让我成为旁观者。肉身是人们普遍感受和认识世界的现实基础和结构模式,在此基础上确立了人与世界的主体间性,进而绽放出包容性存在的领域。梅洛-庞蒂说:"身体借助自身的本体将我们与外界对象直接联系起来"(莫里斯·梅洛-庞蒂,2008a)。身体是二维的存在,它可以引导我们朝向事物本身,而事物本身也是一种深层次的存在,这种存在只对身体开放,即与事物共存于同一个世界。因此,"我的身体不仅是被感知者,还是一切的评判者、测量者"(莫里斯·梅洛-庞蒂,2008a)。主体借助世界的肉身来把握身体,而世界的肉身是一个有意义的、被知觉的存在,我们通过世界的肉身来理解知觉。"世界的肉身和主体的肉身彼此僭取(同时拥有主观性和物质性),它们进入一种既彼此对立又彼此融合的关系"(莫里斯·梅洛-庞蒂,2008a)。知觉和被知觉两者之间拥有共通之感,这暗含着世界之肉身和主体之肉身有相同的质地和互相融合。世界反映了主体的肉身,主体的肉身又被世界所共享。

梅洛-庞蒂认为世界的本原是"肉身","肉身"是一种既非物质又非意识的存在,并认为"世界就是在我们的肉身中"(Merleau-Ponty,1968a)。他用"肉身"一词表达我们在世界最原始的体验,因此我们的"肉身"经验是我们与外界沟通、思考的一切基础。梅洛-庞蒂通过日常生活中的触摸为例,用"肉身"替换了主客二分、身心分离的概念,用"肉身"统一了可感(客观)的身体和知觉(现象的)身体。犹如一枚硬币的正反面,身体是双层面的存在,一个是外在可感(客观)的身体,另一个是知觉(现象的)身体。而"肉身"的存在将这两个身体统一为一体。这就像梅洛-庞蒂经典的"手套"比喻:不需要观察者从正反两面去看一只手套,只需要看与手套正面相连接的反面,就可以知道手套的另一面,也即:观察者只需要通过手套的这一面就可以触及另一面(Merleau-Ponty, 1968a)。

根据梅洛-庞蒂的观点,身体是我们的意识展现的始源条件,主体的"肉身"使身心紧密联合在一起,融入我们的日常生活,因此我们可以接触真实世界,与肉身本身互动。我们的肉身存在于世界肉身之中,它包含了思想与身体、主观与客观、存在与虚无。原初肉身的概念的重要作用不是对笛卡儿身心二元论的超越,而是回到了身心二元论提出之前,即对世界的认识没有将身体和意识看作两个不同的实体概念。因此,肉身这一概念的提出更加明确了梅洛-庞蒂身心不可分离、身体与外界环境紧密相关的思想。

三、身体-主体

梅洛-庞蒂在继承了胡塞尔关于作为主体的身体和作为客体的身体的思想观点的基础上,依据身体在知觉中所扮演的角色,提出了身体-主体(body-subject)这一重要概念(Merleau-Ponty, 1962)。"身体-主体"是梅洛-庞蒂身体现象学的核心问题,他在《知觉现象学》中分析认为,身体不是一种物体,我们不能像对待客观对象一样看待身体,身体是有意义给予的存在,具有主观性的特征,身体是主体,所以称之为"身体-主体"。他说:"我不在我的身体面前,我在我的身体里面,或者更确切地说,我就是我的身体"(Merleau-Ponty, 1962)。梅洛-庞蒂认为,"身体-主体"的概念超越了传统哲学中身心二元论的对立关系,即:身体与世界相互统一,在相互作用过程中两者不存在对立的关系。我们既不能把身体视为物质存在，也不能把身体视为精神存在，它既是物质的又是精神的，是一种独特的存在。

梅洛-庞蒂反对传统哲学用因果方法看待身体与世界的关系，传统哲学的根本错误在于将知觉视为身体对外部刺激的简单反应。梅洛-庞蒂认为知觉不只涉及认知主体和被认知对象的因果关系，还包括具体的知觉经验。传统哲学只看到了前者而忽略了后者，否认了身体的作用，这就导致无法理解具体的、活生生的知觉经验。梅洛-庞蒂指出，没有身体就不可能有任何知觉，传统哲学沿袭了因果论证的方法，将知觉的产生与形成归为生命体中"我思"的作用。胡塞尔的现象学重视分析意识的意向活动，但他是一种先验唯心主义构成的现象学。梅洛-庞蒂反对胡塞尔把任何现象视为先验意识构成的结果，因为如此一来，这个先验意识成为无身的幽灵而游荡在身体之外（孙在国，1991）。梅洛-庞蒂认为，虽然胡塞尔注重对意向活动的分析，但他关注的是获得对事物绝对本质的认识，他的"我思"与内省是一以贯之的，因此也没有合理地解释具体的知觉经验。

梅洛-庞蒂在胡塞尔的意向性理论基础上，强调主体的身体与世界的关系是意向关系，身体并不是被动地接受外在事物的影响，而是处在一定情境中能动地接受外在事物的影响。因此，梅洛-庞蒂认为身体不是处于自我封闭的状态，它可以超越自己朝向被知觉的物体，被知觉的物体是身体筹划的意向对象。为了更好地说明身体的主观性特征，梅洛-庞蒂提出了前意识的概念，在前意识层面上，身体的主观性是指身体与世界的紧密联系而表现的一种意义整体。梅洛-庞蒂进一步指出，身体的主观性有两个核心特征：第一，身体与世界是辩证的关系。梅洛-庞蒂认为，无论是什么身份的人，在前意识水平上，身体的主观性不能视为外界刺激的简单结果，更不能视为内在精神观念的给予，而是应当视为身体与世界相互作用、彼此融合的结果。前意识的功能就是体现身体与世界紧密联系存在的辩证关系，脱离这种辩证关系来讨论知觉是抽象的、无意义的。梅洛-庞蒂以食物和有机体的关系为例形象地说明了这种辩证关系，食物的种类、形态影响了有机体的选择,而有机体选择之后又是能动地消化吸收食物,整个过程是两个紧密联系的行为。第二,身体-主体是辩证关系的核心。身体与世界产生了辩证关系也就意味着意义的显现,身体处在辩证关系之中,意义的显现可以使身体称之为主体。因此,身体-主体既是辩证关系的核心,又是其一部分内容。前意识的主观性揭示了身体的能动性或主观性。

身体-主体的概念试图规避传统哲学的身心二元论,这意味着身体已经不再是具有广延特征的物质实体,也不是高度抽象的心灵实体。作为主体的身体与作为物质实体的身体存在很大差别。梅洛-庞蒂认为,只有作为主体的身体才具有活动着的、鲜活的经验。因此他说:"在两种古典观点中:一方面把人视为组成世界的一部分,另一方面又把人视为构成世界的意识,这两种观点都是让人失望的"(Merleau-Ponty,1964c)。

身体主体的概念蕴含着自我与世界是一种"在世存在"(being-in-the-world)的关系。自我是包含了世界的自我,没有世界,自我就无法单独存在;同时,世界也是包含自我的世界,没有自我,世界就不是原来的世界。对于身体主体而言,如果与世界分离,就不知道主体是什么;同时,如果世界脱离了主体,世界是什么也就无法确定。梅洛-庞蒂说:"世界与主体紧密相连,能与之分离的只是世界投射的主体;主体不能脱离世界,与之分离的只是主体自身投射的世界"(Merleau-Ponty,1962)。因此,梅洛-庞蒂认为,意向性在其基本意义上并非意识与客观对象的关系,而是身体与知觉对象的关系。身体主体通过身体活动体验世界,而不是幽灵似的自我在认识和反思世界。

梅洛-庞蒂认为主体是借助身体的作用而存在,身体在主体与世界相互联系时发挥了重要作用。梅洛-庞蒂深入讨论了幻肢感现象作为例证。"幻肢感"是指个体失去了身体的某一部位时,但个体仍然能"感觉"到它的存在。经典生理学和心理学都不能给出合理的解释,因为两者把身体视为一个客观对象,这种客观对象像物质一样独立存在于人的生活经验中。梅洛-庞蒂认为身体不是个体意识之外的一种客观对象,而是在世界之中意识可以呈现的纽带。因此,幻肢现象的存在体现了身心交融的意识。个体能感觉到已经不存在的身体部位,实际上是个体尝试通过以往的身体图式而行动。"在截肢之前,仍然有一个幻肢通向手臂本身的各种行为,这仍然存在于现实世界中"(Merleau-Ponty,1962)。这充分说明在身体与世界共有的前意识领域中,身心是一体而不能被分开,身体本身就是主体表达自身、在世界中呈现的一种手段。因此,梅洛-庞蒂认为前意识应当被视为具身意识(embodied conciousness)。身体不是像物质实体那样存在于空间中,所以他说:"我自己的身体经验揭示了一种暧昧的存在模式"(Merleau-Ponty,1962)。

四、身体图式

"身体图式"是身体现象学中的一个重要概念,它的关键之处在于,身体图式将身体的主动性和被动性结合在一起,使得身体直接获得意义生成的能力。身体图式是一种默会的知觉结构,它可以将身体的各个器官的感知活动统一起来,使身体与外界环境成为相互联系的统一整体。"身体图式根据现有身体部位对机体计划(projects)的价值,主动将身体的各部分组合起来"(Merleau-Ponty,1962)。对于身体的每一种感觉器官而言,虽然它们有相异的知觉形式,但身体的神奇之处在于它能将身体的各种感觉整合到一个隐匿的身体空间中,各种知觉活动不能还原各自的身体位置。这种身体空间不是展示各种感觉器官的外部空间,也不是作为可以得到清晰认知的空间意识。梅洛-庞蒂把这种身体的空间称之为"情境的空间性",它代表了身体在世界中的存在情境。

借助身体图式建立的感觉器官统一性是一种完型结构,它打破了由各种孤立分开的"知觉内容"建立的"实在性"而直接生成了意义,这种意义来源于将知觉者和知觉对象纳入共同生存计划的身体图式。知觉对象并不被视为分离出来和客体化的对象,而是与知觉者同时被赋予的"意义的统一体"。身体图式虽然是一种默会的认知结构,但是其隐性意义和显现意义相互统一,"感觉器官无需中介就能相互表达与交流,不需要通过概念的介入就可以相互理解"(Merleau-Ponty,1962)。表达和被表达能够相统一,是因为意识和身体彼此交织缠绕在一起,组成一个整体的生命,在相互表达中意识获得一个纽带,从而成为一个直接可见、可触的真理。身体和外界环境在身体图式中得到了统一,并且身体图式为身体在世界中奠定了基本姿势,这种姿势不是位于具有任何意义的客观空间中,而是在连续地提供具有现象身体意义的空间,使认知主体和外界环境成为一个相互连通的隐喻系统,它使整个世界成为具有身体性特征的存在。

身体的空间位置并不是被表征的外在对象,而是处在身体结构中,是一种不可孤立、分割的关联物。因此,外部空间和身体空间都被整合到身体图式中。身体图式的空间是在身体的生命活动的基础上逐渐展开,作为"得到一个场所"的主动构成模式,它是产生任何意义的"引擎"。可以说,身体图式是一个实践系统,通过这个系统身体和它的情境相互联系,它使我们能够与身体"认识""想象"和"构成"。梅洛-庞蒂通过盲人的拐杖来说明这个问题。盲人经常借助拐杖探索周围世界的物体,因此,拐杖的底部自然而然就变成了一个拥有知觉能力的部位,从而扩大了盲人的探索范围。拐杖并不是作为工具的拐杖,而是变成了盲人身体延伸的关联物。对于盲人而言,此时他的拐杖并不是一个身外之物,"拐杖的底部已经变成了一个有知觉能力的部位"(Merleau-Ponty,1962)。拐杖被完美整合到盲人自己的身体图式中。身体图式向我们展示的不是主客二分的认知模式,而是身体与世界相互融合的存在模式。在一定程度上讲,身体图示整合了身体与外界事物,促进了主客观的相统一。

身体的奥秘之处在于它永远不是"纯粹"的,它所蕴含的"身体图式"已经隐秘地记载了他人、对象、世界等各种因素。"正在被感知的个体不是作为意识那样必须显示在他自己的面前,他有自己的历史深度,他习惯于采用一种知觉方式,并与当下的方式相比较"(Merleau-Ponty,1962)。身体图式构建了主体与世界紧密联系的整体结构,摒弃了在身体和心灵、物质和意识之间非此即彼的二维选择,这种默会的整体知觉结构让主体总是生活在一个充满意义的世界中。梅洛-庞蒂在强调身体作用的同时,指出了身体图式对知觉经验的约束和支撑。"我的身体按照世界的逻辑,只有通过它的作用,我们才有可能理解事物的意义……拥有身体就是拥有一个包括所有种类知觉展开的图式"(Merleau-Ponty,1962)。

身体图式是以非表征的方式产生作用的,当个体进行知觉时,通常是知觉到其知觉对象,而不是知觉到身体使知觉成为可能。身体图式的非表征功能允许我们在不诉诸意识表征的情况下进行各种活动,比如,在路上行走时不会撞到东西,跑的时候不会摔倒。又比如,在球场上,运动员通过调整身体姿势接住一个球,这种接球的行动就无法用身体的生理活动来解释。尽管运动员接球离不开身体的生理运动,但是运动员接球的方式、接球的力度是在瞬间通过身体图式来完成。身体图式的最大优点在于个体从事各种行为时无须考虑相应的肢体部位,这使得个体完成各种行为活动成为可能。身体图式是目的、意图的执行者,身体图式具有高度适应性,在各种场合中以一种"不在场"的方式产生作用。

第二节 知觉观

梅洛-庞蒂认为:"被知觉的世界始终是一切理性、一切价值和一切存在的预设基础"(Merleau-Ponty,1964a)。这种说法是他强调知觉首要性的论点。梅洛-庞蒂在《知觉现象学》中,集中对知觉进行了研究,因为知觉"是一切行为得以展开的基础,是行为的前提"(莫里斯·梅洛-庞蒂,2001)。知觉作为一种感官知觉,它建立在身体存在的基础上,它是以身体为基础,由一个有机体通过感官知觉描述我与世界、我与他人之间的关系,并且试图融合主体与客体、内在与外在非此即彼的二元对立关系。

第四章 | 梅洛-庞蒂的心理本质观

一、对传统知觉观的批判

(一) 分析的知觉

梅洛-庞蒂在《行为的结构》和《知觉现象学》两部著作中先后批判了经验主义和理智主义的错误,并强调不能把"在世之在"还原到构成意识的活动中。但无论是经验主义还是理智主义都误解了知觉现象,梅洛-庞蒂认为这两种理论观点下的知觉是一种分析的知觉,这种知觉设置了自己观察的对象,它是为了进一步观察而与外界对象保持距离,和外界对象相分离(莫里斯·梅洛-庞蒂,2001)。这正是梅洛-庞蒂要批判的传统哲学对知觉的扭曲。

经验主义通常将知觉还原为感觉,并将知觉解释为一系列客观的自然事件。这种知觉概念主张我们具体的知觉经验是基于一些心理事件,这些心理事件只有通过人类的联想活动,借助记忆和判断才能联系起来。但对梅洛-庞蒂来说,知觉并不是感觉还原的相加之和,因为从感觉到知觉是一种积极的组合。"被知觉的'某物'总是被其他物体包围环绕,它始终是'场'的一部分"(莫里斯·梅洛-庞蒂,2001)。梅洛-庞蒂认为,知觉始终在一种"场域"中,也就是在图形和背景、主体和客体的关系中才能把握知觉的含义。任何意识都是指向外在之物的意识,但是,事物的一种性质却无法被直接感知。作为一种性质的红色只是分析的结果,因为对红色的知觉明证性不是基于意识的明证性,而是基于对世界的偏见(莫里斯·梅洛-庞蒂,2001)。这种偏见意味着"我们一上来就在我们对物体的意识中假定了我们以为在物体中的东西"(莫里斯·梅洛-庞蒂,2001)。换言之,知觉已经被抽象为对"知觉本质"的知觉,这实际上是用一个已经完成的知觉(被知觉对象)来解释知觉本身。因此,据此思路最终我们既不把握知觉对象,也无法理解知觉。

与经验主义注重"感觉"不同的是,理性主义强调"注意"和"判断",把知觉视为由判断和感觉共同组成,而且通常是在判断和注意的名义下讨论知觉的概念。感觉是片面的和偶然的,因此感觉元素之间的关系是外在的。但是有意识的注意可以给感觉一些内在的联系,因为注意是一种普遍的、无条件的力量。在注意力被激活的同时,由于它的依赖性,对象每时每刻都在被重新把握和确定。但根据梅洛-庞蒂的观点,注意并非一种形式上的普遍活动,而是感知现实的一种体现。因为注意必须首先是一种场域的转变,一种意识向其对象呈现自身的新方式(莫里斯·梅洛-庞蒂,2001)。此外,理性主义视判断是感觉所缺乏的,使知觉作为判断得以可能的东西而引入,并声称可以解释和弥补那个理所应当出现的组成部分,而这又是真实的感知经验没有见到过的部分。这就好比是一种立体感只能是被想象和推断出来的。在这里,知觉成为由感性的刺激提供的符号的"解释",而判断不是通过真实的反思(从感知本身的内在把握活动)提供的一种纯粹的知觉因素(莫里斯·梅洛-庞蒂,2001)。也即:这里的判断并非构成功能,仅仅成为一个解释原则,而又变成一种纯粹的逻辑推理活动。这意味着,实际上,我们是在构造知觉,而没有揭示知觉的内在固有功能。最终,这种对"判断"的知觉使人无法回到最初的现象了。

通过对知觉的分析,梅洛-庞蒂认为,经验主义和理智主义对知觉的看法实际上是一物之两端,它们都不能很好地解释知觉本身。经验主义并没有解释对象的知觉是何以可能的,因为知觉并不是感官刺激的组合。理智主义认为知觉是一种主观的智力结构,但是无法回答知觉作为对象知觉的可能性。因此,"经验主义所缺少的是对象和它所促进活动之间的内在关系,理智主义所缺少的是思想事件的偶然性"(莫里斯·梅洛-庞蒂,2001)。在经验主义那里,对外界对象的"知觉"不可能,而在理智主义那里,对"外界对象"的知觉成为不可能。面对两难困境,梅洛-庞蒂采用了中道的观点。他承认形式在知觉中的存在必要性;同时,也不认为格式塔是一个预先存在的理性法则,它是一个世界呈现它自己而不是世界的可能性条件(莫里斯·梅洛-庞蒂,2002)。因此,知觉本身存在于某一事实中,它不能被简化为任何一种理智结构。

(二) 客观的知觉

这主要体现在梅洛-庞蒂从两个角度质疑了客观的知觉观：第一，从生理学的角度来讲，主体在一定条件下产生对客体的被动生理反应就是知觉。当生理器官受到来自外界的客观刺激后，会产生某种感官体验。那么，个体对感官体验的意识就是知觉。比如，当我们不小心摔了一跤，手部或腿部会感到疼痛，而这疼痛的感觉就是知觉。而当一个人因为手术被打了麻醉药之后，对任何外部刺激都没有感觉，这意味着这个人失去了知觉。总之，从机械生理学的角度来看，重点强调的是知觉的客观性。第二，从主观主义（或者唯心主义）的角度来讲，知觉是内在精神意义的外化表现。换言之，思维或精神世界是第一位的，客观世界是对内在精神的逻辑演绎，现象是内在本质规律的外化体现。从这个角度来说，知觉行为就是主体通过理性思维的作用建构起对客观世界的认识。

梅洛-庞蒂认为，如果在传统的心理学背景下来了解心理学家是如何处理知觉现象，我们就会发现，他们基本上总是开始于先对一个客观物体进行描述。荒谬的是，一个真正的三维"物体"很少是传统研究背景下的知觉对象。相反，所研究的对象更像是知觉对象的"抽象"或"维度"，而不是知觉对象本身（Merleau-Ponty，1962）。在客观思维的指导下，知觉的研究对象都被分解成字母、线条、圆点、圆圈、正方形、三角形和其他几何图形，偶尔还会分解成曲折或不规则的曲线。当颜色明确成为研究焦点的时，其他所有的特征都退隐了。有时，这些物体被描述得更模糊，如"随机点立体图像""目标闪烁"或"光源"等。有时，有些对象会根据知觉经验的性质来描述，例如，颜色知觉、大小知觉、距离知觉、运动知觉等。这种类型的研究实际上是在处理所谓的"拟人"或"具身"的抽象。也就是说，通过直觉，或是过去研究的知识，或是其他任何东西，实验者对知觉过程的一个维度（如距离）或物体的质量（如大小）感兴趣，然后创造一个情境（实验），通过这个情境，实验者可以将其从整体环境中抽象出来的维度带到物理视线中。然而，在这些情况下，维度或抽象成为实验的知觉对象，这就是为什么这种类型的研究不需要实际物理对象。换句话说，这种知觉研究的对象，与其说是一种检验理论的自然"物体"，不如说是一种感官或物理的理论对象。然而，当我们在环境中感知一个三维的物体时，作为一个明确的知觉对象（传统研究的知觉对象），体验距离或大小的方式与实际距离或大小起作用的方式之间有很大的差异。后者对日常生活中的知觉很重要，但前者才是研究的重点。因此，对知觉对象的客观态度假设的后果是：研究假设了物理存在而不是三维物体的抽象概念；整体知觉的各个方面被具体化并作为知觉对象而不是整体知觉对象的各个方面来研究；因此，从实验室环境到日常环境的推断被扭曲。

传统的知觉观没有摆脱客观思维的影响。当然，对于许多心理学家来说，没有理由也没有必要摆脱客观思维的限制，尤其是在为实现心理学独立的目标奋斗了这么多年之后。从现象学上讲，它是要根据构成任何客观性的主观过程来精确地理解客观现实。但是，即使以这种方式陈述问题也会引起困难，因为人们不一定会改变对"客观"和"主观"的理解，而只是试图将这两种有问题的现实联系起来。然而，削弱主客二分恰恰意味着它们之间存在一个必然的内部联系，这意味着把已经形成的关于客观性和主观性的知识放在一边，以便重新转向它们，从而看到它们如何在世界上呈现自己。只有实现这一点，人们才能在唯心主义和现实主义哲学之间来回穿梭，唯心主义和现实主义哲学的互补性使困难持续下去。梅洛-庞蒂清楚地表明，严格的知觉研究方法只会使知觉成为一种扭曲的判断，而严格现实的方法，只是把它锁定在一个因果系统中，并使它成为刺激条件和中介过程的产物（Merleau-Ponty，1962）。两者都误解了知觉的本质，对梅洛-庞蒂来说，这是一个将我们置于世界面前的过程。

（三）知觉受到情境的限制

梅洛-庞蒂认为传统的知觉受到情境的限制，他说："有两个因素特别重要：被试的知觉被限制在一个特定的情境中，但知觉的背景是不确定的。任何一种限制都足以破坏自然的知觉，因此容易造成对情境的误解，因为我作为知觉者的能力受到严重限制"（莫里斯·梅洛-庞蒂，2001）。

梅洛-庞蒂强调身体是活跃的,这与大多数交互作用主义者的研究中,被试只需在由实验者所选择的一个地方做出判断存在矛盾。如果有人检查被试通常如何克服与这种情况相关的困难,他会注意到这是通过移动身体来获得对这种情况的进一步理解。在恒常性实验中,被试根据指令被固定在一个位置,并被剥夺了活动能力,因此身体不能完全投入这种情境中。事实上,这不仅阻止了充分的身体参与,而且阻碍了个体发挥潜能。梅洛-庞蒂说:"我不局限于某一种观点,但我可以改变我的观点,因为我必须始终拥有一种观点,而且一次只能拥有一种观点。因此,人不仅'处于情境中',而且被定义为一种'情境的可能性'"(Merleau-Ponty, 1962)。所有的视觉错觉都依赖于旁观者的观点——即缺乏直接的行动。即使在自然环境中,比如沙漠中的海市蜃楼或月亮幻觉,它们也在我们的经验范围内,因为直接的身体行动可能会打破幻觉。在任何情况下,固定身体会使知觉变得贫乏,因此被试只能"猜测"或"假设"一支笔是近又小或大又远,他在遵循过去的经验而做出这样的选择也就不足为奇了。这里出现了与前面描述相同的问题。一系列经验的某一个侧面可能被凝结在一个知觉对象中,而不是作为对该对象的访问。但一个侧面不是一个系统中的孤立元素,而是已经与整个系统联系在一起。

梅洛-庞蒂对传统的知觉观的批判的要点可总结为:第一,活生生知觉的具体现象没有被捕捉到。第二,整个知觉过程的各个方面首先从它们自发的情境中分离出来,并被误解为整体现象的代表。第三,知觉者的身体被忽略了,一个完全具体的、三维的物体很少被使用,知觉者的整个身体从来没有被考虑过,被感知的物体和知觉者之间的功能关系也不被认为是一个完整系统的一部分。

二、现象学的知觉观

(一)知觉在日常生活经验中

梅洛-庞蒂认为考察知觉的含义应该和批判笛卡儿身心分离的错误

思想同步进行。梅洛-庞蒂在运用现象学方法中关于意义理论阐述的前提下,认为知觉是解释认知的最佳选择,在认知活动要赋予知觉以首要地位。他说:"知觉不是关于世界的科学,也不是一种行为,更不是有意识采取的立场,知觉是一切行为得以展开的基础,是行为的前提"(Merleau-Ponty,1962)。他指出,为了达到恰当的知觉,我们在进行知觉的时候要用现象学还原的方法摒弃先入之见,把预设先放在一边,要直接回到事物本身中去。他说:"我们看到事物本身,世界就是我们看到的那个东西。知觉是接触世界的方式,接触世界的原初,接触我们所在的世界"(Merleau-Ponty,1968a)。

在此基础上,他认为知觉具有以下特征:第一,知觉获得的主体是身体而不是内在心灵。梅洛-庞蒂明确提出身体是知觉活动的主体,只有身体能表明人在世界上的存在方式,身体在人与世界中建立了最直接、最重要的联系,我的身体拥有整个世界。第二,知觉的含混性,这种含混性不仅包括知觉对象的含混性,还包括知觉主体的含混性。在理解知觉对象的含混性方面,我们可以借鉴格式塔理论中图形—背景的概念,比如,在对"两可图形"的理解中,知觉对象既可以理解为要认识的客观对象,也可以理解为对象的背景。又比如,在缪勒-莱尔错觉中,两条直线看上去不相等但实际又相等,因为对知觉对象的认识受到背景的影响。这都说明知觉对象是模糊的,不存在清晰的特征。而知觉主体的含混性是指,身体不仅是机械的、生理的身体,身体本身还具有能动性特征。梅洛-庞蒂认为可以这样理解身体的含混性:严格来说,任何行为的功能都不能被准确定位,因为行为的每一区域只有在整体活动的范围内才能够产生作用(莫里斯·梅洛-庞蒂,2005a)。比如,眼睛、耳朵具备看、听的功能,一则表明身体的生理特征,身体实现这一功能又不是简单地靠身体的某一区域孤立地完成。再则,有机体看到的、听到的及其相应感受又有很大差异,这表明身体具有很大的能动性。第三,知觉具有非表征性。在现象学分析的基础上,梅洛-庞蒂解释了知觉的非表征特征。身体的运动功能是意义产生的最原初的场所,他说:"所有的运动功能是一个知觉场,其中所有的意义都出现在知觉场的空间范围内。正是在以身体运动功能为本质的前提下,意识最初并不是'我思……'而是我能……"(Merleau-Ponty, 1962)。与此同时,身体运动功能的意向过程也是一种无表征的过程,他说:"身体的运动是身体朝向某物的运动,它允许身体对一个物体的动作作出反应,而这个反应是不需要任何表征的"(Merleau-Ponty, 1962)。比如,对于一个熟练的驾驶员来说,他不需要比较路的宽度和车身的宽度就能知道是否可以顺利通行,也类似于一个人不需要比较房门的高度和自己的身高就知道是否可以通过房门。

(二)主客同一的知觉

与主观主义(或者唯心主义)和生理学截然独立的主客二分的研究视角相反,梅洛-庞蒂站在主客同一的立场来解释知觉。梅洛-庞蒂认为,知觉存在于主体和客体之间混沌、暧昧的境域,是主客体未被彻底分化、未被人为意识加以区分的存在经验(Merleau-Ponty, 1962),即主体和客体融合在一起的原初存在经验。举例来说,当个体在意识到"这是一张桌子"之前,个体与这张桌子最初的接触体验就是知觉。只有在有知觉的前提条件下,个体才能认识这张桌子乃至周遭的一切事物。换句话说,个体认识到的世界不是现成已有的世界,而是一个由知觉构造的世界。知觉是主体和客体得以分化的根本前提。如果没有知觉这个根本前提,主体对客体的认识就无法继续进行。与胡塞尔所讲的"生活世界"类似,梅洛-庞蒂试图回到一种知觉世界。因此,知觉的境域是前反思、前对象、前科学的境域。梅洛-庞蒂所说的知觉可归纳为下图(图2)。

梅洛-庞蒂认为,知觉最显著的特征是知觉具有主体与客体的相互渗透性。在知觉场所,主体和客体两者不能缺少任何一方,它们互相成就对方和彼此赋予对方意义。他还指出,既不存在单纯的主体,也不可能有单纯的客体。主体之所以是主体,是因为它面前有一个与它不同的客体相对应,而这个客体能被主体所认识,从而使主体成为主体;客体之所以是客体,是因为它面前有一个与它不同的主体相对应,而主体也能为其赋予

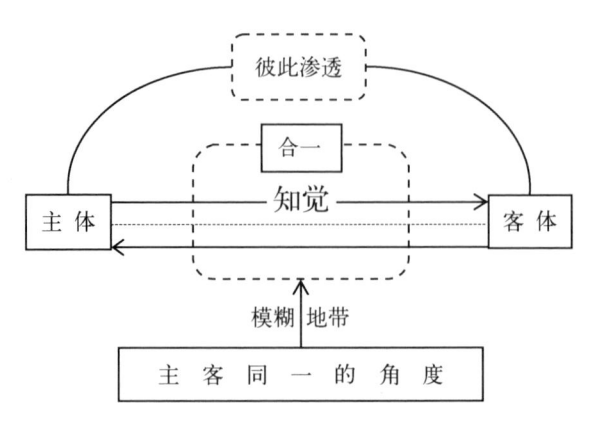

图 2 梅洛-庞蒂的知觉

特殊的意义。例如,桌子之所为被叫作桌子,是因为它被人认识后被叫作桌子。人之所以会认为这是桌子,是因为桌子存在的属性能被人认识。梅洛-庞蒂所论述的知觉要求我们不带任何先入之见、预设去思考,不是从知识的角度来解释知觉,而是从知觉的角度解释知识。也就是说,我们只有站在知觉的立场上,才能理解"知识是如何被建构起来的"(Merleau-Ponty,1968a)。

从灵与肉、身与心的角度来看,两者之间一开始就是彼此渗透、相互交融的关系,这就是发生在知觉场所中主客同一的境域。"我们作为自然人存在于我们自己和事物之中,存在于我们自己和他人之中,通过某种交织,我们变成了其他人和世界,并最终与他们相融"(Merleau-Ponty,1968a)。因此,主体和客体是一种暧昧的关系,梅洛-庞蒂也没有清晰界定两者究竟是一种什么关系,而是一开始就说两者在知觉场所中是一种混沌、模糊、暧昧不清的关系,相互交融,两者关系的本质就在于主客的同一性。

(三)身体是知觉经验的一个恒定背景

身体是我们所拥有经验的背景,换句话说,所有的经验都是有双重背景的——世界的一面和身体的一面。虽然格式塔心理学在世界的一面强调图形—背景的关系值得称赞,但似乎很少强调身体是图形成为图形的另一个背景,这个背景不同于世界作为场域的背景。身体主体以行为为根据,就好像一个扩展的领域超出了知觉者的理解范围,需要身体的运动在另一面来锚定这个物体。作为主体的身体活动,既不是严格的个人活动,也不是纯粹的被动活动。梅洛-庞蒂指出:"我的身体在有工作要做的地方。知觉和意义并不是作为两个相互独立的术语而相互关联,感觉也不是借助意义对知觉的侵犯。正是我的凝视遮蔽了色彩,而手的运动又遮蔽了对象的形式,或更准确地说,我的目光与颜色成对,我的手刚柔相济。在感觉主体和意义主体之间的这种交换中,不能认为一方在主动行动而另一方在被动行动,或者一方赋予另一方以意义。除了眼睛或手的探索,在我的身体与它同步之前,意义只不过是一种模糊的召唤……我必须找到一个表达含糊不清的问题的答案。然而,只有当我受到邀请时,我才会这样做,我的态度永远不足以让我看到真正的蓝色或真正触及坚硬的表面。意义把我借给它的东西还给我,但这只是我一开始从它那里拿走的东西"(Merleau-Ponty,1962)。

这段话显示了我们上面提到的知觉者和他世界之间的辩证关系,以及作为主体身体的积极作用:身体作为知觉经验的背景。当然,心理学家已经意识到知觉所必需的活动,但他们还不能很好地利用这一事实对知觉的理论意义。梅洛-庞蒂已经提出了这些观点,但他似乎更充分地阐述了它们的理论意义。

梅洛-庞蒂对恒常现象进行了分析。梅洛-庞蒂认为重量、大小、颜色恒常现象普遍存在,这些恒常性需要通过在各个感觉场中某些现象的结构来显现(梅洛-庞蒂,2001)。比如,梅洛-庞蒂以重量恒常性为例,他认为无论身体哪个部位的肌肉参与重量知觉,无论这些肌肉的初始位置、状态如何,重量知觉都保持恒常。当人们闭上眼睛拿起物体时,其重量没有差别,无论手可以自由活动还是被固定住,也无论是一个手指还是几个手指一起完成任务。对此,梅洛-庞蒂的解释是:我们不能像工程师装配机器那样认识我们的身体、器官的能力和重量。当我们比较手或手指的用处时,手和手指的区别、相等是基于我们身体的一种整体能力,不同器官的活动是在"我能"的统一性中表现相同(莫里斯·梅洛-庞蒂,2001)。

梅洛-庞蒂以身体理论作为所有知觉经验的背景来重新解释恒常现象。如果我们认为身体也构成知觉的背景,那么身体也可以解释恒常现象,因为"背景中身体的尺寸恒定;对象与身体之间的距离是主要变量。因此,在受到限制的情况下,知觉到的是距离的变化,而不是大小的变化"(Merleau-Ponty, 1962)。换句话说,如果世界一侧的背景被剥夺的话,那么被试几乎别无选择,而只能使用他唯一可用的背景:他的身体。同样,重要的是要注意,这里的身体不仅仅是一个过去经验的仓库,而是一个虚拟的身体、一个行动的身体,很多选择源自当下身体情境的可能性。

三、知觉的首要性及其结果

梅洛-庞蒂强调知觉的首要性旨在使有机体保持与世界的原初关系,而不是把知觉还原为感觉(毛华威,2019)。应该指出的是,梅洛-庞蒂强调对知觉的研究,他并不是指要回到经验论层面的感觉。因为经验论层面的感觉是一种原子主义的思想,而梅洛-庞蒂强调的知觉则具有整体的结构,是一种内在融合了诸多感觉为一体的知觉(莫里斯·梅洛-庞蒂,2002)。从现象学的角度来讲,知觉不是世界的表征,不是一种行为,更不是有意识地采取的某种特殊立场。知觉之所以重要,因为它是有机体生活在世界上的个人亲身体验(高宣扬,2016)。

梅洛-庞蒂说:"知觉的首要性……意味着知觉的体验是我们在事物、真理、价值观为我们建立时刻的存在;这种知觉是一种新生的标识;在所有教条主义之外,它教导我们客观本身的真实情况;它召唤我们去完成知识和行动的任务。这不是一个把人类的知识还原为感觉的问题,而是在这种知识诞生时提供帮助,使它像理智一样具有意义,恢复理性的意识"(Merleau-Ponty, 1964a)。随后,梅洛庞蒂更进一步地阐释:"在知觉的基础上——被视为一个享有特权的经验领域,因为被感知的对象是根据当下和生活来定义——这本书(《知觉现象学》)试图定义一种更接近当下和生活现实的方法"(Merleau-Ponty,1964a)。在同一篇论文中,梅洛-庞蒂强调:"我们称这一经验层次为'原始的'(primordial)——并不是说其他一切都是通过转化和进化而来(我们已经明确说过,人类的知觉方式不同于任何动物),而是说它向我们揭示了文化试图解决永久数据的问题"(Merleau-Ponty,1964a)。因此,知觉领域的重要性是,它是"当下和活生生"的来源,可以作为解决任何形式的问题的出发点。

从本质上说,梅洛-庞蒂反对唯心主义(idealism)和现实主义(realism),这两种对立但又存在矛盾的互补思维模式预设了梅洛-庞蒂所说的客观思维。知觉首要性的含义打破了不稳定的平衡,通过这种作用,唯心主义和现实主义的思维模式概括了现实,因此客观思想本身被揭示和相对化。梅洛-庞蒂这样描述它:"客观思维产生的偏见阻碍了对知觉世界的认识。客观思维的作用是减少所有证明主体和世界结合的现象,把客体本身作为一种意识和主体作为纯粹意识的明确概念放在它们的位置上。因此,它切断了统一事物和具身主体的联系……"(Merleau-Ponty,1964a)。因此,客观世界是一个完整、完善、明确和透明的世界。知觉的首要性是如何给客观思维带来困难的呢?

从哲学上来说,知觉的首要性的论题为唯心主义思想提出了三个问题:知觉相对于思维的独创性问题;知觉的自主性;知觉创造思想的概念。第一,知觉的独创性是指决定性地阻止知觉被反思思维(reflective thought)的循环所吸收的特征。换句话说,知觉有一定的模糊性,因为它"依赖于主体在世界上已经确立的参与"(Merleau-Ponty,1964a)。第二,知觉经验的自主性,指的是知觉不仅具有独特的独创性,而且"它绝不依赖于一种能够找到其可能性的纯粹思想的行为"(Merleau-Ponty,1964a)。第三,正如我们已经看到的那样,知觉创造了思想,这一事实并不意味着思想和表达不能超越感性生活,而仅仅意味着它们"即使在改造感性生活的同时,也能保持和延续我们的感性生活"(Merleau-Ponty,1964a)。

坚持将知觉的首要性置于现实或因果思维之上,将涉及现实主义以及唯心主义的解释,知觉是原始的、自主的和创始的。正是原始的关系,它拒绝被纳入线性的、因果解释的循环中。它是自主的,因为知觉经验的性质不能通过物理现实的规律来得到彻底的理解。这在模棱两可的图形的情况下是明显的,在这种情况下,人们不能仅仅根据实验的条件来预测要感知的图形,或者在幻觉的情况下,人们清楚地看到他知道不是这样的情况。换言之,在这个过程中引入了某种差距,即知觉的主体(Merleau-Ponty,1962)。最后,知觉是现实思维的基础,仅仅因为它是对现实的解释。梅洛-庞蒂所说,科学思维是一种衍生出来的思维模式,它最初是根据天真朴素意识的给定来定义自己。所有的解释系统都预先假定了一种先前的朴素的意识,而知觉经验就在那些"天真的给予者"(naive givens)之中。

因此,知觉的首要性论点引发了一种既不是严格唯心主义也不是严格现实主义哲学观点的发展。这有很多原因,这里只强调具身性现象和非客观方法的必要性等两个重要的相关的因素,这两个因素推动了对不同哲学观点的探索。简而言之,对梅洛-庞蒂来说,知觉是指具身的问题——一种附着于但超越纯粹物质性的具身意识的意义——以及一种接近具身性的适当方法。所有的知觉者都有身体,他们都是面向现实生活的现象。毕竟,梅洛-庞蒂将知觉定义为"让我们知道存在的行为"(Merleau-Ponty,1963),身体理论已经是一种知觉理论(Merleau-Ponty,1962)。

第三节　无意识观

一、对传统无意识观的质疑

(一)对弗洛伊德无意识论的质疑

弗洛伊德在描述意义上区分了意识和无意识。从地形(topographic)

的角度来看,他引入了三个系统的划分,即潜意识、前意识和意识。在《精神分析中关于无意识的工作笔记》中,弗洛伊德提出了无意识过程的存在。弗洛伊德的无意识概念有三种含义:一是描述性含义,指的是一种正在发生的精神过程,而且个体是没有意识到这个过程,即个体对其正在发生的心理过程毫无察觉。对此,弗洛伊德说:"无论是什么样的心理历程,加入我们对其产生的影响而必须假定它的存在,但又无从察觉,这种心理历程就是'无意识的'"(西格蒙德·弗洛伊德,2004)。二是动态含义,是指潜伏的思想向意识转换的可能性。容易被再次被唤醒意识的潜伏思想称为"前意识的",很难再次进入意识的潜伏思想称为"潜意识的"(西格蒙德·弗洛伊德,2004)。三是系统的含义,是指将无意识视为一个心理领域。前两种含义是指心理现象的品质,而这一层的含义是从心理系统分为三个部分的角度而言(车文博 等,2018)。弗洛伊德认为,将我们对心灵生活的看法只局限于有意识的事件是错误的,它"会破坏心理的连续性,并在观察到的现象链中引入难以理解的隔阂"(西格蒙德·弗洛伊德,2004)。

根据弗洛伊德对无意识的描述,梅洛-庞蒂辩论了无意识的概念。事实上,一方面,他批评对无意识的理解,认为这是对这些错误未被认可的第三人称解释。他拒绝在有意识的生命之下存在一种结构,这种结构就像第二个思考主体,其解释会被第一个主体接受。在梅洛-庞蒂看来,以这种方式理解,无意识是弗洛伊德对他所处时代的实证主义和理智主义心理学的呼应(Merleau-Ponty,1968a)。弗洛伊德对无意识解释的消极方面会使人忽视弗洛伊德真正感兴趣的东西,即"非传统思想"(non-conventional thought)的象征意义(Politzer,1994),这种象征意义与身体的匿名生活有关,梅洛-庞蒂称之为模糊的知觉(Merleau-Ponty,1964b)。

梅洛-庞蒂认为弗洛伊德无意识学说的中心思想是:在人的有意识生活中,总有一些事物逃脱了反思。因此,生活中的事物总是超越我们所能表征的范围。人是一个整体,一个原始的统一体,在这个统一体中,理解和有意识的理性与明显的无意识的非理性共存。根据梅洛-庞蒂的观点,弗洛伊德主义的本质并不在于它证明了表象之下有一个不同的现实，而是说，对行为的分析有许多层意义，所有这些意义都是真实的，而多种可能的解释是一种混乱生活的话语表达，在这种生活中，每一个选择总是有许多含义，其中没有一个可以说是唯一的真正含义（Merleau-Ponty，1968a）。

梅洛-庞蒂把无意识和他自己的思想联系起来，使它类似于一种不是对被感觉到的事物的智力占有，而是对我们自己非占有的感觉。这种感觉对我们来说不需要思考就能认识到对象的敞开。无意识的双重公式"我一直都知道"和"我不知道"，对应于上面讨论的开放性和作为次要形式的拒绝。第一种是允许世界存在的原始无意识，给予它最初的"是"，由于这种原因，感觉并不与世界区分开来，而是与世界本身同时发生。相比之下，压抑（拒绝）的无意识将是一种次级形成（Merleau-Ponty，1968a）。

对弗洛伊德来说，我们心灵生活的一个重要部分是无意识，当分析者研究这些超越理智、理性理解的无意识动态时，某些非理性行为就会获得某种理性甚至完全理性。相比之下，如果不进行这种分析，相同的行为可能看起来完全缺乏所有的合理性、可理解性和意义。梅洛-庞蒂则认为，在无意识水平上预先感觉到的东西，在理性思维水平上是主体所不知道的，但在其他生活水平上却不是无意识的，例如，某些习惯性行为，个体在用键盘进行打字练习时，常将键盘的空间整合到自己的身体空间中。梅洛-庞蒂认为，一种行为或行为片段的意义，尤其是在症状或非理性行为的情况下，要求"一种支离破碎的有意识生活的可能性，而这种生活在其所有时刻都不具有独特的意义"（Merleau-Ponty，2012）。

梅洛-庞蒂对弗洛伊德无意识概念的批判涉及三个相互关联的问题。第一，他否认无意识是心灵内部的一个区域，垂直地位于人的内部。这一观点意味着人是包含着一个心灵的实体，这个心灵与他的身体和行为不同，它与行为的唯一关系是因果关系（即使最终，它的能量是由身体建立的）。即使是旨在指出身体现象意义的"心身学"（psychosomatics）和"歇斯底里转换"（hysterical conversion）的概念，仍然延续了这样一种观点，即心灵和躯体不同，它们之间的关系是因果关系。严格地说，行为不被视为本质上有意义的，而是作为行为原因推断内在心理意义的结果。值得提出的是，客体关系理论的中心思想可以看作是试图克服人类主体的本体论孤立，并强调主体在关系中构成和定义。但不管它的见解多么深刻，特别是关于无意识幻想在人际关系中的地位，由于它坚持一种内心语言而产生的错综复杂的杂糅往往掩盖了这一事实。第二，梅洛-庞蒂拒绝弗洛伊德的机械论和决定论语言。人类的意义和意图在特定的社会和情境中被赋予，不能像自然界合法但无意义的运动那样，以机制和驱力来解释。第三，以上几点表明，精神分析未能克服心理学中普遍存在的物化问题：倾向于把人类意图和行为理解为无生命的，或者至少是类似于物的驱力的产物。

(二) 对弗洛伊德性欲观的质疑

根据梅洛-庞蒂的观点，他否定了关于性欲意义起源问题的两种传统的还原论方法。经验主义模型将性欲还原为本能或以生殖器为中心的需求和快乐为条件的反射。理智主义模式将性欲还原为表象的力量或将意识形式(性欲范畴)叠加在其他中性体验之上。梅洛-庞蒂的反驳基于熟悉的施耐德案例，意在表明这两种还原论模型都没有充分解释这位患者的异常性行为。

梅洛-庞蒂认为，性欲的意义不能追溯到纯粹或离身意识的起源，正如它不能归因于机械构想的生理学纯粹自主反应一样。更确切地说，性欲的意义必须从显现意向性的角度来理解，也就是说，从活生生的身体的前反思、智力行为的角度来理解。为了实现对性欲经验的充分描述，心灵和身体必须被认为是基于一个统一的现实，而不是离散和相互排斥的领域。他说："有一种不属于理解秩序的性欲'理解'，因为理解包含了一种经验，一旦被感知，就在某种观念下，而欲望通过身体与身体之间的联系而盲目地理解"(Merleau-Ponty，1962)。

梅洛-庞蒂反对弗洛伊德精神分析理论中的还原论，他提出"性欲存在身体中"(Merleau-Ponty，1962)的观点。他认为，不能给出任何旨在孤立性欲本质或内在含义的积极描述。这种性欲的不确定性原则（indeterminacy principle）可以被看作是梅洛-庞蒂模棱两可论点的结果。

梅洛-庞蒂对性欲的描述是一种"原始意向性"（original intentionality）的形式，其基础是一种将身体与身体联系起来的"意向弧"（intentional arc），这预示了其思想的后期发展，他使用了"身体图式转移"（transfer of corporeal schema）的概念（Merleau-Ponty，1964a）来描述婴儿对他人的识别和认同的过渡和模仿过程。这一点尤其值得注意，因为它将性欲与主体间性联系在一起：无论是在认识一个人类同伴时，还是在渴望与另一个人交流时，都有同样的"盲目"或前反思理解在起作用。相应地，最初所有与他人在一起的形式都渗透着性欲的意义。

梅洛-庞蒂认为弗洛伊德提出的基本问题是性欲与存在的关系，这里的"存在"指的是人类关注或重要意义的整体。梅洛-庞蒂认为不能遵循弗洛伊德的倾向，将人类所有的意义都还原到一个单一的、主要的性欲基础上（Merleau-Ponty，1962）。他指出，如果所有重要的意义都要还原为性欲的意义，如果这种还原的解释过程要真正具有启发性，那么就必须有一种定义性欲的方法。梅洛-庞蒂认为，我们不能在人类存在的一般范围内限定一个自主的性欲领域。

为了支持自己的立场，梅洛-庞蒂列举了一个失声病例。一个女孩被母亲禁止见她的爱人，失去了说话的能力。梅洛-庞蒂认为，弗洛伊德学派的观点是，在口腔阶段，性欲的意义集中在嘴上，但这种观点是片面的。嘴是一切关系的中心，而其他人的载体是口头语言，因此，语言的丧失（同时食欲的丧失）不仅仅是对性欲存在的拒绝，更一般地说，它是对共存（coexistence）的拒绝，是与整个生命领域的决裂。

对梅洛-庞蒂来说，女孩的失声是一种症状，其意义需要解释。这些症状不应被理解为传达外在意义的标志（比如，在军队中，条纹传达等级），而是必须将症状视为与其意义存在内在联系：症状"充满"意义，症状"就是它所指的"（Merleau-Ponty，1962）。症状（作为符号）仅以一种外在的方式与其性欲意义相关。在如此这般的特殊情况下，两个不同领域之间的相关性很难建立。梅洛-庞蒂认为,症状表达其意义,而这里的表达(如他关于自然符号的一般理论)取决于将所表达的症状视为其意义的"准呈现"(quasi-presence)(Merleau-Ponty,1962),例如,在某些魔法仪式中,雕像是一个人的准呈现。

梅洛-庞蒂用"相互表达"(reciprocal expression)(Merleau-Ponty,1962)来描述性欲和存在之间的一般关系(因此,也是性欲症状和存在意义之间的特殊关系)。总的来说——也是他反对还原论的基础——重要的或人类的意义不能被还原为性欲的理由是,性欲本身(至少部分地)是从整体的存在语境中获得意义。同时,梅洛-庞蒂的相互表达概念以"不确定性原则"(Merleau-Ponty,1962)终止,这使得不可能区分性欲的意义和存在的意义。

严格遵守不确定性原则意味着,在任何特定情况下,都不可能确定某一特定计划或整体生活方式是一个人性欲行为的表达,还是某种其他存在形式的表达,如对生存理由的关切。这让梅洛-庞蒂开始了一种经常用来反对过分狂热的弗洛伊德主义者的还原,因为它否认任何决定或功能都可能缺乏性欲意义。

在谈到性欲的不可还原性,即它是"原始意向性"的一种形式的事实时,梅洛-庞蒂认为"没有任何关于性欲的解释能把它还原成除了它自己以外的任何东西,因为它已经是除了它自己以外的事物了……"(Merleau-Ponty,1962)。也就是说,性欲是一种"与生命同延"(coextensive with life)的"暧昧气氛"(Merleau-Ponty,1962)。任何整体现象都是如此:生活世界充斥着我们的语言、我们的社会存在、我们的经济存在、我们对死亡的焦虑或存在,等等。梅洛-庞蒂认为,遵循不确定性原则,我们必须承认这些整体现象不能单独分开。在某种程度上,存在不能被划分,而是所有这些现象以一种或多或少和谐的综合体形式聚集在一起。

在《知觉现象学》中关于性欲的一章的结尾,梅洛-庞蒂做了一个大篇幅的脚注,他对性欲采取同型的(isomorphic)立场:"……很难说历史的力量在哪里结束,我们的力量在哪里开始……因为只有经历过历史的主体才有历史,而主体只有在他所处的历史位置上才有历史"(Merleau-Ponty, 1962)。梅洛-庞蒂的意图是与他那个时代盛行的还原论思想形式做斗争。梅洛-庞蒂对性欲的批判说明了:性欲需求和经济因素,尽管对人类处境有着原初的和不可减少的影响,但只有在它们被纳入整体情况的范围内,并且在被纳入和与其他影响同化的过程中被转化和失去自主性,才具有整体意义。

梅洛-庞蒂认为,我们的生殖器既是排泄的器官,又是生殖的工具,是快乐和爱的表达载体。它们的含义已经成熟,它们在本质上是模棱两可的。在人类的历史进程中,粪便获得了肮脏、腐烂和疾病的意义,这种意义也附着在生殖器(Merleau-Ponty, 1962)上。我们的身体在性欲的意义上确实是模棱两可的。但是,可能的含义不对等、不等同:有些意义是对生命力的破坏(例如,性是肮脏的);有些是误导和虚假的(例如,肉体是欲望、不洁和腐朽的根源,破坏了人类的基本精神);还有一些是维持生命的(例如,肉体是与他人在一起的基础,也是爱的一种方式)。

二、现象学视域下的无意识观

(一)对无意识的理解

梅洛-庞蒂认为,无意识是无限的,我们心灵的前反思(pre-reflection)水平大于反思,我们总是处于一种模糊的状态。对于梅洛-庞蒂来说,有一种意义恰恰在这种前反思的层面上被发现:"存在一种在可认识的宇宙中没有对等物的知觉意义,有一种尚未成为客观世界的知觉环境,有着尚未确定的知觉存在"(Merleau-Ponty, 2012)。因此,对他来说,模糊和矛盾的概念比无意识的概念更正确,因为它反映了存在于身体和世界相互联系中的知识或意义的形式。从这个角度来看,无意识可以理解为类似于梅洛-庞蒂"暧昧"的概念。身体以某种方式向世界抛弃了自己,因此没有反身意识,但与此同时,它通过知觉从世界中获取某种潜在的知识,这些潜在知识在有意识的行为中出现。在梅洛-庞蒂的遗作《可见的和不可见的》中,他使用了"怀孕"(pregnancy)一词来表达身体在适应世界时所产生的生殖力或力量(Merleau-Ponty,1968a)。

梅洛-庞蒂在《知觉现象学》中提及:"在歇斯底里和压抑中,我们能够在知道的情况同时也忽略一些东西,因为我们的记忆和身体一般性地包围着我们,而不是在特定和明确的意识活动中呈现给我们。我们通过普遍性'拥有'它们,但只是为了与它们保持距离"(Merleau-Ponty,1962)。精神分析的许多例子告诉我们,我们的意识不仅具有"我能做什么"的品质,即清晰呈现什么内容的能力,还具有"我不能做什么"的品质。在失音症或丧失记忆的案例中所看到的,"失去"只是让某物被放置在一个地方而不被触及。在某些情况下,当患者的危机解决后,他能够找回"失去"的东西。因此,在对歇斯底里和压抑的研究中,"忽略"或"不知道"某种东西并不是有意识或知晓的对立面,不是字面上的无意识,而是以另一种形式"有意识"和"知晓",只是这种"意识"和"知晓"是关于让某种东西的存在与我们对某物的关注保持一定距离。在这种意义上,不存在单独的无意识,作为图形的"意识"和作为背景的"无意识"并没有属于独自的真理,而只有在"意识"(图形)—"无意识"(背景)的运动结构中相互包容才能有共同的真理。

通过以上的分析我们可以发现,梅洛-庞蒂倾向于将弗洛伊德的无意识概念融入与意识的暧昧(辩证)关系中。他认为应该将"无意识"看作是"间接的意识"或"反面的意识",也就是始终在"意识"的反面与之共同组成相同运动的"另一面"(Merleau-Ponty,1962)。因此,无意识被理解为处于一个动态的结构中,并与意识更紧密地联系在一起,而不是作为一个独立于意识的范畴,被视为与意识截然不同。从这个意义上来说,他反对弗洛伊德将所表现的行为或话语和其所掩盖的心理事实区分开来,然后在它们之间建立系统联系的做法。他认为不应该进行这样的区分,不存在只属于一方的真理和自足性。梅洛-庞蒂在其心理学课程中多次用到"含混性"一词,含混性意味着"主体看见两个图像,但他明白二者都可以用来表达同一事物"(莫里斯·梅洛-庞蒂,2001)。梅洛-庞蒂通过强调

"含混性",旨在揭示同一事物具有双重面向的含义。基于这种理解,当梅洛-庞蒂将"无意识"理解为"反面的意识"或"间接的意识"时,他旨在用辩证关系来改变解释存在的做法,用一种以相互作用和共同性为特征的不可分割的存在形式来取代辩证法的结构。

(二)梅洛-庞蒂的性欲观

1. 性欲与生存

从生存论的角度而言,性欲或性意向展现的是身体-主体"把一个充满性欲的世界投射在它自己面前,将自己置于一个性欲情境中,或当性欲情境出现时对它作出反应并且能够得到满足的能力"(莫里斯·梅洛-庞蒂,2001)。表象刺激之所以能引起个体的性欲反应,是因为个体将其知觉为一种充满性意义的情境,因而,情境本身是由个体的性意向性所创造。我知觉到这种性意义,并不是因为"我记得它可能与性器官或愉悦状态有关,而是因为这种情境是为我的身体而存在,是为我始终将所呈现的刺激与性欲情境相联系并在性欲情境中调整我的行为能力而存在"(莫里斯·梅洛-庞蒂,2001)。因此,这是我在第一时刻就在前意识层面感受到的事情,然后我可以对情境给出的信号做出反应。在病人施耐德的案例中,任何与性欲有关的刺激对他而言都没有性的意义,他以置身事外的态度处在场景中。施耐德不能将自己置身于性的情境中,也正如他不能置身于观念或情感的情境一样。对他来说,世界是中性的,别人的面部表情不会引起他的不适,天气更不会影响他的心情。"什么都不会再发生了,生活中没有什么会有形式或意义,相反,只产生了永远不变的'现在',生命已经退回到生命本身,历史溶解在自然时间中"(莫里斯·梅洛-庞蒂,2001)。

因此,关于性意向的能力证明身体机能是完整的。正常的身体是一个相互连接、彼此蕴含的结构,感觉是一种联觉,脑部的专门区域(如听觉区域)并非独立运转。我们看到身体的各种机能是相互联系、相互贯穿在一起。"性欲不是一个自主的反应循环,而是与能辨识和能动的存在有着内在的联系。这三个方面的行为表现出一个单一的典型结构,但是它们处于一种相互表达的关系中"(莫里斯·梅洛-庞蒂,2001)。因此,我们不能简单地将性欲与性器官联系起来。性体验的快感不是身体某些单独部分孤立工作的结果,而是一种完整的身体体验。关于这一点,梅洛-庞蒂认为弗洛伊德是正确的。弗洛伊德认为身体的性快感区域遍布全身,这一点在儿童身上尤为明显。儿童以一种近乎无政府主义的自由方式,不加区别地探索着身体性快感的所有领域,他可以从身体各个部位的活动中获得性快感。但是,随着理性思维的发展和身体多种功能的分化,成年人的性快感区域越来越集中在一些特殊器官上(如生殖器),从而失去了从身体各个部位获得性快感的普遍能力。梅洛-庞蒂也补充强调,即便这一情况是事实,这一性快感区域的活动也不能离开身体的其他部位和其他机能。正如在上文中提到的施耐德案例,大脑皮层在受到损害的同时出现了认知障碍,这也导致性欲的降低,这表明正常人的性欲系统并不独立,正常的性行为实际上已经融入整体行为中(Merleau-Ponty,1962)。"身体的所有功能,从欲望到运动机能,再到智力,无一不是完全紧密地联系在一起,以至于在人的整体存在中,不可能区分被视为偶然事实的身体结构和其他必然属于身体结构的主张。在人身上,一切都是在必然之中"(莫里斯·梅洛-庞蒂,2001)。尽管性行为长期以来被认为是身体某个特殊部位的一种特殊功能,但在性欲中,"我们不是在处理一种外周的自动性,而是在处理一种跟随普遍存在的生存流而产生运动的意向性"(莫里斯·梅洛-庞蒂,2001)。所以性拥有形而上学的含义,它在我们的整体存在中表现出来,后者被性所渗透,性欲的意味弥漫在我们的整体生命中。"不可能存在把性欲解释为性欲以外的其他东西,因为它本身是性欲以外的东西,也即:性欲是一种整体的存在"(莫里斯·梅洛-庞蒂,2001)。梅洛-庞蒂认为,"每一种性欲现象都有其存在意义"并不是因为"性生活不仅仅是存在的反映"(Merleau-Ponty,1962)。这里的要点是,如果一个人的性缺陷支配了他日常生活的全部,那么性欲问题可能会吞没他的存在。现在可以感受到相互表达概念的全部影响:性欲和存在的领域如此相互渗透,以至于最终无法区分它们。他说:"性欲和存在之间是相互融合的,这意味着存在渗透到性欲中,反之亦然,因此不可能在给定的行为中确定性欲与其他动机的比例,也不可能将一项决定或行为称为'性欲的'或'非性欲的'"(Merleau-Ponty,1962)。

乍一看,这好像与弗洛伊德的"泛性论"没有什么不同,但是两者的意蕴有天壤之别。梅洛-庞蒂说:"精神分析为现象学方法作出了很多贡献,但遗憾的是它对此竟一无所知"(莫里斯·梅洛-庞蒂,2001)。梅洛-庞蒂认为精神分析中的力比多(libido)或性欲"它不是一种本能,不是一种指向明确目标的先天活动,而是身体-主体将自己置于各种环境中,通过各种体验来定义自己,并获得行为结构的一般能力"(莫里斯·梅洛-庞蒂,2001)。在这个层面上,性欲在精神分析中同样具有一种生存论的含义。

两者的主要区别表现在:首先,弗洛伊德认为性欲是一种无意识,是生命的底层结构。性欲是身体的存在之本,而不是身体包含着性欲。因此,性欲在弗洛伊德的思想中处于本体的地位。但根据梅洛-庞蒂的观点,性欲只是身体的一种功能或能力,它并非独立存在。没有身体,性欲就无从谈起。作为意向性的性欲总是对象化的,一旦成为具体的对象,性欲的原初本质就遭到了破坏。另一方面,性欲对于身体而言又是必然的,这是一种生存论上的必然性。我们无法想象"没有手、没有腿、没有头脑的人",更无法想象"一个没有性别、靠扦插繁殖出来的人",所以,"在人身上,一切都是在必然之中"(莫里斯·梅洛-庞蒂,2001)。

其次,弗洛伊德认为生存和性欲是对立性质的存在。在身体里,这种对抗集中在有意识和无意识两者的对立。性欲(无意识)总是受到现实原则支配的存在(意识)的压抑,因为无意识受快乐原则的支配,完全是为了享乐的目的,不服从任何现实原则,处于一种无政府状态中。它与现实原则大相径庭,而这对于生命的存在而言也是一种威胁,因此无意识要接受现实原则的支配。而表现自己的性欲,只能通过像做梦、口误、疏忽、过失等乔装打扮的方式暗中展现自己,或者借助理智的升华使自己登上大雅之堂(如艺术作品),进而在现实原则所体现的文明领域中占有一席之地,这仍然是将性欲视为一种类似于物质对象的力量。相反,梅洛-庞蒂认为性欲只是我们生存的显现,是一种前意识、前对象化的活动。因此,性欲往往是"在普遍性伪装下的自我隐藏"(莫里斯·梅洛-庞蒂,2001)。性欲与生存两者的关系不是对立的关系,而是一种相互影响、紧密联系的关系。

在这里,我们再次发现了在时间和空间的讨论中揭示的辩证法。一方面,性欲是生存性的,它展示了身体的机能,是活力的象征,是我们置身于世界上并向他人开放的能力。另一方面,生存也充满了性欲的意味,因为在每一个生存行为中,性欲所具有的机能与其他机能交织在一起,并随着生存行为而延伸到我们的整个生活,从而"无意义的事物具备了一种意义,只有一种性欲的意义才能获得一种更普遍的意义,偶然性变成了原因"(莫里斯·梅洛-庞蒂,2001)。因此,性欲也就有超越的、形而上学的含义。

2. 性欲是一种意向性

梅洛-庞蒂认为"性存在"是一个充满了很多意义的词,它既指一般的性别差异,也可指身体的性欲。梅洛-庞蒂主要在后一个层面上运用它,但他也用它来指代一种更广泛意义的爱情或感情。在一个活生生的身体-主体中,这些方面交织缠绕在一起。梅洛-庞蒂讨论"身体作为性存在",其宗旨在于"通过理解一种物体或一种存在物是如何通过欲望为我们存在,我们将更好地理解物体或存在物是如何一般地存在"(莫里斯·梅洛-庞蒂,2001)。

"根据观念联合和条件反射的概念,简单的表象可以代替快乐或痛苦的刺激,这些替代把快乐和痛苦强加给与我们一种没有联系的环境,通过接连不断的替代,初步形成了与我们的快乐和痛苦没有显著关系的第二和第三种意义"(莫里斯·梅洛-庞蒂,2001)。这是一种过于简单化的说法,因为即使有表象的刺激,也要预先假定有一种感受那种表象的能力。为了更好地说明这个问题,梅洛-庞蒂介绍了施耐德的案例。在病人施耐德的案例中,即使给他看色情图片,和他谈论性快感,甚至肢体上的亲吻和拥抱都没有激起他的性欲,他也不再有任何积极追求性活动的欲望。

因此,性欲既不能还原为外部的刺激,也不能还原为身体本能和本能的条件反射机制。因为施耐德的性功能障碍都源于脑部枕叶区域的损伤,如果性欲是一种条件反射,那么在脑损伤的情况下,意识对性欲的抑制应该放松,导致这些欲望的释放并表现出更强烈的性欲,但结果恰恰相反。因此,从身体性的视角而言,性意向在于它所营造的朦胧氛围中,它反映了一种完整、统一的身心关系,对性欲的体验应该从完整的身体出发。因此,我们不能认为性欲是身体某一特定部位的功能,从身体孤立的部分理解性欲会破坏性体验的感受。因此,梅洛-庞蒂指出,性欲应该属于身体的一种更基本的功能:"应该有一种内在的性欲,一种确保性活动显现的机能,性欲的延伸应该基于机体的内在能力。应该有一种激活原始世界的活力,赋予外部刺激以价值或意义"(莫里斯·梅洛-庞蒂,2001)。换句话说,有一种属于正常知觉结构的"性欲体验结构",以及一种基于身体的性欲意向性。正是这种性意向的能力或正常的"性欲体验结构"遭到破坏,故而施耐德再也无法体验到任何与性欲相关的行为或意义。对他来说,女性的身体不再特别,甚至肢体上的亲密接触也只是一种模糊的感觉,是一种不确定的认识,不足以唤起性欲。

相比之下,在正常人身上,性意向是最基础的体验结构。梅洛-庞蒂指出,性意向是一种"原初意向性"和"感知、运动和表象的生命之源"(莫里斯·梅洛-庞蒂,2001)。对我们而言,别人的身体首先具有性别特征,而吸引我们注意力的往往是异性身体。当我们看到一个女人时,从来不把她的身体看成是一个物体,我们对她产生"有魅力的""漂亮的""冷漠无情的""难以接近的"等各种感觉。也即:对他人身体的知觉不是一种客观的知觉,而是有"一种更含蓄的知觉"隐藏其下,这就是性欲的意向性。梅洛-庞蒂认为:"可见的身体由纯粹个体的性欲图式所支撑,它在性产生的区域中脱颖而出,表现出性别特征,并唤起本身与这种性欲整体融合在一起的男性身体动作"(莫里斯·梅洛-庞蒂,2001)。应该强调的是,这里所指的"性欲图式"或"性意向"不是狭义的性冲动或性本能,而是指性欲面对具体情境所采取的态度,它反映了我们的身体在面对不同人时的意愿、姿势或兴奋程度。而性意向也是人与人之间活生生的情感关系。这种姿态或意向肉身性"不是自我对某个对象的我思活动",而是"一个身体对另一个身体的意向性活动",或者更准确地说,是一个身体对另一个身体的向往。它在我的意识中没有明显地体现出来,而是"模糊不清的、与性欲紧密相关,但又没有明确唤起性欲";它就像"一种气味或一种声音",从"它所处的特殊身体部位"向周围散发出来(莫里斯·梅洛-庞蒂,2001)。性欲的魅力就在于这种模糊的姿态、朦胧的氛围,当然这种暧昧不清的意向也可以变得清晰、具体,甚至最终以某种特定的性行为表现出来。但无论如何,这种性意向,甚至由此产生的性行为,都反映了一种"彻底的人类关系,……性欲是一种与他人的关系,它就在他人和我之间形成了一个循环的投射系统,引起一系列的反射和被反射的反映,所以我既是他人,他人也既是我"(Merleau-Ponty, 1963)。

(三) 释梦观

1. 梦与知觉相联系

梅洛-庞蒂在《知觉现象学》中广泛地提到了梦,在该著作中,他认为在梦的世界和醒的世界之间有任何分裂之前,就存在一种对世界的前个人(pre-personal)占有。梦和醒的世界作为不同的经验模式彼此不同,但两者都是基于一个普遍的存在,这是所有人类经验所共有的。

梅洛-庞蒂在《知觉现象学》中对梦的理解依赖于宾斯万格的作品。宾斯万格认为"梦只不过是人类普遍存在的一种特定模式"(Binswanger, 1986)。根据宾斯旺格的说法,"做梦……是生活功能",清醒后,他创造了"生活-历史"(Binswanger, 1986)。我们现在看到的是"是"和"创造"之间的关系。"功能"指的是条件不受主体控制的存在领域,相对而言,"历史"则是以自愿的方式创作。"功能"属于"是",历史属于"被创造的",所以梦作为"生活功能"和清醒作为"生活历史"的区别是被动和主动的区别:无论尝试的频率有多高,都不可能将生活功能和内在生活历史之间的区别缩小到一个共同的特征(common denominator),因为被视为功能的生活和被视为历史的生活是不一样的。然而,两者确实有一个共同的基础:存在(Binswanger,1986)。

宾斯万格用动词"考虑"(consider)来表示做梦和清醒是两种不同的观点,它们在存在上有共同的基础。他说:"梦的意思是:我不知道发生在我身上的事"(Binswanger,1986)。梦的状态是一种被动或不反思的参与存在的状态,而清醒的状态是一种主动控制的状态——两者都是不同的存在模式。

宾斯万格关于做梦和清醒的不同模式存在共同基础的假设被梅洛-庞蒂运用到他在《知觉现象学》中对身体空间性的分析中。在《知觉现象学》中关于"空间"的一章中,梅洛-庞蒂修正了宾斯万格的存在概念,认为感知者的身体是使空间成为可能的共同原始位置,身体是所有知觉形式的锚。他通过从我们与周围对象的习惯关系(在这种关系中,空间被认为是理所当然的)转向熟悉的对象在组织中受到破坏的条件来建立这种关系。例如,异常或故障状态是受到迷幻药或精神分裂症的影响,这使我们能够捕捉身体-主体在空间活动构成中的作用,而这在日常生活的自然或天真态度中经常被忽略或忽视(Merleau-Ponty,1962)。吸毒者或精神分裂症患者对空间的噩梦般的体验是一种"错位",这种错位发生的原因是"一个人自己的身体已经不再是一个知道的身体,也不再把所有的对象都集中在身体的控制下"(Merleau-Ponty,1962);这种精神分裂症的空间坍塌同时也伴随着时间的坍缩。这里的主要观点是,时间和空间是通过身体被锚定。身体(宾斯万格所谓的"存在")是空间和时间的基础,所以这些首先不是意识的原子化状态,相反,像时间一样,空间是我们身体"植入"世界的方式(Merleau-Ponty,1962)。梅洛-庞蒂拒绝将空间和时间分割成离散的心理范畴,从而能够将它们理解为一个共同结构的变体:通过活生生的身体的时空力量编织在一起的连续的位置。

梅洛-庞蒂认为,"一旦空间性的体验与我们在世界中的植入有关,必然会得出这样的结论,即:这种植入的每一种形态(modality)总会有一个主要的空间性"(Merleau-Ponty，1962)，因为它是我们与事物关系的前提，梦解释了这个主要的空间性。即使在清醒的经验中、在黑暗的条件下，我们也能拥有事物没有空间性的印象，但正是在睡眠中，外部自然几乎完全消失，从而"梦的幻影(phantasm)更有效地揭示了清晰的空间和可观察的对象嵌入其中的普遍空间性"(Merleau-Ponty，1962)。梅洛-庞蒂所说的"主要空间性"和"普遍空间性"指的是空间本身的基础，即身体。梦揭示了这一原初基础(primal ground)或"本质结构"(Merleau-Ponty，1962)。例如，梅洛-庞蒂考虑了梦中常见的上升和下降，这是呼吸和性欲的象征。正是身体作为主要基础，使这种象征性的联系变得有意义(梦中的上升和下降与呼吸或性的生理过程之间的联系)：我们必须理解在客观空间中占有一席之地的呼吸或性欲事件是如何在梦境中被抽离，并在不同的场景中如何安顿下来。但是，除非我们赋予身体象征性的价值，即使是在清醒状态下，否则我们不会成功……向上运动作为物理空间的一个方向以及渴望达到其目标的方向，是相互象征的，因为它们都表达了我们存在相同的基本结构……梦的幻影、神话的幻影、每个人最喜欢的形象或者实际上是诗意的意象，并不是通过符号与意义的关系理解它们的意义，就像电话号码和用户姓名之间的关系一样；它们真的包含了真实的意义，但这不是一个概念上的意义，而是我们存在的一个方向(Merleau-Ponty，1962)。

综上所述，梦的现象是梅洛-庞蒂关于原初基础的主张重点。身体在前主题(在意识知晓)之前呈现给梦，就像它呈现给清醒的体验一样。正如梦所证明的那样，这种原初基础具有象征性价值，因为它是原初的，所以做梦和清醒都必须共享。做梦是身体具有象征性价值的最明显标志，而在清醒状态下则不那么明显。

人的身体即使在清醒的状态下也具有象征意义，这一观点带来了对梦的一种新的认识。鉴于身体的象征价值，我们必须拒绝任何关于梦是次要或退化的知觉概念、一个独立的或外在的事物的纯粹"表征"。与神话一样，神话在"表象"中"持有本质"，因此"神话现象不是一种表象，而是一种真实的存在"(Merleau-Ponty，1962)，梦也是一种真实的存在。梦中没有

"幽灵"(apparition);梦中的幻影是被赋予"面相学特征"(physiognomic character)的显现存在(Merleau-Ponty,1962)。梦的空间像知觉的空间一样,不是一个几何或智力抽象的区域或部分,不是一个远离正在体验主体的空间。主体的前主题身体锚将各种经验模式捆绑在一起。

尽管梅洛-庞蒂从未将梦等同于清醒时的知觉,但他认为梦与知觉有着近似和内在的联系:神话或像梦一样的意识、疯狂和知觉,就它们的不同之处而言,并不是封闭在自己内部;它们不是相互隔绝的经验孤岛、它们之间没有出路(Merleau-Ponty,1962)。因此,我们可以看到,梅洛-庞蒂坚持认为神话或梦一样的意识永远不会与普通的知觉隔离或分离,他假定在不同的经验模式之间存在一条通道,并通过暗示排除了它们之间的二分法。

2. 梦是一种被动性的片段

二十多年后,梅洛-庞蒂在法兰西学院的课堂讲稿中《被动性的问题》(Merleau-Ponty,1970)重新回到了梦的主题。在这段讲稿中,"被动性"一词指的是睡眠、无意识和记忆。这种被动现象在传统的知觉理论中通常被否定或忽略。但梅洛-庞蒂认为,这种被动现象不仅必须包含在作为整体的知觉理解中,而且必须作为整体来理解。他特别强调,"睡眠是知觉活动的一种形态",作为一种知觉形态,睡眠是一种"与世界的整体或前个人关系"(Merleau-Ponty,1970)。作为一种"关系",睡眠虽然距离世界很远,但却通过睡眠的身体锚定于世界。梅洛-庞蒂作为思想家的典型风格是,对立——二元或二元配对中的两个部分——并没有被视为彼此分离,而是被重新塑造成一个连续体。无论是清醒还是睡着,主体总是或多或少与世界相关,从不绝对存在或缺席。换言之,世界从未从沉睡者的意识中消失。梅洛-庞蒂认为,就像我们在书中标记位置一样,我们在世界上的位置是由"与世界保持最小接触的身体所标记,这种接触使我们有可能醒来"(Merleau-Ponty,1970)。清醒的世界仍然是睡眠体验的重要组成部分。

正如在清醒知觉的时间和空间关系中,身体继续作为沉睡的知觉所依赖的身体参照点。此外,身体标志使我们有可能回到清醒的生活,就像它使我们能够重回睡眠一样。根据梅洛-庞蒂的观点,意识哲学(他指的是整个欧洲传统思想)通过将睡眠解释为对现实世界的否定,扭曲了睡眠与清醒的关系,在这种状态下,现实世界被一个不受外部控制的自动想象世界所取代。释梦的实践表明,沉睡的意识"与过去和现在的碎片混杂在一起,它在其中发挥作用"(Merleau-Ponty,1970)。因此,与传统的理解相反,梅洛-庞蒂认为,做梦不是一种纯粹的唯我主义(solipsistic)行为,这反映了人们对清醒和睡眠连续性的更多理解。梦不同于"有意识的想象"、白日梦或幻想的过程,因为它不是纯粹的发明(Merleau-Ponty,1970)。例如,在成人梦境中重现童年经历,证明了梦与我们过去经历之间的关系,并因此证明了梦并非与清醒世界脱离,而是相反,梦是一种有分量或有意义的现象。为了描述梦属于有意义经验的维度,梅洛-庞蒂使用了"梦的"(oneiric)一词作为被动现象的替代词,如"无意识的"或"想象的"唤起了"意识的"或"真实的"作为对照。通过梦的现象,我们意识到梦的现实性以及现实带有梦的特征。他说:"现实与梦境之间的区别,与充满意义的意识和放弃自身空虚的意识之间的简单区别不同。这两种形态相互影响。我们清醒时与对象和其他人的关系在原则上尤其具有一种梦的特征:其他人以梦的方式、神话的方式呈现在我们面前,这足以质疑真实和想象之间的鸿沟"(Merleau-Ponty,1970)。

梦不仅有助于我们理解传统上认为的"想象",还有助于理解我们的主体关系。梅洛-庞蒂认为,其他人以梦的方式、以神话的方式呈现在我们面前,并认为我们的主体间关系有一个梦的维度,将它们与我们的做梦经历联系起来。我们对他人思想的了解,就像我们的梦一样,是不能客观证实的。但我们相信别人,就像我们相信自己的梦一样。在这方面,我们与他人的关系具有一种梦的特征,但这种关系在很大程度上是清醒知觉的一部分。

梅洛-庞蒂通过对无意识传统理解的重新思考,重申了对弗洛伊德的无意识概念的批评,即无意识理论假设"第二个思维主体的创作只是被第一个主体所接受"(Merleau-Ponty,1970)。用哲学术语来说,弗洛伊德的无意识是理性清醒思维的衍生物。这样的假设不充分，因为它"导致了意识的垄断"（Merleau-Ponty，1970），而且还含蓄地贬低了无意识在意识—无意识配对中的地位。重要的是，梅洛-庞蒂批评了意识和无意识的绝对分离的二元术语，但赞扬了弗洛伊德思想的整体主旨，通过质疑理性思维的首要性，实际上完全消除了这种分离。他认为清醒的（有意识的或理性的）主体与沉睡的或无意识的主体是统一的：梦通过一个共同的欲望主体，即"愿望"与清醒的生活联系在一起。

3. 梦的本体论观点

对梦的讨论是梅洛-庞蒂最后的作品《可见的与不可见的》中的一个重要的中心论点。《可见的与不可见的》的讨论以梦为开始，清楚地说明了梅洛-庞蒂对这一现象的关注是如何塑造他从早期到后期作品的哲学努力方向。在《可见的与不可见的》中，他没有拒绝《知觉现象学》中关于梦的结论，而是肯定了"将它们带到本体论解释的必要性"（Merleau-Ponty，1968a）。正是从认识到知觉与做梦的区别并不是绝对的，梅洛-庞蒂才到达了他最终作品最重要的出发点——形而上学探究的起点不可能是知觉，而必须是"在知觉本身之上"。言下之意，心理学理论不能局限于认识论问题，认识论的见解必须发展并扩展到本体论的探究。

在《可见的与不可见的》这部遗作中，梅洛-庞蒂关于梦的本体论观点进一步显现出来，他在一封题为《梦，想象的》的信中重申了梦的本体论的重要性。在这里，梅洛-庞蒂批评了"把想象加到现实中的哲学"，其中"加"再次指的是把做梦降为与清醒知觉相关的次要或衍生状态。为了理解想象和现实是如何具有"相同的意识"的，我们必须"把梦理解为从身体开始，理解为在世界中的存在"。梦从活生生的身体开始，就像清醒的知觉一样（Merleau-Ponty，1968a）。梅洛-庞蒂在笔记中接着谈到了这个问题：梦中的交错（chiasm）还有什么？梦是内在的，从这个意义上说，外在感觉的内在双重性是内在的，无论世界在哪里，梦都在感性的一边——这是弗洛伊德所说的那个"舞台""剧场"，是我们梦境信仰的地方，而不是意识及其制造意象的蠢事(Merleau-Ponty，1968a)。

梅洛-庞蒂认为，清醒和沉睡之间的相互关系可以用本体论的概念来阐述，聚焦于《可见的与不可见的》中的"交错论"的论点：感知者和被感知的世界处于一种循环的、共同构成的、也就是可逆的关系中(Merleau-Ponty，1968a)。梅洛-庞蒂以其独特的方式挑战了人们对梦是"内在"的传统理解，含蓄地将梦与更真实或更现实的"外在"联系起来。

梅洛-庞蒂在该笔记中还发展了《知觉现象学》关于梦的早期观点："在梦里，就像在神话中一样，我们通过感觉我们的欲望向何处去、我们的内心害怕什么、我们的生活依赖什么，来了解现象在哪里被发现。即使在清醒的生活中，事情也没有什么不同"(Merleau-Ponty，1968a)。作为《知觉现象学》中感性基础的身体或"一"，在后期作品中变成了本体论或交错论的基础。

第四节　行为观

一、对行为主义行为观的质疑

（一）反对对行为的解释

梅洛-庞蒂在《行为的结构》中认为，从深层的意义上讲，对行为的研究就是对人类意识和自然关系的研究，他反对用生理学的方式对行为进行还原主义的解释。他说："由于原则上的原因，把整个行为还原为各种元素的总和是不可能的，生理学不能从现有的大脑机能出发，借助一些物理学的方法对行为进行还原"(Merleau-Ponty，1963)。在《行为的结构》中，梅洛-庞蒂提出了他对行为的分析，指出了纯粹机械的、生理的、行为主义的、反射式的行为解释的不足之处。梅洛-庞蒂认为巴甫洛夫的行为主义或反射心理学是不充分的，因为其关于预先建立的神经回路的想法来自一个仅仅是"刺激—反应"图式的有限概念。纯粹的行为主义不充分,不是因为反射不存在,而是因为它们应该被视为代表一种受限制的行为类型,在确定的条件下可以观察到。因此,巴甫洛夫和他的追随者对反射行为的研究反映了一种人为的情况,而不是一个活生生的现实经验。梅洛-庞蒂不承认一对一的刺激——反应关系,因为格式塔心理学家已经证明,有机体通过整体的格式塔来决定或形成能够影响它的刺激,反之亦然。因此,必须把注意力集中在生物体的整体结构上,而不是集中在任何局部反应、还原解释上。反应和刺激是一种相互整体关联的关系。

梅洛-庞蒂认为行为不能还原为各部分的总和,也不能用低级部分来解释高级部分。行为的姿态和它在动物周围的空间中描绘的意图不是指向真实的世界或纯粹的存在,而是指向动物的存在,也就是说,指向该物种特有的特定环境。这些行为展示了一种对待世界的特定方式:"存在世界中"或"存在"。行为不仅仅是一件事情本身,它不像在我面前展开的东西那样给我(正如行为主义和"投射"理论所宣称的那样)。动物可能没有纯粹意识意义上的意识,但这不能使它们成为没有任何内在特征、像机器一样的动物。动物在某种程度上根据其行为的整合而变化,肯定是另一种存在。梅洛-庞蒂说,行为既不是一种事物,也不是一种观念:"它不是纯粹意识的外壳,作为行为的见证人,我也不是纯粹意识。这正是我们在陈述行为是一种结构时想说的"(Merleau-Ponty, 1963)。当下的行为被认为是"在其统一性"和它的人类意义上,一个人不再是物理现实也不再是精神现实,而是一个有意义的整体或一个既不属于外部世界也不属于内部生活的结构(Merleau-Ponty, 1963)。

梅洛-庞蒂回顾了经典生理学和古典心理学对行为的分析。他认为两者代表了原子主义和自然主义的立场。在经典生理学对行为的分析中,有机体的行为被认为是接受外部客观刺激的反射行为。"生理学把行为作为空间广延的一部分放在现成的世界中,因此,行为就可以用刺激—反射的加工模式或者神经功能的理论来解释,行为的每一个成分和环境中的每一个成分都建立了一一对应的关系"(Merleau-Ponty, 1963)。这种用机械的因果论来解释行为,忽略了行为产生的背景,行为被还原成了条件反射与条件反射的总和,导致行为的原初整合能力没有得到充分的体现。

实际上,行为在一个整体的情境中产生,它不是从某一个单独、孤立的点出发,而是在一个带有整体性特征的结构中作用于有机体。因而,经典生理学对行为的界定是片面的,它虽然对行为展开了研究,但没有真正揭示行为的本质规律。

梅洛-庞蒂认为古典心理学犯了还原论的错误。古典心理学用刺激—反应模式来解释行为,刺激和反应均可在不同层级上分解为彼此独立的要素,某一种特定的刺激对应着某一种特定的反应。古典心理学用线性因果关系解释刺激与反应,根据这一原则,说明某种行为只需要将刺激源和有机体复杂的整体分解为互相独立的要素,并发现其中的因果联系。

古典心理学对行为的研究囿于还原分析和因果联系,将人的行为视为一种僵硬的、机械的、呆板的经验。梅洛-庞蒂反对这种解释并认为很有必要重新考察行为的概念。他在借鉴格式塔心理学观点的基础上,把行为看作是一个整体过程,强调行为的整体性和系统性特征,并用"格式塔"的概念替代简单的"刺激—反应"模式。"'格式塔'是知觉场中的自组织完整的结构,它可以使'整体'整合各种'元素',在完成这项任务后,该整体又被纳入一个更大、更广泛的背景中"(莫里斯·梅洛-庞蒂,2002)。格式塔之所以能整合多个要素,是因为它本身就是一个结构化的整体,它可以把一些独立的因素甚至是相反的因素融合进自身,使得它们变成一些具有明显结构的格式塔或从属于一个更大的格式塔。受格式塔理论的启发,梅洛-庞蒂认为,有机体的行为活动总是在一定的区域环境下发生,行为具有"整体性"并向环境敞开,内在与外在、主动与被动、低级的反射与高级的思维都被融合到一个整体的结构中。具有整体结构特征的行为,它"相对于'生理的'与'心理'的区别是客观中立的,正因为如此,我们可以重新界定这些区分"(Merleau-Ponty,1963)。

(二) 对条件反射行为的质疑

梅洛-庞蒂认为,巴甫洛夫试图通过引入"条件反射"的概念来扩展反射理论,以涵盖这些更复杂的反应,从而在不脱离该理论基本假设的情况下,努力解释对更多样的周围环境反应的学习元素。在梅洛-庞蒂看来,正是因为坚持反射理论的假设,才使巴甫洛夫不能公正对待行为实际现象的原因。他认为,条件反射理论不是来自经验观察或科学本身的需要,其引入是为了使有机现象符合机械论的图景,这种图景可能适用于无生命物体的科学,但不适用于生命世界。梅洛-庞蒂继续认为,条件反射理论远非对行为的忠实描述,而是一种受现实分析的原子论假设启发的建构,它将适合宇宙万物的分裂模式带入有机体的活动,但是绝不能代表科学研究的必要工具(Merleau-Ponty, 1963)。对现象的观察表明,动物的学习不是以恒定的方式对可以独立定义的特定刺激做出反应,而是根据动物自身的需求对刺激做出可变的反应。在这种情况下,要关注现象本身,而不是试图将它们纳入一个先入为主的形而上学的框架,这就要求我们将动物的行为作为一个整体与有意义的环境相接触。习得性反应不仅仅是一种条件反应,而是一种为了应对内容不同但形式相同的情况而改变行为的反应,仅仅是"试错"过程,即强化那些碰巧成功的反应,并不构成真正的学习。梅洛-庞蒂引用了心理学家纪尧姆的话"每件事的发生,就好像动物采用了一种'假设',而这种假设'并不能用成功来解释,因为在能够证实它之前,这种假设已经表现出来并持续存在'"(Merleau-Ponty, 1963)。梅洛-庞蒂讨论的一个例子是科勒对猿类的著名研究,其中黑猩猩使用树枝作为工具不能用树枝的物理属性来解释,因为其他种类的物体也以同样的方式被使用,而是黑猩猩将树枝视为对它们自己"有意义",可用于实现它们自己的目的。

梅洛-庞蒂并不要求我们把黑猩猩看成是像成年人那样进行思考,这与人类的行为有相似之处,似乎只有通过类比我们才能对使用手段达到目的的理解,我们才能理解黑猩猩的行为。但是黑猩猩的目的是由"一劳永逸地定义的物种需求"所决定。人类案例的典型不同之处在于,我们的行为是象征性的:它涉及符号的使用,这允许"同一主题的不同表达的可能性"。使用语言的动物,比如人类,可以用不同的、个体的方式描述物体，这些描述可以有真理和价值。因此，这种动物的行为"接受真理和事物的适当价值"（Merleau-Ponty，1963）。当达到那个阶段时，行为就变得完全有意义，而有意识的解释是理解行为的唯一令人满意的方式。

人类的行为与蜥蜴甚至灵长类动物的行为有显著的不同，但也与这些简单的形式有重要的联系。它们和人类行为都不能被理解为对特定刺激的简单机械反应：有机体在任何层次上的行为最好被理解为主动解决问题——试图解决有机体的环境给它带来的问题，以满足它的生物需求。

梅洛-庞蒂认为人类的行为不是生物机器，不是以因果定律可以解释的方式运作的神经生理机制的集合。相反，人类是能动的主体，积极参与他们所处的环境，试图解决他们存在的问题，并根据他们所找到的解决这些问题的办法调整他们的行为。由于人类具有能动的性质，人类绝大多数的问题都不可避免地涉及意义方面。根据这一观点，人类的发展不能用因果关系来理解，而应该被理解为一种"渐进的、连续的行为结构"（Merleau-Ponty，1963）。更简单地说，我们通常从经验中学习，从而建立一整套行为方式，这些行为方式相互融合，使我们能够在社会中过上和谐的生活。

人类的不同之处在于，他们的行为可以是象征化的。符号的使用为行为和理解引入了全新的元素。正如分析哲学家承认的那样，人类的行为是"在一种描述之下"：相同的身体动作可以在不同的描述下构成不同的动作。举个股票的例子，一个人用笔做同样的动作可能是签署一张支票（购买一些东西）、签署一封信或仅仅是涂鸦。要理解个体在做什么和为什么要做，需要的不仅仅是观察个体的身体运动所涉及的神经或其他原因，更重要的是要知道个体是在什么样的情形下描述行动的以及描述行动的原因。人类的行为在这方面明显不同于其他动物的行为，它更个性化，它的含义与个人的需求概念有关，而不是与物种的一般需求有关。因此，具有自我意识的人类行为与其他动物不太自觉的行为既有重要的不同，同时又有着根本的相似性。它在被"指导"上是相似的，在与有机体相关目标的意义上是相似的，但不同之处在于它的指导性更具个性化特征，有机体的目标不是由物种的需求决定，而是由个体对自身需求的定义决定。

总之，梅洛-庞蒂认为条件反射理论不仅预设了一种艰难而又漫长的学习过程，而且还与我们适应外部空间的节奏不一致。这是因为无论通过何种情境习得的条件反射都必须通过一种结构化的兴奋过程才能被启动，这就使得条件反射的理论假设是肤浅的(Merleau-Ponty，1963)。

二、现象学视域下的行为观

（一）行为的本质与特征

1. 行为是一种结构

在对行为的解释过程中，梅洛-庞蒂还创造性地借鉴格式塔心理学整体主义的观点，提出了行为结构的"辩证"概念：高级的行为方式会随着有机体变得越来越复杂而出现，而高级的行为方式又会改变有机体的生命。因此，有机体表现出来的高级行为并不是通过简单的神经生理学就可以完全解释。从这个角度来说，心灵与身体之间不存在严格的区别，也即"理性和心灵现象并没有在人身上留下一个封闭的本能领域"(Merleau-Ponty，1963)。因此，对行为的理解必须考虑到身体与外界环境的辩证关系，身体的生命活动充满着丰富的心灵，只有以此为基本前提，才能对人类的行为做出深刻的理解。

梅洛-庞蒂指出，仅仅用生理学或物理学的原理解释行为远远不够，还应从更广泛的角度揭示行为概念的完整含义。他认为行为概念本身是完全合理的，而且这个概念可以作为心理学中最有价值的一个环节，行为既不是反心灵主义的，也不是心灵主义的。行为主义的缺陷在于它对行为概念的片面理解。深刻理解了的行为要比单纯外在的运动反应包含更多的内容。就整体来看，"行为既不是物质性的存在，也不是精神性的存在，而是一种结构。真正说来，行为既不属于外部世界，也不属于内部世界"(杨大春 等，2018)。梅洛-庞蒂以独特的视角，站在"结构"的立场上重新解释行为，在这种情况下，行为既不是纯粹的自然活动，也不是受心灵驱使的精神活动，行为本身固有的整体性特征已经赋予对象一种意义，在行为结构中，主观和客观、内在和外在、精神与自然、能指与所指构成了一个辩证统一体。

复杂的反应不能简单视为对刺激中不同因素独立反应的总和来分析。事实表明，即使是最简单的动物（用梅洛-庞蒂自己的例子来说，甚至是蜣螂）也是积极的问题解决者，而不是孤立的"身体"被动地受到同样孤立的"刺激"影响的机械系统。动物的反应因外部环境的性质及其与自身内部需求的关系而变化。从这个意义上说，有机体本身"选择它在物理世界中敏感的刺激物"（Merleau-Ponty，1963）。有机体的行为只能通过使用"整体"概念来理解，但这些概念本身的意义来自神经过程作为统一整体自然运行的方式。为了对有机体的行为有一个充分的科学理解，我们必须把它看作是有机体作为一个整体的反应，从而理解有机体实现目标而涉及的神经过程。意向性解释——基于目标或目的的解释——是最主要的，因为我们必须体验有机体作为一个整体积极地参与到它们的环境中，然后我们才能进一步分析这些整体反应的机制。

2. 行为的整体特征

梅洛-庞蒂认为，行为是对刺激的整体反应的结果，当刺激出现在不同的整体情况下时，或者换句话说，当它们对有机体有不同的意义时，行为也会发生变化。"真正的刺激不是物理学和化学定义的刺激，反应也不是一系列特定的行为。这两者之间的联系不是两个连续事件的简单巧合。有机体中必须有一个整体的原则，确保行为经验具有普遍的相关性"（Merleau-Ponty，1963）。他继续强调，在刺激-反应图式中，发挥作用的不是刺激的物质属性，而是情境的形式属性以及作为其整体构架的空间、时间、数量和功能关系在起作用。只有在这种关系由于它们自身的出现并产生效应的范围内，行为的发展才可以获得解释（Merleau-Ponty，1963）。

为了更好地阐释行为的整体特征，梅洛-庞蒂还论证了行为的生理基础也具有整体性质。他在《行为的结构》中强调：每一个行为动作都在整体的神经系统中预设了一些积极和消极的条件，但是这些条件并非单独实现，就好像它们被加入已经准备好的反应中，并在最后时刻进行修改。将中枢神经系统视为阐明生物体整体"形象"的地方，并以一定的方式表达每个部分的局部状态，这将更符合事实。正是这个整体形象将支配运动冲动的分布，它将立即向它们提供我们的最轻微动作都能体现的组织，并且在屈肌和伸肌之间分配兴奋，末端组织的状态也被考虑在内（Merleau-Ponty, 1963）。随后，他还引用了谢林顿的实验再次证明行为的生理基础也具有整体性特征，他认为谢林顿在关于神经兴奋扩散的研究中得出了五条规律，这些规律都说明了行为的生理基础结构也具有整体性特征，他说："因此，很可能从最弱的兴奋开始，某些肌肉和某些神经以整体的方式就完全起作用了。每一种神经波动，哪怕是最轻微的神经波动，似乎都会完全传遍整个系统。在神经传导现象中，因为基本兴奋传递到全部环路之中，附加兴奋不会简单地让它重新产生作用当作目标，由此，附加兴奋引发了刺激和抑制的重新分配，产生一种整体状态的重新调整，就像我们重新转动万花筒一样"（Merleau-Ponty, 1963）。

在对视觉研究的阐述中，梅洛-庞蒂也论证了视觉行为是一种整体的行为结构，而不是纯粹的生理学刺激。不管是针对颜色的知觉还是涉及空间位置的知觉，尽管各种刺激根据它们的客观属性与特征从外部启动，我们也只是在神经机能中看到一些预先设定的装置。与感知到的颜色、位置相对应的生理过程必须是临时性的，在知觉的那一刻就积极地构成。因此，功能有一个积极和适当的实在性，但它不是一个生理器官简单存在的后果。神经兴奋过程形成一个不可分解的统一体，并不是由局部过程之和构成。在视网膜受到刺激后，颜色或空间位置会被有效地感知，这不仅取决于后者的特性，还取决于神经功能的整体规律。也就是，被知觉到的情景绝不仅仅取决于视网膜的刺激，而是取决于本体感受和外感受的一个刺激群集。这再一次说明，局部的、纵向的神经兴奋又变成了横向的、整体的现象（Merleau-Ponty, 1963）。

3. 行为具有意向性的特征

梅洛-庞蒂认为,反射理论、巴甫洛夫的"条件反射"理论和华生行为主义令人不满意的是,这些理论的支持者没有关注现象本身,而是试图将它们纳入一个预先设想的形而上学框架中。这一框架预先假定了"心灵"和"物质"、"直接性"(意向性)和"机制"之间的简单二分法,其含义是,人类行为要么必须被"简化"到与更原始的有机体简单机制相同的水平,要么必须被视为与它们在性质上完全不同(Merleau-Ponty, 1963)。梅洛-庞蒂进而指出,对人类行为的分析要忠实于人类行为现象。人在生活世界中是以他所有的其他知识为基础,而人类行为的意向性在生活世界中具有突出的地位。意向性是一种存在关系,它描述了人类对世界的彻底开放、朝向和定向。意向性的现象学概念基于这样一个事实:在被知识置于特定的认同行为之前,世界的统一是作为现成的或已经存在的"活着",因为身体-主体的感官给予行为。人类意识只能从意向关系的角度来理解。把人看作是世界的一部分,是"客观世界偏见"的一部分。因为人不仅仅是世界上的一个物体,人的行为不能被看作是"事物"的运动,甚至不能看作是"物体"的动力学。相反,首要的是人的行为本身,也就是说,人与世界之间的关系,行为只是人在世界的一种表达或表现。人的意义是人的意向性在生活世界中的痕迹。因为行为存在意向性,所以才有意义(Corriveau, 1972)。作为有意识地活着的人类,我们在生活世界中寻找意义,如气味、颜色、性的意义等。但是,正是因为人的意向性,这些意义才得以呈现。要使这些意义得到正确的理解,就必须回到这种关系中去。

人类行为本身是有意义的这一事实的主要含义是,如果意向性通过意义现象来理解,那么很明显,关于行为的相关问题是对其意义的询问——而不是对其测量的过度关注。从现象学的观点来看,测量一个现象并不等同于解读它的意义。因此,梅洛-庞蒂要求人们认识到人是一种有意识的意向性存在,而不是决定论地或机械地受到外在本性或历史的束缚。对梅洛-庞蒂而言,秩序和意义就像感知中地面上的人物一样出现在世界上,它们总是受到追溯性变化的影响。人类总是处在创造自己和世界的过程之中。所有从过去和现在的个人来解释人类行为的方法都是正确的,只要它们被视为一个人全部存在的时刻,就永远不可能说一个人是否赋予它们意义,或者一个人是否从它们那里得到意义(Merleau-Ponty,1963)。因此,人是一种心理和历史结构,他有一种特殊的生存方式,对世界有一种独特的把握和视角。正是因为人具有一定的自然和历史意义,他才有了进入世界并与之交流的手段。

4. 行为发生在"身体场"中

梅洛-庞蒂反对行为主义将身体看作是机械的、僵硬的、只能做出条件反射式的客体,相反,他认为身体是一种有灵性的"身体场"。为了证明这种"身体场"的存在,梅洛-庞蒂举了一个经典例子:如果身体的某个区域反复被同一根头发刺激,且刺激的力度和区域均相同,如果按照行为主义的观点来解释,人们做出的反应也应该是相同的。但是实际上,人的反应不同。刺激刚开始时,身体根据刺激的方式、方法和力度做出准确的反应。但是随着刺激频率的增加,身体反应的准确性就会降低,到最后因身体麻木而不再有任何反应。梅洛-庞蒂进而指出,身体场在面对外部的客观刺激时,其反应不是死板的、一对一的机械式反应,用他的话来说,身体场是"有灵性的、灵活的、有脾气的"(莫里斯·梅洛-庞蒂,2001)。身体场是一种产生意义的机制,这种机制既不是单纯的生理反应,也不受意识单独控制。它就是处在身—心互动之间产生意义的场所,它不能独立于身体或意识之外。场的存在让我们感知到世界是一个鲜活的、有意义的、整体的世界。如果缺乏身体场的视角来看待行为,那么行为是机械的、零碎的、毫无意义的。

(二) 行为的三种类型

梅洛-庞蒂根据行为的本质与特征将行为分为融合形式(syncretic forms)、可变动形式(amovable forms)和象征形式(symbolic forms)等三种类型(Merleau-Ponty,1963)。这三种类型的行为揭示了行为在世界之中的三种方式,这些方式体现了事物、机体和人类在世界之中的存在状态。

1. 融合形式的行为

融合形式的行为是有机体和环境几乎完全附着在一起，它完全没有主动性和灵活性。行为是僵化的、惰性的，学习成为不可能完成的任务。简而言之，在这种形式下，"行为完全被限制在其自然条件的范围内"（莫里斯·梅洛-庞蒂，2005b）。有机体与环境的融合程度非常低，仅限于本能的被动反应。在这个角度上，行为要么与情境的某些抽象方面相联系，要么与特殊刺激的特定情结（complex）相联系。在任何情况下，它都被禁锢在自然条件的框架内，把意外情况仅仅当作是对它规定的重要情况的暗示。

最简单的行为形式，例如在无脊椎动物中发现的行为，从来都不是针对孤立的物体，而总是依赖于大量的外部条件。放在棍子上的蚂蚁只允许自己落在标有黑色圆圈的白纸上，前提是这张纸有一定的尺寸，棍子离地面有一定的距离以及其有一定的倾斜角度，最后有确定的光照强度和方向。这种复杂的条件对应于释放动物"本能"行为的自然环境（Merleau-Ponty，1963）。海星所能进行的训练几乎不超出海星在自然生活中所处环境的范围。即使学习是可能的，它也不考虑实验装置的细节，这是一种针对某些类似生存情境整体的应对措施。如果我们试图建立蟾蜍的条件反射，我们就会认识到，动物的反应更多地取决于实验情境与它具有本能应对手段的情境之间可能存在的相似性，而不是实验者所达到的联想与分离。如果将蚯蚓放在蟾蜍面前，但用玻璃杯将其与蟾蜍隔开，那么尽管失败了（失败会形成抑制作用），但蟾蜍仍会坚持尝试够取，因为在自然生活中，当面对移动目标时，蟾蜍的本能会促使它反复尝试够取。另一方面，如果一只味道不好的蚂蚁被放在蟾蜍面前，这种独特的经历足以引起蟾蜍对所有其他蚂蚁产生抑制，因为在自然条件下，当一个样本引起厌恶反应时，这种本能装置可以确保蟾蜍对蚁穴中所有蚂蚁的总体抑制。最后，如果给蟾蜍呈现一张挂在细线末端且摆动的小黑纸，而且它成功地抓住了它，那么这种"欺骗的体验确实会产生一种抑制，但这种抑制会在几分钟后停止"。因此，梅洛-庞蒂认为，与其说取决于纸张的味觉特性，不如说取决于本能的节奏（Merleau-Ponty，1963）。在自然生活中，本能的节奏命令动物只有在抓不到诱饵的情况下才进行新的够取尝试。因此，蟾蜍永远不会对实验刺激作出反应，刺激只有在与自然活动的一个维度有限的对象相似时才是反射性的。刺激引起的反应不是由当前情况的物理特性决定，而是由行为的生物学法则决定。如果我们想给这些词语一种准确的含义，那么这种行为应该被称为本能，这种行为从字面上说是对一系列刺激的情结，而不是对情境的某些基本特征的反应。这些通常被称为本能的行为暗示着比我们上文描述的那些更不"依附"结构。因此，通常很难将它们与理智行为区分开来。

2. 可变动形式的行为

可变动形式的行为使学习可能得以产生。在这种形式下，有机体可以表现出相应范围的自主性和适应环境的灵活性。在这种形式的行为中，有机体和环境之间的"图形—背景"结构是主题化的，可以应用于其他情景。有机体开始表现出不同于融合形式的行为的独立特征。与融合形式的行为相比，有机体和环境之间有更高程度的整合，但这仍然是一种短暂而笨拙的生存方式。

梅洛-庞蒂认为，属于前一类的行为包括了对关系的参照，但它们仍然参与某些具体情境，这就是为什么它们不能进行真正的学习。一旦我们在行为的历史中观察到，信号的出现不是由物种的本能配备决定的，我们就可以假定它们是建立在相对独立于实现它们的材料结构上（Merleau-Ponty，1963）。

在信号行为中，生物体适应的"情境"是条件刺激和非条件刺激在时间和空间上的连续性。但是，正如上面所指出的那样，信号学习不是简单地将这种事实上的接近转化为行为，它必须成为"有机体"的一个连续体。如果涉及空间连续性，非条件刺激就不会与作为训练对象的条件刺激相联系，而是与整体的结构相联系，它只是整体的一个瞬间，并从中获得意义。为了更好地解释可变动形式的行为，梅洛-庞蒂引用了科勒的小鸡啄米实验。"因此，条件刺激与条件反应之间的关系是一种关系之间的关系，这种训练不会将事实上的连续性转化为行为,信号是一种结构(符号—格式塔)"(Merleau-Ponty,1963)。如果是涉及时间的连续性方面,梅洛-庞蒂则引用了托尔曼的"小白鼠走迷宫"实验。通过这个实验,梅洛-庞蒂认为条件反射的一般规律是,习得性反应往往先于条件刺激本身被预见。他说:"反射不是预期的,它是准备好的(prepared)和预先形成的(pre-formed)。因此,这种现象不能通过说同样的动作已经从一个刺激转移到另一个先前的刺激来解释。相反,应该说,后者引发的运动与最终刺激的符号变化有意义关联。这种追溯行为,不是简单的时间位移,最终将有利于'符号—格式塔'的概念"(Merleau-Ponty,1963)。因此,有机体的活动可以和动态旋律相媲美,因为旋律结尾的任何变化都会从性质上改变它的开头和整体的面貌。此外,梅洛-庞蒂还引用了"贾斯特罗错觉"(Jastrow illusion)证明:适当的刺激既不存在于物体中,也不存在于物理世界的客观关系中,而是存在于一个局部性质依赖于整体的世界中。

对行为的客观描述揭示了一个或多或少有关联的结构、一个或多或少丰富的内在含义和对"情境"的引用,这些"情境"有时是个体性质的,有时是抽象性质的,有时是本质特征的。如果我们考虑行为模式,也会注意到同样的变化——行为模式本身比基本信号行为更"困难"和更"完整",其中条件刺激和非条件刺激不是简单地连续,而是呈现一种梅洛-庞蒂称之为逻辑或客观的关系(Merleau-Ponty,1963)。从那时起,条件刺激产生了特殊的反应,这些反应越来越明显地区别于对目标的反应。在人类的语言中,可以说它成为达到某种目的的手段。

3. 象征形式的行为

象征形式的行为是在人类社会生活中所独有的一种行为。在这种行为中,人类不仅可以摆脱对当前特定环境的依附,而且对环境表现出很强的适应性和灵活性。更为突出的是,在这个基础上,人类还能够构建一个思维和语言的世界,意义本身可以通过语言和符号来直接表达。这种形式的行为表明,身体和环境、意识和自然的融合达到了一个新的高度。行为不仅是生命意义的呈现,也是人生价值的指向。象征形式的行为不是纯粹作为高于前两种形式的行为而存在,而是作为前两种形式的行为更高层次的整合而存在。

在动物行为中,符号始终停留在信号的层面,而永远不会成为象征。为了更好地阐述象征形式的行为,梅洛-庞蒂首先引用了布耶滕迪克在《论狗对人类词语的反应》中的观点:一只狗被训练按照命令跳到一把椅子上,然后从这把椅子跳到第二把椅子上,但如果没有椅子,它永远不会使用给它的两个凳子或一个凳子和一把扶手椅(Merleau-Ponty, 1963)。这说明,声音符号不会对刺激的一般含义产生任何反应。这种符号的用法要求它不再是一个事件或预兆(更不是一种"条件刺激物"),而成为一个倾向于表达活动的恰当主题。梅洛-庞蒂以演奏乐器或打字的能力为例,阐释了这些类型的活动已经在某些运动习惯中获得。他认为,一个音符或一个字母这样的视觉刺激与朝向键盘上的某个键位的局部运动之间的联系并不是本质性的,因为也有可能发生的情况是,即使是一个受过训练的受试者也不能在键盘上孤立指定对应于某个音符或某个字母的键位。只有那些作为某些对应于语词或音乐短句的运动整体的过渡点,键位才会成为行为中的整体目标。因此,旋律的特征、音乐文本的图形结构和手势的展开都参与到一个相同的结构中,共同拥有一个相同的意义核心。表达与被表达之间的关系是整体的、内在的和必要的,而并不是一种简单的部分并列关系。所以,梅洛-庞蒂说:"真正的符号代表所指,不是根据经验的联想,而是因为它与其他符号的关系,与它所指的对象与其他对象的关系是一样的。正因为如此,我们才能理解那些陌生的语言"(Merleau-Ponty, 1963)。

正是这种相同主题的不同表达的可能性,这种"视角的多样性"(multiplicity of perspective),是动物行为中所缺乏的。由于这一点,它引入了一种认知行为和一种自由行为。在使所有观点的替代成为可能的过程中,它将"刺激"从我自己的观点所涉及的此时此地的关系中解放出来,并从永久地被确定的物种需要所赋予它们的功能价值中解放出来。本能的感觉—运动的先验性将行为与刺激的个别整体、单调的运动旋律联系在一起。梅洛-庞蒂以黑猩猩为例,解释了这种现象:"在黑猩猩的行为中,各种各样的主题,甚至各种手段,仍然被物种的先验性(priori of the species)所固定"(Merleau-Ponty,1963)。有了象征形式,就有了一种行为:它表达了对自身的刺激,它对真理和事物的价值持开放态度,在能指和所指、意向和意向的对象之间趋于一致(莫里斯·梅洛-庞蒂,2005b)。因此,行为不再只有一种意义,它本身就是意义。

梅洛-庞蒂进一步指出,只有将条件反射放置于真实的环境中,才能理解在象征行为的层次上遇到的某些客观刺激的有规律活动。据此,梅洛-庞蒂认为条件反射要么是一种病理现象,要么是一种高级行为。他根据巴甫洛夫对狗做的实验,认为在接受条件性实验的狗身上出现了湿疹甚至是实验神经症,他说:"实验情景越久,它就越烦躁,它想挣脱,抓地板,啃板凳,等等。这种连续躁动不安的肌体活动导致它呼吸困难和口吐白沫,这已经变得完全不适合我们的工作"(Merleau-Ponty,1963)。因此,梅洛-庞蒂进一步指出,如果不是对某些特定的刺激物的一种反应,那么"反射"一词就没有任何意义。这里呈现给我们的一般抑制并不是根据条件反射的机械定律来构建,而是表达了一种新的规律:有机体具有朝向生态学意义的行为模式的取向,也有对自然情景的取向,即朝向有机体的某种先验性。事实本身就存在着一种规范的意义。

梅洛-庞蒂认为不能用低级行为解释高级行为,也不能用高级行为说明低级行为。从传统的观点来看,人们区分了较低的或机械的反应和高级的反应:前者像物理事件一样,是先决条件的函数,并因此在客观时间和空间中展开,而高级的反应不依赖于物质上的刺激,而是取决于整体情景的意义。行为因为具有一种整体的结构,所以在前两种形式中都不占有优势位置。这就是梅洛-庞蒂说的:"行为不是一种客观事物,也不是一种观念,更不是纯粹意识的外壳。作为对某种行为的见证,我不是一种纯粹的意识。这正是我们在主张行为是一种结构时想要表达的内容"(Merleau-Ponty,1963)。

第五章 | 梅洛-庞蒂的心理发展观

- 第一节 心理发展观
- 第二节 儿童心理发展的影响因素
- 第三节 儿童心理发展的具体内容

儿童的心理是如何产生的？是怎样感知世界的？又是如何与他人、世界建立关系的？儿童通过什么途径获得语言的发展？意识又是如何形成与发展的？梅洛-庞蒂基于身体现象学的视角认为，儿童通过身体与世界的作用，在与世界的"触摸"中认识了世界。儿童的认知发展过程是基于儿童所拥有的身体意识把一些零碎、局部的现象通过原初的关系相互连接起来，而不是"我思"去认识世界。儿童认识的发生是在以身体作为一个整体的肉身形式结构的条件下产生的。身体既是儿童认知的最初主体，也是意义产生的载体。

第一节 心理发展观

一、心理发展的含义

梅洛-庞蒂认为，心理发展是心理学的一个关键概念，因为它不是简单的"发展"。这是一个矛盾的概念，因为它既不假设绝对连续性，也不假设绝对不连续性。换句话说，发展既不是同质元素的增加，也不是没有过渡阶段的延续（Merleau-Ponty，2010）。梅洛-庞蒂认为儿童的心理发展有三种概念。第一种是机械主义的概念，这种概念认为心理发展是由同质元素组成的。第二种是唯心主义的概念，认为儿童的心理没有为成人人格的出现做好准备，成人人格是在儿童成年时突然出现的。第一种概念否认发展内部的所有质的和结构的变化。第二种概念否认在儿童的状态和成人的状态之间存在过渡阶段。第三种是辩证的概念，这种概念是建立在对前两种概念分析的基础上（Merleau-Ponty，2010）。

(一) 机械主义的概念

机械主义的概念主要反映在反射学（学习理论）中，认为儿童的发展是获得一系列条件反射。有机体对某些外部兴奋很敏感,它通过回路反射机制做出反应。当自然刺激与条件刺激重复关联时,这可以被修改为:在主体没有意识到变化的情况下,用一种刺激代替另一种刺激而获得的。梅洛-庞蒂认为不能把它和记忆混淆了,因为对于反射理论家来说,行为是越来越复杂的条件反射组成的大厦,通过反射力量的转移而获得,它可以被认为是记忆的解释原理。儿童的行为反应变得越来越精细,甚至象征性的行为也来自同样的机制(Merleau-Ponty,2010)。

机械主义的心理发展概念存在两个问题:

第一,这种概念假设有机体既定的反应本质上取决于外部现象,除了反应的解剖结构外,没有任何内部条件。在承认外部刺激单独激活了一种反应时,有机体是被动的。这种反应不仅受刺激的数量和质量的影响,也受有机体对它们的态度的制约,有机体从周围环境的操作性因素中选择自己。梅洛-庞蒂认为有机体与其周围环境的关系也可以被同化为刺激—反应关系(Merleau-Ponty,2010)。

梅洛-庞蒂认为,有机体的变化往往先于环境的影响,有机体会被环境塑造。一个被动的有机体对一个主动的环境的适应是不可能的,但通常一种预适应(preadaptation)会显现出来。换句话说,有机体只有在它自己的环境中才有可能建立自己。适应的概念和反射的概念一样模棱两可,因为改变并不仅仅是在一个互惠存在的意义上。因此,这就有必要区分"地理环境"(geographic surroundings)和"行为环境"(behavioral surroundings)(Merleau-Ponty,2010)。

第二,机械主义心理发展的概念只承认心理发展前、后之间的程度差异。所有儿童的发展都会导致许多不同的变化。然而,上文已经指出,发展不是连续的。发展曲线代表了快速习得阶段,随后是平稳阶段。如果习惯是反射的总和,我们就无法理解如何在不需要新训练的情况下改变习惯。此外,一个习惯总是具有一般的、相对的特征。通过习惯所获得的不是一系列固定的动作,而是一种可能性,一种产生有价值的解决方案的能力。这种情况不可能精确地叠加在训练后的情况上。习惯的这种一般特征存在于转移的现象中：比如，右手获得的一个习惯，部分转移到了左手上。存在习惯相对独立于运动装置。因此，在人类身上有一种组织能力，它不能还原到我们的运动装置（motor apparatus）中（Merleau-Ponty，2010）。

在机械主义的概念中，儿童的社会化发展必然是一种机械式的干预；社会环境从外部直接干预儿童的发展。学习心理学家将这种社会化比作将老鼠放入一个经验迷宫，在迷宫中电击阻止它选择某些路径。融入社会生活也是如此，儿童在发展过程中会受到某些禁令的约束，因为存在一个"社交迷宫"（social maze）（Merleau-Ponty，2010）。

（二）唯心主义的概念

唯心主义的概念强调，人类的发展不是神经系统中对某些刺激物所产生反应的记录。这种发展的概念假定了一种有意识的理解，这是一种对机械论观点所忽略情况的补充理解。机械论的观点不允许智力在由"洞见"（insight）形成的习惯养成中扮演角色。重复怎么可能是儿童发展的唯一动力呢？根据唯心主义的态度，所有的发展都是通过一系列的构思行为来实现的，这些行为干预完全打破了之前的行为。梅洛-庞蒂认为这种观点不是分析的结果，因为纯粹的可逆性被认为在本质上是不同于感知的规则。意识在智力层面上对一种情况的理解假定了思维的可逆性。儿童通过超越感觉运动水平来达到这种可逆性，以便到达一个思想起点。这个思想起点并不适用于一种推理，但它实际上可以转移到一个完全不同的方面。如此一来，儿童的思维很快达到某个水平，其发展是通过"政变"实现的（Merleau-Ponty，2010）。这种唯心主义的态度不能理解行为秩序的完成，甚至与发展本身的概念相矛盾。

在唯心主义的概念中，成人状态（adult state）并不等同于初始状态（initial state）。梅洛-庞蒂认为，在一定程度上皮亚杰是一位唯心主义者，因为他认为一系列前智力（pre-intellectual）"感知规则"（不完全纠正的感知错误）与成人思想（客观的、可逆的、没有特殊的观点）相反。因此，知觉图式只能是过去印象的记录，没有任何内在的组织。而格式塔理论的最大成就在于提出了独立于智力之外的具体知觉组织的问题。从某种意义上说，它们是互补的（Merleau-Ponty，2010）。

唯心主义立场的发展概念也是不充分的。梅洛-庞蒂以智力和知觉的发展为例论证了这一点。他说："智力和知觉以不同的方式表现出来。在深度知觉中，误差的数量与现场物体的数量成反比。对于智力来说，不同情况之间只有程度上的差别。在知觉上，知觉两支粉笔和知觉五支粉笔有质的不同。五支粉笔的存在也建立了一种水平现象，其中物体的尺寸和距离可以被更好地确定。从相同的角度判断，知觉上变得非常不同。除此之外，我们还观察到一种相互作用，这种相互作用赋予了群体属性的每一项'转化'，这是一种在反射实验的条件中没有出现的自动发展。对于格式塔主义者来说，并非所有的结构都是静态的，也存在时间的结构，即：知觉会随着时间的变化而发展"（Merleau-Ponty，2010）。

（三）辩证的概念

梅洛-庞蒂在分析机械主义和唯心主义心理发展概念的基础上，提出了心理发展辩证的概念（Merleau-Ponty，2010）。这种概念包含三个层面的意思：第一，发展的特征是由先前阶段激发所产生的新结构（这一概念与学习理论相反）。第二，内部因素和外部因素之间存在相互作用。如，成熟和训练相互关联，不可能也没有必要将它们分开。第三，心理发展过程中，量的积累会产生质的变化，儿童的心理发展是从量的水平阶段转化为质的水平阶段。这种动态概念存在于格式塔理论和某些精神分析理论中。儿童的性欲发展中有自我转化（auto-transformation），即性欲（内部条件）和父母（环境）的相互作用（Merleau-Ponty，2010）。

二、心理发展的类型

遗传心理学包括对儿童意识、原始意识和病态意识的研究。心理发展的问题不仅涉及儿童成为成人的过程，而且涉及种系发展。理解这个概念的前提是,儿童的意识代表着成人意识的一种古老状态(archaic state),而病理意识则代表着一种倒退状态(Merleau-Ponty,2010)。通过统一这三种意识形态,梅洛-庞蒂假设它们平行发展。研究这三种意识发生作用的前提很有必要。

(一) 种系发展

人们认为儿童的发展概括了人类的出现(如,"原始人是大孩子""个体发育概述了系统发育")。为了理解这种概念,梅洛-庞蒂做了两方面的研究:验证儿童和精神病患者的个体之间的关系是否合理;是否可以在儿童和原始人之间建立关系(Merleau-Ponty,2010)。

(1) 儿童和精神病患者之间的关系。为了说明两者的关系,梅洛-庞蒂首先提出了一个问题:我们是否能把一个刚开始学说话的儿童和一个几乎不再说话的精神病患者(即一个患有失语症患者)相比较?失语症患者曾经是成年人,他们至少在形式上保留了一些成人的特征。戈尔德斯坦的案例表明,尽管失语症患者丧失了创造性使用语言的能力,但对语言的自动使用,即"外部语言知识"(external verbal knowledge)仍会持续很长时间。例如,虽然失语症患者不能再数数或思考"$2+3=5$",但他可以通过手指以迂回的方式重新发现答案。儿童虽然也用手指数数,但他们的自动行为不是成人生活的遗产。儿童用他们的手来计数代表了童年时期对数字的最初接触。他们使用这个手作为一个参考系统,作为一个具体的数字集,并将这只手与可数的东西进行比较。退行(regression)从来不是纯粹简单地回归到它发展之前的状态。失语症患者比儿童有更多的体验(Merleau-Ponty,2010)。

不管儿童和失语症患者之间有什么相似之处,他们都存在一个本质的区别:后者曾经说过话,而前者没有。梅洛-庞蒂认为,在成年精神病患者的身上,旧知识的痕迹依然存在,这种旧知识产生了某些替代行为,并创造了一种幻觉,但是在儿童身上不存在类似的情况。为了计算"$2+3=5$",儿童像失语症患者一样数手指。但是,儿童已经拥有了某种对数字的洞察力——对2和3之间关系的认知,而失语症患者已经完全失去了这种洞察力。同样的行为在失语症患者身上似乎同时比在儿童身上更确定,因为,即使它没有意义,这个行为也是通过一个非常陈旧的机制而发生。这个机制还没有在儿童身上确立起来,尽管这个动作犹豫不决,但它以洞察力和对操作的深刻理解为标志(Merleau-Ponty,2010)。

儿童和精神病患者的相似性的共同科学概念基于有价值的(尽管有缺陷)整合(integration)概念(Merleau-Ponty,2010)。在此,梅洛-庞蒂借鉴了杰克逊(John H. Jackson)和海德(Sir Henry Head)的观点,他们主张神经系统有两个层次。自动化的行为逐渐被整合成一个高级系统(以大脑表层的新皮质为代表),它扮演着原始系统的制动器或抑制器的角色。在病变的情况下,在更高级的神经中枢产生的疾病是这种整合和抑制现象的证据(例如,巴宾斯基反射)(Merleau-Ponty,2010)。

但是,认为大脑功能只包括控制和制动(例如,海德对大脑的"警惕")的倾向存有争议,因为将劣势中心整合到优势中心超出了我们最初的预期。梅洛-庞蒂指出,整合还可以修改自动功能,如果是这样的话,我们就会发现,大脑高级中枢受到损伤的精神病患者会表现出行为的转变。然而,这种转变并不是简单地回到原始的自动主义。正如在所有的发展过程中,一切都在很大程度上被转化和修改,我们会发现,在大脑高级中枢受伤的情况下,出现了与原始自动主义不同的东西。基于以上,梅洛-庞蒂认为,假定儿童与精神病患者严格对应不合理(Merleau-Ponty,2010)。

(2)儿童和原始人之间的关系。在儿童和原始人之间建立一种平行关系时,我们假设原始人代表着人类的童年。但是,我们都忽略了一点:大多数原始社会背后都有着悠久的历史,许多原始社会代表着一个古老文明的退化状态(Merleau-Ponty,2010)。因此,我们必须抛弃这种由儿童和原始人共同拥有古老状态(archaic state)的观念。这种对进化论形而上学的极其强烈的偏见甚至可以诱惑最谨慎的思想家,甚至连皮亚杰也正式承认儿童和原始人之间存在某种相似之处。在《判断与推理》中,他把孩子、原始人和自闭症个体的心智都放在同一水平上。

儿童和原始人虽然处于不同的处境,但是两者部分地存在相似之处,记录它们非常重要,但不能把这种记录解释为一种重述。儿童与原始人存在一种平行关系,因为原始人代表着人类的童年。儿童和原始人彼此相似,只是因为儿童更好地揭示了所有人类生活的某种共同基础,各种文化差异由此形成。在儿童身上,所有这些可能的形成都被重新发现,儿童在社会上是"多态的"(polymorphic),其中一些形成被后期阶段抑制,而在原始人身上它们变得稳定,这就意味着在所有儿童、文明人或原始人中都存在着多种发展可能性(Merleau-Ponty,2010)。梅洛-庞蒂还列举了列维-斯特劳斯在《亲属关系的基本结构》一书中关于原始人和儿童之间的三个相似点:为了规则而尊重规则;努力建立互惠关系,以解决冲突;礼物的综合价值(礼物通过它被给予的事实而增加了某些东西)(Merleau-Ponty,2010)。

实际上,儿童和原始人的区别显而易见。第一,原始人是按照自己的社会生活的成人,而儿童生活在其尚未适应的社会中。第二,儿童对语言的习得与语言进化并不同。儿童的语言是儿童社会提供的选择,它不是对旧语言形式的再现。例如,试图在儿童省略尾音变化中找到没有尾音变化的语言阶段的复述是完全人为的。即使儿童还没有使用尾音变化,当别人使用它们时,儿童也能理解他们的意思,但是儿童仍然无法进入语言表达的门槛(Merleau-Ponty,2010)。梅洛-庞蒂认为,"儿童和原始人两者的相似之处只是儿童更能表明,所有人类生活的普遍基础是由不同形式的文化差异决定"(Merleau-Ponty,2010)。儿童的所有可能形式只能通过多态性的社会中儿童生存的大致框架来重新发现。这就意味着,在儿童和原始人类的文明中,我们有可能发现在儿童童年时期被禁止的事情,而这些事情在原始人群体中相对稳定。

(二)个体发展

梅洛-庞蒂在论述个体发展时主要提到了知觉-运动集合方面的内容。传统的观点认为知觉和运动之间的关系很清楚。知觉的特征是拥有

(如"红色""寒冷"等)、沉思和意识(知觉的相对性),而运动是通过行为(改变周围环境的东西)、事件和命令(当主体被神经系统命令时)来理解。这样看来,知觉(作为意识的基本事实)和运动功能(与事物的顺序有关)之间没有内在联系。古典心理学以这种方式定义了它们之间的关系,这引发了一个无法解决的问题(Merleau-Ponty,2010)。

为了解释两者的关系,梅洛-庞蒂借鉴了格式塔心理学的观点,"格式塔心理学家发现知觉和运动功能之间有着紧密的联系,不可能将两者分开。知觉和运动功能必须视为同一现象的两个方面。例如,在对触觉体验的分析中,'平滑'或'粗糙'的感觉是通过在表面上的探索性运动产生的。没有寻求获得触觉信息的身体运动,就不会产生触觉"(Merleau-Ponty,2010)。

同样的原理也适用于视觉。戈尔德斯坦和罗森塔尔的实验表明,每种颜色带来一种身体姿态,每一种颜色组织一种运动活动或静止活动。"知觉"和"对外界的态度"之间有着本质的联系。所有的运动都在知觉的基础上展开,所有的知觉都意味着一种运动探索或一种身体态度。如果视觉不受"看"的意向引导,它只不过是一种虚假的现象。另一方面,主体的所有运动都发生在知觉的基础上。失聪儿童只有在用触觉或视觉知觉代替有缺陷的听觉知觉时才能学会说话。同样,运动功能障碍(例如,运动性共济失调)源于知觉障碍;这是一个感觉通道受损的问题,而不是运动通道的功能障碍。考夫卡的研究结果表明,这些损伤会引起基本触觉控制的丧失,从而导致"加重"的步态。然而,如果主体不断地注意脚,用视觉感觉代替触觉,他就能正确地行走。因此,梅洛-庞蒂认为,发现运动由触觉或动觉知觉引导(Merleau-Ponty,2010)。

格式塔心理学迫使我们重新思考知觉和运动的关系。我们必须谈到行为的知觉方面和运动方面:一个单一现实的两个方面。这是很难做到的,因为经典的区分是基于根深蒂固的哲学基础。格式塔心理学要求我们放弃这种沉思意识的概念,一种脱离行动的概念,取而代之的是一种积极的意识,身体才是探索世界的工具(Merleau-Ponty,2010)。

第二节 儿童心理发展的影响因素

个体刚出生的时候是否有心理？心理发展又受哪些因素的影响？这些是儿童心理发展过程中要解决的问题。本节根据梅洛-庞蒂对儿童心理发展的论述，探讨了儿童心理发展的影响因素。

一、父母与家庭

父母对儿童心理发展的影响最初体现在儿童和父母之间的关系是作为个体经历最初的主体间关系，这是儿童心理发展的原型，父母对儿童心理发展产生深远影响。梅洛-庞蒂说，"父母与儿童的关系构成了儿童心理发展的母体。父母是儿童日常生活中的关键人物。儿童的成长与父母存在互动关系，儿童可以让成年人恢复对家庭生活的体验。儿童与父母的关系比男女两类群体的关系更密切：这显示了他们与世界的关系，即：父母是儿童与世界联系的桥梁"（Merleau-Ponty，2010）。孩子来到这个世界上，首先与父母建立关系。儿童最先通过感知自己的身体和母亲的身体，认识到自我和他人是两种不同的存在方式，然后在父母的影响下去触摸世界和他人，最后才与世界和他人建立联系。

儿童和父母之间的原初关系构成了儿童与这个世界的首次联系，也是儿童一生中所有关系的根源。儿童与父母的关系被认为是儿童与世界产生联系的首个因素。儿童与世界的冲突和父母与世界的冲突紧密相关，儿童后来的生活体验验证了儿童与世界的冲突根源在于和父母的关系。梅洛-庞蒂说："在家庭中，父母和儿童之间的冲突，也是两个不同角色主体之间的矛盾，这取决于家庭环境的结构。儿童和父母在家庭中的冲突与社会矛盾密切相关。个体的心理生活已经被制度化了，也就是说，儿童心理发展按照'已知的结构'这种既定的模式来发展"（Merleau-Ponty，2010）。

人类改造自然的活动深刻地影响着人与人之间的关系，进而影响人类的思维方式。这样的活动类型也有助于我们理解父母和儿童之间的关系。在家庭中，新生命的诞生带来了一个问题，不仅仅是母亲的生理和心理反应，还有整个家庭关系的变化。怀孕对于母亲来说首先是身体上的变化：体型、呼吸系统、循环系统、消化系统、泌尿系统等都产生了很大变化，母亲的身体在没有病理变化的前提下感到不适。这让母亲对自己的身体感到陌生，仿佛这不再只是她自己的活动，仿佛身体和自我不再是一体，而是被另一个生命占据，很快又会有新的生命来到这个世界(Merleau-Ponty，2010)。分娩意味着胎儿从母亲的身体里出来，也让母亲体会到了她生命的延伸，她身体的一部分出来了，进入了人类的世界。孕育的过程并不表现为一种事物的过程，也不表现为一个思想的过程，而是一种生命的过程。从单细胞到受精卵再到胎儿，新生命的降临，整个过程顺其自然，这使女性身体的各项机能更加完善，也使生命本身变得更加完整。怀孕过程中由于各种生理反应，如恶心、呕吐等，往往使孕妇的情绪产生变化，如焦虑、担心等混合情绪。这种情绪变化不仅仅是因为怀孕的生理反应，更是对自己体内存在另一个生命的反应。对家庭而言，即将到来的新生命使家庭结构产生了变化。这时候母亲要适应生理和角色的变化，对胎儿也存在矛盾情绪，既有希望又有担忧。夫妻关系及其对孩子的态度，家庭其他成员的意愿，也影响着孕妇的情绪变化。在这个阶段，母亲和胎儿的关系最密切。母亲对胎儿有着复杂的感情，她既感觉胎儿属于她，但又觉得不属于她。从积极的角度来讲，怀孕一方面证明了女性身体的特殊价值，另一方面也说明了孩子是她人生的目标和她存在的众多理由之一。从消极的角度来讲，怀孕从根本上改变了一个女人的生活，孕妇做出了很多牺牲；同时，怀孕过程中有很多事情是自己无法控制。事实上，孕育的过程是将受精卵从无生命状态变为有生命状态的过程，也是无意识的生命成为主体的过程。

随着婴儿的出生，最先变化的是与母亲的关系。在怀孕期间，胎儿相对自足，他是母亲的一部分。婴儿出生以后，母亲就不再觉得婴儿是自己的一部分，就像婴儿不再觉得自己属于母亲一样(Merleau-Ponty，2010)。孩子降生后，母亲需要重新花时间去拥有孩子，确定孩子的身份。母婴关系一部分是本能关系，一部分是人性关系。母亲对婴儿的情感充满矛盾，有时觉得婴儿是自我延伸的一部分，有时又觉得婴儿是自我的一种存在。所以，母亲对婴儿的矛盾表现为一方面希望孩子坚强、有力，另一方面期望婴儿对她产生依赖。当母亲认为婴儿是自我的延伸时，她会尽力避免孩子体验到自己的矛盾心理。她的行为在别人看来是不可理解的，常常显得与其意愿相悖。这时候母亲还可以呈现另一种行为，让自己成为孩子的奴隶，一切以孩子为中心，没有自我，这种行为给孩子带来不利影响。

父亲对孩子的态度和母亲一样矛盾。他认同这个孩子，并在统治和牺牲之间摇摆不定。就像所有的认同一样，施虐受虐（sadomasochism）的元素也存在于他的行为中。他觉得孩子是第二个他，因为孩子是他身体的一部分，当孩子的行为需要被谴责时，他就会妥协。梅洛-庞蒂认为，我们经常看到父母对孩子感到恼火，并斥责他们；但一旦有人介入，他们就会站在孩子的一边。父亲对孩子的认同并不那么强烈，而且具有不同的性质。母亲对孩子的认同是基于怀孕，基于生理交流。父亲对孩子的认同要晚得多，并且体现在不同的层面上：我们的习俗让男人在与孩子的冲突中有更多的平静，因为他在一天中的大部分时间都与孩子分开，但这并不意味着父亲的角色就微不足道。他的形象是这个孩子生命中最稳定、最坚强的形象之一。在人类家庭形态的变迁过程中，父子关系并不像母子关系那样自然天成。父亲对孩子的认同关系是建构的，但这并不意味着认同是武断随意的。事实上，父亲的身份是在人类群体生活中创造出来的（Merleau-Ponty, 2010）。

对于父母与儿童的关系，梅洛-庞蒂认为，父母与儿童之间的关系很复杂，即使是站在客观的角度来看，对于这种关系也无法给出一个明确的答案。由于成人和儿童处于完全不对等的环境，即使成人尊重儿童的自主，给他们完全的自由，儿童也会因为接受同伴关系而不一定感受到完全的自由。因此，成人和儿童之间不存在平等的关系，而且也无法创造平等的关系。在生命最初的两年，儿童完全屈服于父母的权力和支配。在后来的时间里，完全的平等也不可能，父母对儿童经常持某种极端的态度，有时过于纵容,有时过于严肃。很多冲突来自父母对儿童未来的愿景,而儿童关注的是当下。此外,父母对自己童年的记忆会影响父母对儿童的行为。一方面他们认同自己的父母,认为他们身上具有权威和压抑。另一方面他们也会认同自己的孩子,与儿童团结一致并成为同盟关系。这些认同交替出现并轮流占据上风,这引发父母与儿童之间更多的矛盾和冲突(Merleau-Ponty,2010)。

在论述家庭因素对儿童心理发展的影响时,梅洛-庞蒂论述了恩格斯关于家庭形成及形式的思想,他认为恩格斯关于家庭形成及形式的分析中存在某种不连续性,主要是有两个方面存在"跳跃"(leap):第一是犁作为私有财产而出现。恩格斯认为,犁的发明终结了男女平等的局面,因为女性无力用犁耕作,于是农业生产劳动成为男性的专属权利。与此同时,土地开始成为私有财产,但因为劳动力短缺,奴隶就应运而生。梅洛-庞蒂认为,恩格斯解释了人们拥有土地的愿望,但他没有解释为什么这个愿望会出现,为什么会形成财产的观念(Merleau-Ponty,2010)。为了澄清这个问题,梅洛-庞蒂认为要借鉴黑格尔在《财产权哲学的要素》中的观点,即:财产权观念的起源,这一观念本身就是我们意识到我们的身体。身体对我们来说非常珍贵,因为它肯定自身是我们力量的具体形象。私有财产只是我们身体的延伸。如果男性感到自己有一个健壮的身体,那么财产的概念就很容易产生(Merleau-Ponty,2010)。作为一种终极"人"的创造,人的运动将他与匿名的集体分离开来:他通过每一个身体运动来维护自己的个性。如果人类发明了新工具,就会远离自我证明和身体移动的同一性假设。"总之,恩格斯的分析没有区分条件和原因。使用工具是权力的一个条件,但说它是权力的原因没有意义。技术是某种态度的稳定,对于后代人来说,技术成为某些思维方式的基础"(Merleau-Ponty,2010)。第二是私有制的出现使女性变成了奴隶。但是,梅洛-庞蒂认为这个过程过于简单,恩格斯既没有解释这个奴隶的特殊处境的出现,也没有解释夫妻之间存在的特殊关系。我们可以理解的是,工具的发明和对女性的奴役都是男性自我证明的一种方式,没有必要为了实现男性的自我证明而把一种方式转换成另一种方式,也不能把家庭的结构还原成经济结构,尽管两者都是男性的欲望。人类社会发展到今天,无论经济结构发生什么样的变化,家庭结构始终能够保留下来,这说明家庭结构有其自身存在的力量:家庭结构是人类关系的反映。因此,"家庭不能只是一种社会经济产品,它也是人际关系的一种表达。虽然每种人类现象无法脱离经济意义,但同样也不可能让所有其他意义都从属于经济意义"(Merleau-Ponty,2010)。

二、文化与社会

社会文化会影响个体的心理发展。梅洛-庞蒂认为,父母对儿童的影响建立在文化基模(culture schema)的基础之上,社会的启蒙是通过父母的影响这个媒介来完成。而文化可以被定义为社会或我们生活的不同群体所认可的默会态度(tacit attitude)的集合,这些态度铭刻在人类文明所建造的物质材料本身中(Merleau-Ponty,2010)。

文化和文化融合(culture integration)赋予人类的心理和社会关系以一种具体的意义。处在特定文化环境中的儿童也促进了某种生活方式和社会风格的形成,某种社会角色是在特定的文化背景下产生的。比如,精神分析诞生在西方社会特定历史条件下,可以被认为是当时社会的写照(Merleau-Ponty,2010)。恋母情结是西方文化背景下的一种心理冲突,也只有在家庭存在的前提下才能产生这种现象,在这种关系中,每个人都发挥与其自身身份相符的作用。男女之间的差异不仅仅是生理上的,还有社会文化上的。社会生活不是由很多事物组成,而是一种流动的文化,个体和社会彼此渗透,个体的成长与发展是一个不断寻求人生意义和价值的过程,在这个过程中,社会文化对个体发展存在显著影响。

文化是人类精神活动所特有的创造,社会文化现象是人类历史的生成。梅洛-庞蒂认为,给予儿童的照顾是他后来养成态度的原因,但是这种照顾方式受到社会文化的影响(Merleau-Ponty,2010)。为了说明不同文化对儿童个性的影响,梅洛-庞蒂借鉴了玛格丽特·米德对南太平洋地区原始部落的研究结果：第一，关于阿拉佩什（Arapesh）的研究结果。过度强调母乳喂养,过多、主动的母乳喂养使婴儿处于被动的状态。婴儿长大以后,男性对女性也是被动的,例如,对女性表现出温顺、恐惧、没有攻击性、没有创造能力等。这个社会显示了男女分离的制度痕迹：男人的房子被看成是青少年开始进入成人角色的所在地（不过这些房子有灭绝的趋势）。男孩和女孩受到同样的对待,他们与父母的关系不存在潜伏期,而且这种关系是互补的,但不存在过度的现象。第二,关于德昌布利（Tchambuli）的研究结果。口腔关系很重要：孩子的行为积极主动。乐器由女人发明,她们把发明的秘密告诉了男人,但是,如果女人看到这些乐器,那是一种对上帝的亵渎。儿童与父母的互补关系很极端。男孩的成长有更多的牺牲和屈辱。男人有双重角色：对年轻男人的崇拜有助于他们看到男人的外部生活。但是在家庭中,男人的角色相当可怜,孩子被认为是他母亲生活的反映。这些制度被发明出来作为一种对母子关系的过度补偿。男人的房子和对孩子的启蒙教育推翻了母亲的统治。第三,关于马努斯（Manus）的研究结果。财务或司法联系占有重要地位;女人是好人,与嫁妆分不开;儿童与父母的关系基于肛门的互惠关系。情欲关系被低估并被视为可耻的事情。对于马努斯人来说,性行为是一种两人在一起的发泄。两性平等建立在贬低所有性欲差异的基础之上。第四,关于蒙杜古莫斯人（Mundugumors）的研究结果。妇女厌恶孩子,并避免与他们发生任何的身体接触。妇女用篮子把婴儿背在背上。男人的房子不存在;启蒙不再是一种集体行为,而是一种庆祝活动。妇女被认为无关紧要,只是孩子成长中一个简单的媒介。母子关系过分紧张。蒙杜古莫斯人一般的行为表现出一种明显的力量,但却是一种真正的弱点：他们缺乏柔韧性,很难适应。他们的种族被分为两个。他们对变化没有反应,对水保持着深深的恐惧,他们对住在对岸的兄弟的仇恨难以和解。他们和堂兄弟一起生活。第五,关于巴厘岛人（Balinese）和萨摩亚人（Samoans）的研究结果。在巴厘岛,艺术发展非常强劲;在萨摩亚,财富较少,但居民更自发。这两种文明是双性的（bisexed）,两性享有平等的权利。这是一种对称的关系，母亲并没有对男孩建立起统治地位。家庭关系被淡化了。成年男性宁静和温柔，他既没有伟大的天赋，也没有审美或宗教追求。这些人已经避免了恋母情结的困难，但他们也没有受益于其形成的美德。父母太克制了，不能对孩子有热情的行为。母亲不会把婚姻中的不幸转嫁给儿子。萨摩亚人有力量但又缺乏柔顺，他们掌握了殖民主义者的某些技能，但又保留了他们自己技能的优势元素（例如，建造有着能抵抗龙卷风的柔软屋顶的房屋）。他们接受了新教，但上帝已成为宽恕的代名词。梅洛-庞蒂认为，米德的分析凸显了儿童-父母关系与社会文化的紧密联系，个体的成长是在特定的社会文化背景下，在日常生活中经历的一种关系（Merleau-Ponty，2010）。事实上，社会文化会不断修正个体的心理成长空间。我们所处的社会连接着历史，社会所认可的文化是人们从内心所认同或接受的，而这种文化既可以延续过去，又能预测未来。人类的现象身体是社会文化中一种独特的存在形式，它承载着社会、文化等各种因素，人类的心理和社会文化在世界上交织在一起，共同影响着个体成长过程。

三、成熟与学习

梅洛-庞蒂在论述影响心理发展的因素时，强调了成熟与学习的重要作用。他指出成熟和学习会影响儿童的心理发展，并认为成熟将发展描述为由于内部或内源性因素，而学习将发展理解为源于外部或外源性因素（Merleau-Ponty，2010）。梅洛-庞蒂认为成熟和学习因素在个体心理发展过程中有非常重要的作用，"即使是'本能'也只有在个体通过一定的渠道被激活后才会出现"（Merleau-Ponty，2010）。因此，所谓的"本能"似乎不再严格依赖于某种因素。如果缺乏相应的条件，本能就无法表现出来，但这些条件从来没有构成一种自给自足的因果关系（Merleau-Ponty，2010）。成熟因素在心理发展的过程中也发挥一定作用，它是心理发展的必要条件，但不是决定条件，因为只有身体结构或神经系统的成熟，并不能解释演绎推理能力的形成和发展过程。有机体只有通过不断的练习和习得经验，才能增强成熟的作用。

虽然成熟因素影响了个体在生理上达到新阶段的时间框架，但练习或经验可以减慢或加快发展的过程，如霍皮印第安人婴儿成长的例子（Merleau-Ponty，2010）。在婴儿成长的过程中，如果婴儿经常被放在摇篮中，他们学会走路的时间是相似的，但是如果婴儿经常接受特殊的训练（如习惯性地摆动婴儿的腿部），那么他就可以比未经训练的婴儿早几个月学会走路。另外有研究指出，在一些极端的例子中，例如，伊朗孤儿院的婴儿经常躺在床上，缺乏与人的接触和交流，他们学会坐、行走和说话的时间均晚于正常抚养环境下成长的婴儿（菲利普·津巴多，2017）。

在论述学习和成熟的相互关系时，梅洛-庞蒂借鉴了法国心理学家瓦龙的观点。他指出，不同的心理活动涉及不同的生理机能水平，因此，成熟和学习所发挥的作用也不同。如果心理发展只涉及低水平的生理机能，那么依靠成熟的自然作用就可以完成，例如，人的手、腿、大脑的生理机制成熟了，个体无须学习就能获得伸缩自如、拿东西、走路等行为。在幼童和在动物身上的实验结果是相似的：两组被试之间，控制组的被试按照要求反复练习，对照组的被试则没有机会练习，等到生理机能成熟的年龄到来、控制无关差异的基础上，被试的行为操作差异迅速消失。控制组需要几周时间才能达到的功能水平，而对照组只需要几天时间就能获得，这表明年龄因素的影响比练习因素更明显（Merleau-Ponty，2010）。格赛尔关于双生子学爬楼梯的实验也说明了成熟因素在心理发展过程中的重要性。格赛尔安排一个孩子出生后第46周开始学爬楼梯（此时孩子用腿爬楼梯的生理机能还没有完全成熟），安排另一个孩子从53周开始学爬楼梯（此时孩子用腿爬楼梯的生理机能完全成熟），实验结果表明，两个星期后，第二个孩子爬楼梯的熟练水平与第一个多练习七周的孩子的爬楼梯水平基本相同（朱智贤 等，2002）。但是，如果心理发展涉及较高水平的生理机能，学习因素的影响就更明显了。梅洛-庞蒂指出，凡是练习不能明显改变行为效果的反应都是本能的反应，这种反应是种族的心理生物装置,这种生理装置机能的成熟是原始反应的基本条件。与此相反的是,凡是练习能促进行为效果发生明显改变的反应均是社会化反应,在这些反应中能体现个体的适应能力、发展潜质(Merleau-Ponty,2010)。总之,成熟和练习因素统一于个体的心理发展过程中,对于本能的、低水平的、简单的心理发展而言,只要个体的生理机能成熟并达到相应的水平,相应阶段的心理发展特征就能实现,而相对于高水平的、复杂的心理发展而言,练习或学习因素所起的作用将更加明显。

第三节　儿童心理发展的具体内容

一、儿童认知的发展

（一）儿童知觉的发展

1. 对儿童知觉经典概念的批判与分析

（1）对儿童知觉经典概念的批判。经典心理学认为,自然知觉以与立体镜相同的方式产生深度知觉,正是通过某些迹象(例如,视网膜图像的差异、对透镜的适应、会聚等)重新发现了客体的恒常性。恒常性分析假设物体本身看起来有确定的大小,物体变小是因为我们的视线离它们越来越远。但是婴儿和未受过教育的成年人忽略了远处物体在视觉上变小,他们的知觉没有透视现象。梅洛-庞蒂对恒常现象的解释是：对于一个离开或围绕自身旋转的物体,我并没有看到一系列越来越小、越来越变形的知觉现象,我可以对一个约定的选择进行"心理表征"。我之所以考虑我知觉的这些元素,是因为我把世界的大小和形状带入了知觉。尽管对物体大小的知觉与人的视觉结构无法分离,但是人看远处物体的目的并非判断距离。实际上,梅洛-庞蒂认为：我们的身体作为观察物体的位置和物体作为一个唯一世界的抽象组成部分,构成了一个整体系统,其中每一个因素都直接代表所有其他因素（莫里斯·梅洛-庞蒂，2001）。人类知觉远处的物体的目的不是知觉物体的深度，而是为了认识物体。人类根据物体的格式塔、现象的结构、环境的位置以及我们的具身认知来认识它们。只研究知觉的构成因素会犯生理主义的错误。比如，在生物医学模型中，医生只看到了孤立的细胞和器官，而忽略了患者在社会环境中是一个完整的人（朱姝，2015）。

梅洛-庞蒂驳斥了经典心理学对儿童知觉的观点，认为儿童的知觉不是无序和多层次的（Merleau-Ponty，2010）。经典心理学家认为婴儿的颜色知觉分为三个阶段：婴儿首先对光线产生反应，然后出现对饱和色的反应，最后是对色调产生反应。但是对儿童颜色知觉的研究遇到了许多问题，因为儿童很难定义中间的过渡色。因此，这种研究倾向于相信成人的知觉和儿童的知觉相同，只是在理解上存在差异。但是，梅洛-庞蒂认为在婴儿生命的最初几周，婴儿只感知到逐渐清晰和分化的整体结构，婴儿的体验开始于很少区分的大类（例如，有色物体、无色物体等）存在。这种观点与声称最初的知觉本质有无限多种感觉的假设相去甚远（Merleau-Ponty，2010）。

梅洛-庞蒂以"不同感官给予感觉之间的联系"批判了儿童知觉起源于经典概念：将儿童的知觉理解为来自不同感觉器官的单一感觉，这些感觉随后被合成（即，眼睛给出视觉感觉、耳朵给出听觉感觉等）。事实上，我们发现这些感觉并没有失去相互联系。相反，这是一个通过整个身体的中介体验到给定感觉整体性的问题。儿童把自己的身体当作一个整体来使用，而不去区分眼睛、耳朵等给予的东西。儿童没有多种感觉，儿童声称看到了他听到的声音，这一事实暗示了感官间关系的存在。一个非常短暂的刺激会引起身体的紊乱，这种紊乱在任何一种意义上都难以定位。身体是一种统一存在，它本身不是触觉或动觉的总和，而是一个"肉身图式"（corporeal schema）。这个图式不能被简化为感觉的总和，因为它既包括我们身体的空间意识，也包括包含所有感官给予的统一。对于儿童和成人来说，知觉一方面涉及身体不同部位的关系，另一方面涉及与外部世界的关系。因此,梅洛-庞蒂认为,知觉不是从多重的、不连贯的经历开始,而是通过一些非常模糊的、经历渐进分化的整体结构开始。在判断之前,存在一个更基本的组织(Merleau-Ponty,2010)。深度知觉恒常现象证明了知觉是一种结构。

(2)对儿童知觉经典概念的分析。起源于经典概念的知觉认为儿童带着感官进入世界,每一种感官都为孩子提供了一定数量的知觉。儿童的知觉被视为一系列相互孤立的感官,这些感官彼此之间没有任何联系。儿童的第一次体验实际上是多个彼此脱节的体验。逐渐地,儿童成功地将它们区分开来,并使知觉和感觉彼此对应。这个概念意味着,知觉的发展需要一个空间概念的排序。只有通过这种空间概念,可以识别的对象才能存在。空间概念作为一种假设介入,允许对感觉和空间知觉做出解释,从而将物体知觉为一个整体元素(Merleau-Ponty,2010)。梅洛-庞蒂认为这种观念的前提是儿童拥有因果关系的概念:物体以不同的角度(例如,运动、不同的照明距离等)呈现自身。为了识别对象,儿童必须发现什么变量保持相同。也就是说,儿童必须知道它们为什么会出现变化。从这个意义上说,儿童的知觉开始于一个科学研究。

因此,根据知觉的经典概念,知觉开始于零碎的和多样性的经验,经典心理学家的任务涉及重组不同的感觉。从这个角度来看,儿童能感觉到不同的"物质";另一方面,儿童身上存在一种"图式",在空间和因果关系概念的帮助下,能将不同的感觉重新结合起来,即:儿童发现自己面临着需要解读的感觉,这种解读通过智力行为来完成。这一概念假设了儿童体验起源的感觉的多样性或多重性。儿童的感官单独或共同负责整合经验。知觉的经典概念隐含着这样一种假设,即对经验的整合是智力行为的一种功能(Merleau-Ponty,2010)。

2. 对皮亚杰的儿童知觉发展观的审视

(1)反对用成人的视角和逻辑运算解释儿童的知觉。皮亚杰在他对儿童的研究中,把知觉视为智力的一个因素,主张"言语的或反省的智力被认为是基于具体的或感觉运动的智力"(让·皮亚杰,1990)。皮亚杰通过大量细致的观察,对儿童的知觉发展进行了系统的研究,获得了丰富的原始资料。但是他深受笛卡儿以来身心二元论思想的影响,从逻辑学、数学、哲学、心理学等角度对人的认识过程进行了因果论证。在这个基础上,皮亚杰基于主客二分的思想,利用图式的概念建构人的认识论。

梅洛-庞蒂对此表示强烈的反对,并批判皮亚杰的研究"并未真正、彻底理解儿童的知觉,而是试图站在成人的角度解释儿童的知觉"(Merleau-Ponty, 2010)。事实上,对于儿童而言,身体在其知觉发展的过程中意义非凡,儿童首先是通过身体去感知世界并与世界产生联系。梅洛-庞蒂认为,对儿童知觉的研究,以往科学客观和实验心理学的方法是将儿童置于特定的实验情境下对儿童的某一方面进行片面、孤立的研究,这种研究方法得出的结果必然不完整,无法整体、全面了解儿童的知觉发展。梅洛-庞蒂指出,对儿童的研究科学态度是准确研究儿童和成人所呈现的心理现象,并严格记录儿童与成人的关系,通过两者的对比,获得对儿童发展的认识,这才是研究儿童知觉的真正有效的方法(Merleau-Ponty, 2010)。

皮亚杰指出,儿童在感知运动阶段(大约1—2岁),在依赖实物性的基础上,其图式发生了一种哥白尼式的革命(Copernican revolution),也即:儿童的活动不再以身体为中心,主体的身体开始被视为一个空间中的客观对象。当主体开始意识到自己是活动和知识的源泉时,主体的活动也相互协调、彼此联系(让·皮亚杰,1981a)。皮亚杰虽然认识到了身体活动在知觉形成中的重要性,但是却把身体视为一种客观对象,而没有认识到身体是现象的、表达的身体。梅洛-庞蒂对此也进行了批判,认为皮亚杰对感知运动阶段的论述是一种观念的联想(association of ideas),也是一种逻辑运算(logical operation),他把知觉描述为一种不完整的智力,而不是一种积极的事实(Merleau-Ponty, 2010)。此外,皮亚杰还从智力结构入手研究儿童的心理,其根本目的是想论证儿童在对社会适应的过程中,逐步建立逻辑思维。皮亚杰说:"儿童从一出生就一直积极地进行着内在与外在的交互发展,他通过思维把自己从身体活动中解放出来,随着思维的逐渐成熟与发展,最后又在所有方面超越了身体活动"(让·皮亚杰,1981b)。皮亚杰认为儿童从出生以后就一直在努力把身体从思维中解放出来,通过确定自我的主体性,以及世界和身体是对象性的客体,进而确立了主客二分的思维模式。梅洛-庞蒂认为皮亚杰缺乏对儿童知觉世界的理解,反对皮亚杰用逻辑的、语言的形式去理解知觉,反对用智力活动的语言来表达知觉世界的关系(Merleau-Ponty,2010)。

(2)反对因果关系的知觉。梅洛-庞蒂反对因果关系的知觉有以下三个原因:第一,因果关系的印象可以根据感官秩序的某些精确条件被激发和修改。如果顺序中的每一个效果都能唤起对过去经历的记忆(考虑到序列中某些看似相对微不足道的变化会阻碍记忆的产生),那么关于物体的碰撞和身体的运动实际上被描绘得比现实中更精确、更多样化。第二,如果我们假设真实的运动基于记忆,假设因果关系不是在米肖特实验中直接知觉的结果,那么我们怎么能知觉到因果关系?如果因果关系不包含在知觉中,而是包含在纯粹的智力关系中,那么它们的定义就不完整,因果关系中就没有知觉。第三,如果我们假设有必要引用记忆,那么引用也需要根据一定的条件才能产生,这意味着在其他情形下引用是不可能的,并且实际知觉中的某些东西本身使这种引用成为可能或不可能。按照逻辑,在知觉场域中引入第三种要素并不会改变正方形 A 和正方形 B 的相对位置,关键在于这不是逻辑组织的问题,而是知觉组织的问题。由于受到实验程序和结构的影响,对外界对象的因果知觉其实是结构的知觉(Merleau-Ponty,2010)。

(3)儿童知觉发展的无身性。皮亚杰认为,图式是儿童认知的基本结构,图式会随着智力水平的提高而不断完善和丰富,最终形成了图式系统。他认为智力是一种适应(让·皮亚杰,1990),是个体为了适应外界环境。因此,他在对此进行研究的时候提出了图式、同化、顺应、平衡等四种非常重要的概念。皮亚杰指出,儿童在面对新环境或认识新事物时,如果原有的认知结构能同化客体,那么其图式只发生了量变,图式在数量上不断增加;如果无法同化客体,那么只能通过顺应的机制认识外界客体,此时图式就发生了质变。通过同化和顺应的作用,新的平衡就得到建立,图式也就不断得到调整,以适应环境的变化。在这种循环过程中,智力得到提高,认知结构也不断得到重组和调整。因此,皮亚杰认为在儿童的大脑中存储着丰富的图式,并且通过智力的作用逐渐向成人的图式过渡,最终实现认识过程。

梅洛-庞蒂认为皮亚杰所提出的图式是一种认知结构的复合体,智力在图式的形成过程中发挥了重要的作用,而身体的作用却没有得到体现。图式的发展过程中没有体现知觉主体的体验和参与,更没有体现知觉世界的原初状态(Merleau-Ponty,2010)。梅洛-庞蒂还指出,皮亚杰反对知觉有内在取向的看法,用一种假设代替前图式(pre-schema)所拥有的内在规则,他认为皮亚杰更没有看到儿童知觉中最始源的事物,即知觉的内在组织性和身体性。

3. 儿童知觉发展的特点

(1)儿童的知觉具有整体的结构。梅洛-庞蒂认为,儿童的知觉从一开始就是结构化的,而非智力行为的产物,在儿童知觉发展过程中充满了空白和不确定区域的结构问题,而不像成年人的知觉是一种精确的结构。在儿童知觉的发展过程中,知觉会发生一些变化和重组。然而,从一开始,知觉是一种存在的结构,它们一起构成了一个世界(Merleau-Ponty,2010)。儿童的知觉有一些明显的积极特征,例如,儿童比成人更容易知觉事物的整体性。这表明儿童拥有更多的"好的形式",换句话说,儿童比成年人更容易组织整体。只有当整体过于复杂时,儿童才被迫回到碎片化的方面(Merleau-Ponty,2010)。有研究通过使用具有部分和整体不同意义的材料研究了知觉的发展特点,研究结果发现:第一,随着被试年龄的变大,知觉部分和知觉整体所占的百分比有规律地增加;第二,75%的成年被试能同时知觉到部分和整体;第三,知觉整体的年龄早于知觉部分的年龄(Meili-Dworetzki,1956)。这表明,儿童与成人的知觉结构存在差异,儿童早期的知觉结构具有整体性。

此外，儿童体现出来的知觉混乱，并不代表儿童的知觉不完整。经典心理学家是从成人的角度来解释儿童知觉的实验结果，而忽略了儿童对物体知觉的身体和情境因素。实际上，儿童知觉物体所使用的知觉结构是整体的还是部分的，主要与儿童知觉物体时的情境状态紧密相关。梅洛-庞蒂在《知觉现象学》中说，身体和知觉总是要求我们把它们呈现给我们的图像作为世界的中心。除了我和所有物体之间的物理距离，还存在一种主观距离把我和我认为重要的、为我而存在的物体紧密联系起来，这个距离时时刻刻都在衡量我"生活的广度"（莫里斯·梅洛-庞蒂，2001）。这里的"生活的广度"是指知觉主体在日常生活体验中、在与世界的接触过程中，经验的身体对外界事物的体验。

（2）儿童知觉的组织性。梅洛-庞蒂反对知觉的因果性特征，而认为知觉是有组织性的特征。当外界对象呈现给儿童时，儿童会积极地做出一些调整以知觉事物。梅洛-庞蒂以米肖特的知觉因果实验为例证明了儿童知觉的组织性。实验开始时，正方形 A 从屏幕一侧开始向位于屏幕中央静止的正方形 B 移动，当正方形 A 碰到正方形 B 的瞬间，正方形 A、B 同时静止一会儿，随后正方形 B 沿着正方形 A 的轨迹移动。在一定条件下，儿童产生这样一种知觉现象：正方形 A 将运动能量传递给正方形 B，因此，儿童就产生了知觉的因果现象或发射效应（launching effect）。这种因果效应被感知到是基于感官的某些严格条件，而不是智力判断，这些条件包括地形、空间和时间上因素。根据这些背景条件，因果性的知觉事件不是人为操控的逻辑分析。实验中的拉动、轨迹、发射现象在实验条件如力量等因素发生变化时，知觉领域的构图就会产生相应的变化。因此，儿童对世界的认识是基于知觉的组织性、完整性，是对呈现在意识中的对象一种完整的感知。

（二）儿童想象的发展

传统心理学将想象看成是大脑对已有表象再加工而产生新形象的过程，而已有表象反映是各种客观现实的组合成分。这种观点认为想象是大脑对客观现实反映的一种形式。

梅洛-庞蒂对这种观点持反对意见,他认为想象是一种意向性活动,在现实中,想象的对象没有任何可以与之相对应的真实存在。他指出:"儿童的生活中存在着大量的想象,想象成为儿童的一种生存状态和生活方式"(Merleau-Ponty,2010)。但是,在刚开始的时候,儿童很难对真实和想象做出区分,在他们的世界中,现实和想象并存的。在想象中,儿童的行为和语言是一种具身化的存在,儿童会认为想象世界和现实世界相同,他们以为知觉到的物体真实存在。梅洛-庞蒂说:"想象不是一种虚弱的知觉,它不会像被感知的事物一样容易被'观察'或逐点检查。想象并没有像感知到的事物那样被赋予位置,每个变化都有明确的位置。想象不是一种'内在'或'精神'的东西,而是一种整体的信念"(Merleau-Ponty,2010)。

(1)对萨特想象观点的借鉴。梅洛-庞蒂对想象的论述主要借鉴了萨特关于想象的观点。萨特对想象的论述主要在《想象》和《想象心理学》两部著作中(朱姝,2015)。萨特站在现象学的立场上从意向性的角度论述想象,认为想象的意识活动是假设性的活动,想象中的对象不是现实的。具体而言,萨特在《想象》中认为想象之物和实在之物存在差别,他说:"如果我公正地审视,我觉得我在为实在之物和想象之物之间做了一个自发的区分"(让-保罗·萨特,2014)。萨特认为想象与知觉存在区别,想象是自发性的活动,而不是一种微弱的知觉,想象借助反思的作用而拥有形象;而知觉面对的是现实环境中真实的存在之物。想象不会像知觉那样容易受到客观对象的影响,想象是在意识活动中产生的一种意象。萨特在《想象心理学》中探讨了想象的对象问题,"萨特认为想象是假设性的活动,这种假设是从一种缺场的状态向现存在场的过渡。在过渡过程中,虽然假定了意象的对象是现存的,但实际仍然还是非现实的"(让-保罗·萨特,1988)。萨特把真实世界和想象世界统一在意识经验中。所以,他说:"当我创造彼得的形象时,我意识的真正对象就是彼得的形象。只要保持这种意识不变,我就可以用意象的这种形式来描述我所看到的对象"(让-保罗·萨特,1988)。对于彼得的想象是根据已经存在的彼得,但想象活动发生在意识层面,想象的对象也是意识中的对象。"想象总是与被知觉到的对象有关,去想象不是思考想象。想象总是指向一个独特的对象。想象彼得但不是指现实中的彼得和彼得的形象。彼得只有一个,那边的那个,是我努力想象出来的彼得。在想象过程中,人们会发现一个想象对象的伪实现(pseudo-realization),产生了一个不存在对象的'类似物'(analogon)"(Merleau-Ponty,2010)。

萨特认为想象的对象具有不确定性,缺乏现实性,不易观察。萨特区分了知觉和想象,是因为两者的对象不同,而且它们在意识中的活动性质、形式也各不相同。在萨特看来,真实世界和想象世界截然不同。对此,梅洛-庞蒂回应道:"在萨特看来,存在和想象都是实在对象。而对我而言,它们是'元素',即:它们不是对象,而是场,是自发的、柔软的存在,是存在前的存在"(莫里斯·梅洛-庞蒂,2008a)。想象是一种存在,因为想象以情感为主要特征。"想象揭示了它本身在本质上是一种情感和运动现象。从这个角度来看,情感是引导自己朝向物体的方式,从而表现出一个准存在(quasi-presence)。个体通过运动或运动意向将自己引向对象,而无须实际有效地表现它。我们关注的是空间而不是靠智力去分析它。情感不能再由某些'状态'来定义,而是由'引导自己的方式'或意向性来定义。"因此,"想象的问题取决于对情感和运动意向性的理解的精确程度。我们与想象的联系不是知识的关系,而是存在的关系,这是一种情感意识模式的问题"(Merleau-Ponty,2010)。总之,情感是一种存在的方式,人类想象的根源在于情感,想象的对象是某种行为风格的意向性对象。

(2)儿童的想象发展与身体活动紧密结合在一起。在现实生活中,儿童的想象绝对存在。儿童借助想象可以从当前的意识世界中解放出来。想象虽然来源于事实,但不真实,想象使想象之物缺乏现实感。与成人不同的是,儿童不是生活在两极世界中,而是生活在现实和想象的混合地带。"实际上,对儿童来说,想象可能和知觉一样有力量并不是问题,问题是想象和现实之间部分缺乏区别。真正的意识从来不会完全拥有它所假设的东西,它并非源于那种想象与知觉的对立和从来不会失败的标准"

(Merleau-Ponty,2010)。由于儿童意识形式的模糊性,儿童在游戏过程中,其行为往往表现为与现实和想象相同。学龄前儿童的主要活动与存在方式是游戏,儿童的游戏充满了丰富的想象,想象能帮助儿童暂时脱离原初的生活状态,而沉浸在自由的世界中。在游戏的过程中,我们发现儿童自言自语的同时还扮演各种各样的角色,而且游戏的整个过程与现实不符,内容也零散,随意性强,有时因为高兴而忘记一切感受,有时生气,有时哭泣。在游戏中,儿童完全沉浸在自己创造的想象世界中,他与想象的世界完全同质一体,自我已经成为一种具身的存在。儿童游戏中的想象充满着丰富的情感,这种情感超越了游戏本身而成为一种情感意识,表现出儿童与他人、世界的关系。在游戏过程中,儿童用活生生的身体体验表达与世界的原初关系,而游戏中体现的情感则让儿童与他人、世界的关系在肉身中得以彰显。因此,儿童的游戏过程并非是一种同化过程,而是一种肉身化过程。儿童在世界中生活,而世界是儿童知觉到的世界,是儿童借助身体的作用认识到的一种与世界原初的关系。通过游戏,儿童认识到自己的身体是"肉身",我们生活的世界也有"肉身"结构。身体和世界是"由同一种材料制成",两者都包含着"肉身"的存在。

(三) 儿童对世界的表征

梅洛-庞蒂认为应该在儿童所经历的世界、生活的世界、自己感受的世界、自己所描述的世界的基础上来回答"儿童是如何表征世界的"这个问题。儿童的感受不能用成人视角的概念来解释,儿童世界也不能用因果关系来理解。儿童的世界是他们自己生活的世界,生活的世界是一个共存的世界。梅洛-庞蒂说:"外部世界与内部世界是紧密相连的,世界就在里面,我就在我的外面"(莫里斯·梅洛-庞蒂,2001)。儿童所生活的世界是一个不断生成的世界,世界呈现在儿童面前,儿童用自己的身体知觉世界,他们眼中的世界就是自己经验的世界。儿童用不同的位置观看世界,其处境也就不同。因此,儿童观看世界的位置决定其对世界的表征,而儿童观看世界的位置是基于其活生生的身体,也就是基于其"肉身",肉身是儿童观看世界的位置。梅洛-庞蒂认为世界是"肉身"结构,是因为身体既具有可感的性质,也具有能感的性质。"肉身存在是一种多面的存在,是一种潜在的存在,是某种缺席的表现,是一种存在的原型"(莫里斯·梅洛-庞蒂,2008a)。

正是因为身体既具有可感的性质,也具有能感的性质,借助身体的触摸和被触摸的作用,儿童逐渐认识了世界和自我,也逐渐建立了肉身世界。在适应环境的过程中,儿童将自己的身体构成世界和把事物构成肉身而进入事物。身体是众多事物中的一个,也是看到事物和触及事物的一个,我们的肉身存在本身就把这两个属性结合在一起。我在世界中,世界也在我身上。主体之所以在情境中以及主体在情境中只不过是一种可能性,是因为只有当主体实际上是身体并借助身体的作用进入世界时,它才能实现自我。儿童世界的肉身化过程,首先是儿童在世界中,这个世界对儿童而言是敞开的,给儿童展示一种原初的存在。之后,儿童触摸到敞开的世界,感受到世界,并逐渐认识到世界。最后,儿童在社会背景、文化环境和历史背景下形成一个独特的个体。

梅洛-庞蒂认为还要从用命题表达的概念结构(conceptual organization)的角度来理解儿童对世界的真实表征,即假设儿童对外界问题的认识一无所知。该命题还认为儿童和成人之间的一个本质区别之一就是,每件事对儿童都有不容置疑的显著意义。梅洛-庞蒂认为儿童对世界的表征与成人的经验完全不同,因为成人的经验形式基于完全不同的逻辑,而儿童的经验特别依赖于特定情境和身体经验。因此,梅洛-庞蒂反对皮亚杰用成人的概念结构来解释儿童的经验,反对把儿童的世界简单等同于成人的世界(Merleau-Ponty,2010)。为了更好地解释儿童对世界的表征,梅洛-庞蒂讨论了瑞士心理学家皮亚杰、中国儿童心理学家黄翼、法国心理学家瓦龙等人的观点。

(1)皮亚杰的儿童经验因果观。皮亚杰认为,儿童认识的形成与发展建基于主体对客体产生因果关系的认识,他通过物理因果关系来解释儿童的经验世界。儿童对物理因果关系的认识经历了三个发展阶段

(让·皮亚杰,1981b)。首先,儿童给出心理上的解释。这些解释是心理的、现象的(例如,关于连续性的陈述)、最终的("……为了去")、道德的("因为那是你应该做的")和神奇的(例如,事物本身和手势的相互作用)。其次,儿童给出人为的解释。这些解释在本质上是人为的(例如,制造)、动态的(例如,具有永久意图的力量)和万物有灵论的(例如,准人类意图)。最后,儿童给出理性的解释。从7岁或8岁开始,出现了一种合理类型的解释:涉及循环反应的解释(例如,"空气推动云层")、接触、像植物一样生成、不同物质的识别、浓缩和稀释、原子组成、空间解释和逻辑演绎。这种向成人概念的发展是通过三种方式产生的:去主观性、时间因果序列的形成以及引入因果操作的可逆性。

皮亚杰将儿童对世界的表征描述为现实的特征,在这个阶段,儿童必须经历现实主义,这涉及儿童自我和世界之间的无差别:从现实主义到客观性,儿童必须开始扮演自我意识的自我角色,并与外部世界决裂。从现实主义到互惠性,儿童必须意识到自己的观点并非绝对,他对他人的认知和实践立场并不比自己的更重要。也就是说,儿童必须认识到"我"没有优先位置(例如,如果一个男孩有一个哥哥,他必须明白他自己也是一个弟弟;如果某个东西在他的左边,那么他在该物体的右边;等等)。从现实主义到相对性,儿童必须理解各种现象之间的关系,例如,重量不是严格意义上事物的内在性质("铁重、木轻"),而是与密度有关。这些发展促使儿童不断社会化。皮亚杰在他的分析中称,他不是在研究儿童的思想本身,而是为了将其与成人的观念进行对比。

(2)黄翼的惊奇实验。黄翼从与皮亚杰完全不同的角度进行实验,首先让儿童接触到使人感到"惊讶"的现象(例如,黄翼在儿童面前表演一些简单的变戏法),然后,观察他们的直接反应(通常是好奇和惊讶,这意味着一种与我们自己"自然反应"相当的概念),以及他们自发地试图解释这些现象的方式。通过这种方式,观察儿童思维原则在隐含状态中的表现。此外,黄翼试图让儿童了解自己,而且事先也没有一个"规范"的标准作为观察依据。这些经典实验主要有:折断的牙签;袖子里的硬币;隔着玻璃吹灭蜡烛；浮针；装满水的瓶子；硬纸板上的骰子；一瓶带塞子的水；贾斯特罗错觉等(Merleau-Ponty，2010)。

黄翼的惊奇实验说明儿童不会给出"人为"的解释，他们寻求"自然主义"的解释。他们的推理不像成人科学那样抽象和定量；相反，他们的解释在本质上是自然主义的倾向（即一个因素对另一个因素有规律的作用）。黄翼认为皮亚杰的解释存在三个局限：一是实验限定在他进行实验的文化环境中。二是皮亚杰没有向儿童传授关于太阳、月亮、云等遥远物体的知识。当儿童给出万物有灵论或人工解释时，必须考虑到这样一个事实，即所讨论的对象不是他们操纵和经验领域的一部分，取而代之的是，这些对象提供了许多神话和寓言的主题。三是皮亚杰甚至认为儿童对成人问题的回答也是儿童做的忠实解释。通常儿童自己并不认为这些解释是足够的，但皮亚杰将暂时的求助浓缩为"世界的表征"。为了能够说出他们对世界的真正"表征"，儿童必须总结他们的经验。然而，很明显的是，儿童还缺乏这样的概括能力。

（3）瓦龙的儿童对"超事物"的体验。梅洛-庞蒂还借鉴了瓦龙关于儿童对"超事物"(ultra-things)的体验以更精确地了解儿童思维的形成(Merleau-Ponty，2010)。所谓"超事物"是指一些存在但不在儿童经验范围内的事物，这种存在事物并不是通过简单的观察就能完全掌握，儿童也无法通过意愿或移动身体来改变他们。简言之，这种存在事物是儿童很难完全观察到和掌握的东西，比如，大地与天空是典型的"超事物"。

这些"超事物"在儿童体验中涉及或假设了一种前客观的时间和空间，这种时间和空间尚未被他们的思想所支配和权衡，并且在某种程度上依附于生活在时间和空间中的主体。儿童知道他们的父母曾经是其他父母的孩子，儿童认为他们（儿童的父母）是先于他们的父母而存在，就像他们认为"房子"和"院子"具有绝对性质一样（例如，成人和房子一样大）。在这个层面上，儿童无法想象自己并不总是存在。此外，即使是成年人的意识，也不可能真正设想自己的出生和死亡。因此，主体感觉与存在同延。瓦龙强调，这种信念是主体性所固有的。从某种意义上说，它在成人身上依然存在：我们无法跳出所有的观点去思考，我们可以进一步推动"超事物"的前沿（例如，在学习哥白尼的体系时），但我们无法完全消除它们。儿童的心理具有非时间性（atemporality）和非空间性（aspatiality）的特征，这是他主观性的两个方面。根据这一事实，儿童身上存在着大量的"超事物"，但它们尚未带入到确定对象的结构中。

二、儿童语言的发展

梅洛-庞蒂认为，语言的真正价值存在于言语行为中。通过像索绪尔那样将符号定义为不代表某些意义，而是一种"对立的、相关的和否定的实体"，是区分话语链和话语的手段，我们达到了语言的原初层次。语言不是符号的集合，而是把握一些符号和另一些符号之间的区别从而构建语言世界的系统手段（莫里斯·梅洛-庞蒂，2005a）。儿童的初始语言借助身体来表达，身体是意义表达的原初场所，语言通过身体的运动和表达来获得。

（一）儿童的语言发生

1. 婴儿声音的萌发

在生命的最初几个月，孩子会哭泣，做出富有感情的动作，然后开始发出咿呀语。我们必须将这种咿呀语视为语言的原型。最重要的是，它非常丰富，包括儿童周围语言中不包含的音素，而这些音素在孩子长大后就无法复制（例如，当他想要重新获得这些音素以学习一门外语时）。因此，这种咿呀语是一种多态性（polymorphous）的语言，在与环境相关的情况下是自发的（它甚至存在于聋哑儿童中，但没有得到很好的发展）（Merleau-Ponty, 2010）。咿呀语和语言之间的关系与涂鸦和绘画之间的关系相同。

咿呀语主要由辅音（l, r）组成，它们的习得不能用模仿来解释。事实上，这些声音似乎是所有婴儿都会发出，与周围环境的语言无关。梅洛-

庞蒂认为可以从以下三个角度说明这种现象：首先，从生理学的角度，吸吮活动有利于唇音和喉音的出现。其次，婴儿会模仿从说话人嘴唇上看不见的喉音，如果有环境的影响，那么吸引模仿的是听觉，而不是视觉。此外，婴儿的目光从不盯着说话人的嘴，而是盯着说话人的眼睛。最后，婴儿在听别人说话时会张开嘴巴，但这不是婴儿试图重建所感知的内容。成人语言的出现通常会让婴儿兴奋，从婴儿醒来的那一刻起，他听到的语言大多数时候是直接对他说，这种听觉首先刺激他的四肢，然后刺激他的发声器官。总之，婴儿从环境中接受语言的"方向"。模仿在这个阶段绝对不起作用，但重要的是强调婴儿参与到他所处环境中人们说话方式的重要性（节奏、音高等）。所有这些的影响是对语言的普遍吸引（用德拉克洛瓦的说法就是"孩子沐浴在语言中"）。实际上，要否定某种自发性是不可能的，但正是与环境的关系使婴儿走向语言。它的发展最终受外部环境因素的影响，而不是预先在有机体中确定下来（Merleau-Ponty, 2010）。

2. 第一个词的习得及其意义

当第一个词出现的时候，这个词指的是一个特定的词，用来形容一件事情，甚至是一组事物（例如，火车、情绪）。最重要的是，它转换了一种情感状态，在词与句子的关系中有多种含义。判断儿童是否真正掌握一个词的标准有三个：第一，自发地表达；第二，与意义相联系；第三，具有初步的概括性。11—14个月是婴儿自发发音和表达词并存的阶段，在这个时期，自发发音逐渐减少，但是词的表达在逐渐增加。在11个月时以自发发音为主，也存在同音节或不同音节反复出现的现象。这个时候，婴儿还不会表达一个相对完整的句子，但他通常会把一些单词作为句子来使用，即某一个词代表一个句子的意思，在不同的情境下表达的意思也不同，所以这个阶段被称为"单词句子"时期。因此，婴儿对第一个词的习得就是意义的习得。这个时候，婴儿就可以把"声音"和"意义"连接起来，表达一种相对完整的意思。虽然他只发出了一个声音，但母亲完全可以理解婴儿的意思。第一个词的习得就像一把金钥匙，开启了婴儿对符号—意义关系的理解,从而打开了语言与思维关系的大门。

梅洛-庞蒂说:"第一个词的出现使符号与所指的关系突然变得明确起来"(Merleau-Ponty,2010)。为了说明第一个词的习得对于人的意义,梅洛-庞蒂引用了海伦·凯勒的著名例子。海伦·凯勒在 19 个月大的时候因为猩红热变成聋哑人和盲人。她的老师安妮·莎莉文通过触摸的方法成功地使她接受了教育。在她成长的很长一段时间里,所有向她提供符号概念的努力都是徒劳。但是有一天,她正在打水的时候,当冷水接触到她的手并给她留下深刻的印象时,老师在她的另一只手上画了一个"水"的符号。这时,海伦·凯勒突然明白了符号与意义的关系,在接下来的一个小时里,她学习了大约 30 个符号。海伦·凯勒的经历表明了两个重要问题:第一,只有借助身体对外界的接触,感同身受,我们才能理解某个事物的含义,才能将符号之间表征的确切意义联系起来。通过对概念的理解,海伦·凯勒认识到了世界和自我的存在方式。第二,通过获得符号—意义的联系,可以重新唤醒"灵魂","心"可以再次获得自由,生命又有了新的意义。

婴儿首先仅仅获得了声音的结构和形式,但还没有掌握声音意义和内容。当儿童蹒跚学步时,身体的存在方式开始出现了改变,他以直立行走的方式存在于世界,探索世界的方式也发生了变化。这个时候,儿童从认识世界的存在方式过渡到表达世界,他的躯干、手和脚之间协调连贯动作与语言发展有密切的联系。这一阶段儿童的语言特点具有以下三个特征:单音重复,但意思表达很明确;以声音代替事物,如喇叭的声音可代表汽车;一个词具有多种意义,如"椅子"可以指椅子,也可以指拿椅子给我,或者让别人坐在椅子上,等等。此时,单个单词具有明确、特定的含义,儿童并没有把自己掌握的单个词看成是碎片化的表达。单个声音在身体意向、身体图式和情境的联合作用下表达了一种完整的意义。因此,关于儿童语言的获得,梅洛-庞蒂说:"格式塔心理学家帮助我们更好地解释了语言发展的决定性时期,儿童是使用语言的'格式塔',即语言的一般结构,而不是通过智力努力或即时模仿而获得语言"(Merleau-Ponty,2010)。

（二）音位的习得

梅洛-庞蒂认为，音位是言语结构开始时唯一的变化，儿童根据这些变化可以"领悟"符号之间相互分化的原理，并根据这些变化掌握符号的意义（梅洛-庞蒂，2003）。那么婴儿是如何习得音位的呢？是通过自发的声音获得音位，还是通过周围人的语言找到音位，抑或是通过模仿而获得？

1—3个月的婴儿首先发出他能发出的声音，然后慢慢学会了控制这些声音。随着婴儿逐渐学会控制自己的发音后，哭声开始成为一种表达的方式，旨在引起周围人的反应。重复听到的单词往往只出现在1岁最后的3个月。婴儿注视着大人，像回声一样重复他们听到的话。这表明婴儿首先是"注视"着大人，然后才是"像回声一样"反复重复，最后重复他"听到"的话。在1岁的后半阶段，婴儿寻找声音的过程中会出现一段"单音重复"的现象。过了这个时期，婴儿就再也不会表现出单音重复的现象。那么，婴儿单音重复的意义何在？梅洛-庞蒂说："这种无意义的重复效果只是一种游戏；儿童只是为了纯粹地说话而重复，只是因为他重复了这些话才感觉到心情愉快，在这里，他不需要适应外界的环境，他也没有一个听众"（Merleau-Ponty，2010）。婴儿发出的第一个声音是单音，只需注意发声器官的生理位置就可以了，但如果想要像成年人那样说话，婴儿必须找到如何发出两个连接的声音，而最简单的两个连接的声音无非是单音重复。在这个过程中，婴儿利用变化的和偶然的发音发现了相互依赖的音位之间的联系，从而找到了组合音位的发音规律。这就是单音重复在婴儿语言发展中的意义，为后来能够发出两种不同的声音奠定了基础。

婴儿在咿呀语时期发出的声音非常丰富，在最高峰时期，婴儿能发出所有能想象到的声音，其中一些不仅在他父母的语言中没有，而且在许多语言中都没有。然而，奇怪的是，当婴儿从前语言时期发展到掌握他的第一个单词，即到真正的语言时期时，婴儿几乎丧失了所有发音的能力。不难理解儿童所处环境的语言中不存在的语音很容易消失的现象。但令人感到意外的是，婴儿咿呀语时期与其周围成人相同的语音也消失了，这正好符合雅各布森所说的通缩（deflation）：突然间大量的咿呀语消失了，孩子不仅失去了他的语言中未使用的声音,而且还失去了许多有用的声音(Merleau-Ponty,2010)。雅各布森还认为,这种现象似乎是儿童为了服从新声音的意义而故意压抑自己自发的声音。从不同词中音位的使用开始,儿童表现出需要掌握不同音位的新义,并慢慢习得音位的原始序列和音位对立系统。婴儿的发音能力并未受限于清晰准确的表达。雅各布森将这种现象定义为"倾向于产生意义的音位对立系统"。"一旦儿童开始说话,他就停止了咿呀语,但这并不是因为咿呀语无法清晰准确地表达,也不是因为儿童不再听到这些声音。儿童停止把这些声音作为有意义的话语来发音,因为这些声音还不是他有意义音位系统的一部分"(Merleau-Ponty,2010)。婴儿发出的第一个声音只是人类生理器官能发出的声音,还没有符号意义。因为他身边的人每天都会和他说话,他处在人类语言的环境中。因此,婴儿的首要任务是学会控制他的自发声音,以便像成人一样自由地与他人交流。然后,婴儿通过在自发声音中找到与大人相似的声音,并学习如何发出大人声音——音位,但是婴儿还没有领悟到音位的意义。结果,婴儿被观察到具有不确定的、混乱的初始发音,并且在学习和重复音位上表现得很幼稚。这说明音位给婴儿的发声器官带来诸多不便,需要重新创造才能找到合适的音位。婴儿逐渐意识到音位的声音就是他听到的词,而且具有符号意义。因此,在婴儿发声的过程中,才逐渐习得音位和寻找到有意义的声音,这一过程对婴儿而言大概会持续一年。

婴儿在咿呀语时期发出的声音不存在任何意义,只有借助身体的完整存在发现音位之后,婴儿的发音才变得有意义。但并不是说意义后来附加在声音上,而是声音变成了有意义的声音。声音怎么发现了意义?梅洛-庞蒂在谈到儿童的语言习得时说:"词指的是某个概念,它已经包含了双重性,即能指和所指之间的形式区别。然而,我们可以首先在音位水平上处理语言。音位根本不涉及任何含义,它们是语言的元素,本身没有意义。但是它们本身没有意义的事实并不意味着它们是无关紧要的。对音位的反思允许超越符号和概念之间的对立:它使我们能够看到语言习得的顺序(既不是关于智力也不是关于模仿)"(Merleau-Ponty,2010)。

梅洛-庞蒂从活生生的语言表达出发，认为音位本身没有意义，而是在对外界对象的表达中表现出自己的意义。音位与词无关，而与外界对象有关。儿童在表达事物时发现了音位。音位对儿童而言没有意义，它唯一的功能是区分不同的词。音位既非物理实体也非心理实体，而是具有一种抽象、虚构的价值，这类似于金钱的价值。因此，音位的意义在于使语言的存在成为可能，而语言的存在又是语言结构的结果。语言的结构是语言本身所固有，而不是后来人类强加给它的结构。

儿童对语言的最初掌握是区分音位来揭示语言的本意，儿童通过音位的变化理解了符号相互分化的原理，掌握了符号的含义。婴儿在与他人的互动中认识到自我存在，一个可以让他人有行动的自我。由于语言是一种与他人交流的方式，婴儿慢慢意识到他们可以通过发音引起外界对自己的关注。因此，言语对婴儿来说意义重大。语言是一个由有限的统一体所组成的系统，但能用来表达无限多的事物。所指超越了能指，所指的全部意义永远不会完全呈现，即使在最明确的语言中，也存在大量的潜在含义。或者更确切地说，没有什么可以通过语言完全表达出来，也没有什么可以免除听者对听到的内容给予创造性解释。所以，语言的风格需要借助音位系统才能显现出来，但是这种风格不能通过词语更不能通过观念去界定，它本身并没有意义，而是间接拥有意义（Merleau-Ponty，2010）。

（三）语言模仿

在获得音位系统和第一个单词后，儿童通过模仿来发展自己的语言。梅洛-庞蒂指出，儿童语言的获得是接收到周围人的刺激而产生了音位，在这种自然、自发的语言环境中，儿童不断地模仿周围人说话的语调、语气、方式等，因此，在他语言的发展过程中存在很多模仿现象。儿童对他人的模仿不是在生理层面，而是模仿他人的目标，模仿他人具体行动引发的效果。儿童对语言模仿也存在类似情况，儿童在模仿他人的语言之前并不会表征语言呈现的所有内容，而是模仿讲话者所说的话或唤起他们将要表达的话。梅洛-庞蒂说："意识忽略了'肌肉组织'（muscular organization），对于完全不了解解剖结构的孩子来说尤其如此"(Merleau-Ponty，2010)。梅洛-庞蒂用纪尧姆的实验说明模仿是什么：当纪尧姆用手指在儿童的脖子上画了几个符号，随后儿童成功地复制了这些符号，但是儿童在自己的前额上面画的是符号的镜像。这个实验表明，儿童首先模仿身体意向性的结果，然后找到与自己产生同样行为的模式。儿童模仿他在周围看到的行为，他的目的不是学习这种行为，而是能够像成人一样完成某件事。例如，纪尧姆观察到自己的孩子在9个月零21天的模仿行为，他倒拿铅笔戳桌子。但是，试了几次之后，他把铅笔正过来，以便让笔尖戳在纸上。几周以后，孩子不再用铅笔戳桌子，而是在纸上画线。由此可见，儿童的目的是能像纪尧姆一样在纸上写字，而不是模仿写字的姿势。梅洛-庞蒂说："模仿的根本目的不是模仿他人的姿势，而是通过模仿达到相同的结果"(Merleau-Ponty，2010)。儿童的模仿不仅是模仿他人行为的结果，还有模仿他人行为的意向性。

　　梅尔佐夫一项关于儿童如何从成年人的失败行为中推断其意图的研究解释了这种现象：他让40名均为大约18个月大的婴儿观察演示者在新颖的玩具（如可组装、可分离拆卸的哑铃）上演示成功或失败的行为动作。在失败结果的任务中，婴儿只看见了演示者失败的目标行为，而没有看见意图实现的状态。例如，演示者用双手抓住哑铃玩具的左右两端，试图拉开连接哑铃的横杠。当演示者向外移动双手时，一只手突然从抓握一端松开，这使得婴儿最终未看到哑铃两端分离的情形。然后，实验观察婴儿在获得玩具时是否能做出演示者想要完成的行为。结果显示，18个月大的婴儿看到失败演示后的行为表现和看到成功演示后的行为表现不存在差异(Meltzoff，1995)。这表明，18个月大的婴儿可以通过理解演示者的行为意图来完成他没有看见的行为动作。如果模仿只是模仿动作，婴儿就不会表现出拉哑铃横杠的行为动作。对于成年人而言，他们只看到的是儿童模仿大人的某种具体细节的行为，但对儿童而言，他是按照大人的意图模仿大人行为的结果。梅洛-庞蒂说："模仿是'内在的'(immanent)，模仿的目标是针对整体的结果，而不是身体姿势的细节方面。对姿势的模仿只是从这种对事物的定向行为中逐渐产生"(Merleau-Ponty，2010)。

梅洛-庞蒂还指出，儿童模仿还具有认识自我和他人的作用，"儿童第一次模仿的前提是，他立即抓住对方的身体作为结构化行为的载体，并且将自己的身体作为实现赋予某种意义姿态的永久和完整的力量来体验。这就是说，模仿是以理解他人的行为为前提，从自我的角度来看，通过模仿实现了对一个非思的主体、一个运动的主体、一个'我能'主体的认识。利用一个整体的身体图式获得对他人行为的理解和自我身体的知觉，通过这两个方面识别了自我与他人"(Merleau-Ponty，2010)。事实上，最初儿童认为自己和他人是一体的存在，但随着知觉能力的发展与提高，逐渐意识到他人和自己是两个独立的主体。儿童的原初世界是各种图像、运动和声音等复杂元素的混合体，他无法分清事物、自我与他人的世界，将这三者视为一种混沌体。这个时候儿童的活动是面向他人和外界事物，无法分清别人和自己的关系，对他们而言，世界是一个一体的存在。模仿将会提高儿童区分辨别他人和自我的能力，而且还有利于形成自我形象。在模仿的过程中，儿童逐渐发现了自我和他人是两种不同的存在主体。古典心理学一直强调，儿童不是先有关于他人的意识，而是先有关于自我的意识。事实上，这个时候的儿童还没有自我的意识，他只有通过模仿认识了别人随后才认识自己。我们可以在现实生活中看到这样的现象：当妈妈问"宝宝在哪里呢？"，儿童回答说"在那边"而没有说"在这里"。出现这种现象是因为此时儿童兴趣的关注焦点是外部世界和他人，他还未形成一个独特的自我形象。尽管自我借助儿童的存在来表达自己，但儿童并不是在所有情形中都能意识到自我。儿童的意识朝向外部世界，有很多关于他人的意识，而未形成自我意识。这是因为"他人对儿童而言是不可或缺的存在，自我依附于他人，而他人是自我的镜子"(Merleau-Ponty，2010)。

（四）语言的表达

自我与他人的关系是通过一种活生生的体验而且在一定情境中建立

起来的,自我与他人互相依存,不能脱离对方而独自存在。儿童的行为与自我具有同一性,并在表达过程中逐渐领悟了自我的客观存在。通过考察儿童的语言发展,我们发现语言既不是借助智力行为解读他人的思想,更不是说话者和听话者之间的桥梁。语言以思想为前提条件,它是对思想的表达。梅洛-庞蒂说:"作为一种表达现象的语言,是意识的组成部分。从这个角度来看,学会说话可以提高与环境的共存能力。对儿童而言,生活环境是刺激他重新获得语言和思想的渠道,并在此基础上创造自己的语言和思想"(Merleau-Ponty,2010)。梅洛-庞蒂把语言比喻成密码,认为语言的获得不再类似于破译一个拥有密码和钥匙的文本,而语言本身就是译码。破译者有两种途径:一种是对文本的内部评价(某些符号的频率、排列、结构和用词);另一种是外部评价(说话者所在的地点和时间、说话者所处的情境等)(Merleau-Ponty,2010)。语言的密码是在与他人的交流过程中被破译。在语言习得过程中,为了从整体上把握语言的意义,儿童不应该学习语言要素,而应该超越语言要素并从整体上理解语言的意义。对模仿的分析显示,儿童通过他人了解自我,也通过自我了解他人。"儿童学会了说话,因为周围的语言唤起了他的思考;他被语言的风格所吸引,直到语言的意义从整体中浮现出来。这就是意义对于活生生的语言是内在的,正如我们用来指出对象的身体姿势是身体固有的"(Merleau-Ponty,2010)。为了了解语言的进一步发展,梅洛-庞蒂借鉴皮亚杰的观点,将儿童的语言分为自我中心的语言(egocentric language)和社会化的语言(socialized language)。

1. 自我中心的语言

梅洛-庞蒂认为,在 7 岁之前,语言对儿童来说更多是一种自我表达的手段,而不是与他人交流的手段,这是一种以自我为中心的语言。"当儿童说的话属于自我中心化的言语时,他不知道他在对谁说话,也不在乎对方是否在听。他或者自言自语,或者碰巧在他身边人的陪伴下愉快地说话。这种表达以自我为中心,部分原因是他只是在自言自语,但主要原因是他并没有站在听众的角度说话。任何碰巧在他附近的人都被认为是他的听众。虽然他幻想自己被倾听和理解，但儿童只追求明显的兴趣。他不想影响他的听众或者告诉对方任何事情；这就像是在休息室里的谈话，每个人都在自言自语，没有人在听他讲话"(Merleau-Ponty，2010)。因此，7岁之前儿童的言语活动伴随着身体姿势和动作，同时也伴随着自我幻想的表达，此时儿童的言语以自我为中心。此外，在此阶段，梅洛-庞蒂还将儿童的语言分为独白语言（monologue language）和对话语言（dialogue language）(Merleau-Ponty，2010)。为了说明这两种语言类型，梅洛-庞蒂借鉴了皮亚杰在卢梭学院"幼儿之家"的观察和记录。

皮亚杰在卢梭学院"幼儿之家"的晨课中对儿童语言开展观察和记录，记录儿童所有活动的细节以及与他们与表达对象有联系的一切事物。儿童可以画画或做自己喜欢的任何事情，比如，制作模型、玩阅读游戏、数学游戏，等等。他们完全自由，可以随意活动，可以一起交谈或玩耍，他们不受任何干扰，除非他们自己提出要求。儿童可以自己自由选择单独活动或者小组集体活动，小组也不是人为安排，而是自己组合，可以随时解散，不需要成人任何的干预。儿童可以自由地从一个房间到另一个房间（画图间、模型间等）。只要儿童不想连续完成任何一件事情，随时可以停下来（让·皮亚杰，1980）。通过自然观察的研究方法，皮亚杰记录了学龄前儿童的对话，并提出以自我为中心的语言分为重复、独白、集体或双人独白。这说明此时的儿童更多表现为自我表达，而没有主动交流的现象。儿童的语言是内心活动的表现，是自我认识的过程。此外，皮亚杰认为，此时的儿童无法区分他人和自我。

通过自然观察，皮亚杰发现，在最初的几年，儿童非常喜欢重复他所听到的词语以及模仿各种声音，甚至会重复他没有理解意义的语言。皮亚杰对重复现象的解释是："这种无意义的重复的效果类似于一种游戏，儿童只是为了表达而纯粹重复说话。儿童由于重复说话而感到高兴，他没有听众，也不需要适应外部环境"（让·皮亚杰，1980）。皮亚杰认为，儿童在练习语言的娱乐中，把单词重复作为想象生活的一种表达，扩展了他们的行为。但是梅洛-庞蒂反对皮亚杰对重复语言的解释,他说:"儿童像演员一样,既不是假装,也不是在幻觉中。他已经放弃了习惯生活的层面,开始了他真正过的梦(oneiric)一样的生活。他使自己在角色中变得不现实"(Merleau-Ponty,2010)。所以,儿童自我中心的语言反映了他真实生活的存在状态,而不具有任何一种目的。

皮亚杰认为,独白是儿童自我中心语言的另一种表现形式。儿童的独白语言似乎不需要别人的反应或回答。皮亚杰通过自然观察发现儿童在说独白语言时的行为变化:首先,儿童行动的时候,哪怕是独自一个人行动的时候,也要说话。他的动作总是伴随着喊、叫或者说话。一方面,当数名儿童在"幼儿之家"一起活动时,有时会有一种奇怪的寂静。但另一方面,当儿童一个人在一个房间里或者他不和任何人说话时,也会有很多独白。其次,儿童在独自一人的情况下,也会一边说话,一边行动。他也可以颠倒这一过程,用语言来实现单靠行动做不到的事情。因此就产生了幻想或虚构的场景,即利用有魅力的语言创造出逼真的事物,单独利用语言对事物产生作用,而不与外界事物或任何其他人有联系或接触(让·皮亚杰,1980)。皮亚杰认为,此阶段的儿童还无法区分他人与自我,儿童的独白语言表现为他认为别人在听他讲话以及自己的想法和情感与他人相同,所以也不需要他人的反应。因此,皮亚杰认为儿童的表达是非个人、没有个性特征的表达。独白一方面是为了配合行为的节奏,另一方面是为了满足幻想。皮亚杰认为,儿童自我中心的语言部分是由于他对其他人和事情的无知。因此,他说:"儿童对语言几乎没有控制力,因为他不知道什么是隐藏事情。他用一种忽略事物确切意义的语言说话。而且,儿童说话的时候,从来不会想到别人是否理解自己,在他看来,这一切理所当然"(让·皮亚杰,1980)。

皮亚杰解释儿童的独白语言是基于儿童语言的功能,他认为自我中心的儿童对别人不感兴趣,也不在乎别人是否在听自己说话,更不在乎别人对自己讲话的反应。皮亚杰提出用"大声思考"来表示儿童不关注事物和其他人,而只关注自己正在做的事情。"从一定程度上说,独白只不过是儿童在与他人产生联系时获得一些词汇的回响。但是,我们不能忘记,在儿童学习说话的整个过程中,他经常会把别人的观点和自己的观点相混淆。首先,儿童自己也不知道正在模仿别人,其次,儿童既是在对别人说话,同时也是在对自己说话。他说话是为了发号施令,也是为了从喋喋不休或在重复过去的事情中获得乐趣,所以不可能得出独白语言是前于或次于社交语言形式的结论;两者都产生于无差别的状态,在这种状态中,呼喊和词语伴随着行动并使行动持续化;两者从发展之初就相互影响"(让·皮亚杰,1980)。皮亚杰从语言的功用的角度区分了儿童的语言,认为学前儿童无法区分他人的观点和自己的观点。所以,此阶段的儿童表现出自我中心的语言。只有儿童真正能与他人交流,才会形成一种社会化语言。然而,在对儿童独白语言现象的讨论中,出现了一种自相矛盾的观点,即"不能说独白语言是前于或次于社会化的语言形式",而又提到自我中心的语言和社会化的语言从发展之初就相互作用。对于皮亚杰的这种矛盾,梅洛-庞蒂说:"皮亚杰排除了儿童语言中的一个重要因素,认为语言不是'自发的'。因此,儿童在 7 岁之前就对抽象概念产生了静默的兴趣。如果认为儿童相对于其他儿童的那些反应是'自发'的,我们就会将儿童阶段看成是随意描绘的一个画面"(Merleau-Ponty,2010)。

2. 社会化的语言

梅洛-庞蒂认为,儿童只有在 7 岁以后才达到社会化语言的阶段。社会化的语言是指儿童用来与外界交流的语言,这是儿童在正确理解他人语言真正含义的情况下的交流,即具有交流性并能被他人正确理解的语言。社会化的语言的目的是向他人传递说话者的思想,或者借助语言影响他人的行为。儿童的社会化语言不具备因果性质,只存在对事物的客观描述或陈述。儿童直到学龄阶段才能真正理解语言,才能有他所说的"真正的交流",这种"真正的交流"必须建立在理解言语的基础上(Merleau-Ponty,2010)。

为了证明儿童对语言的真正理解,梅洛-庞蒂借鉴了皮亚杰的实验来说明这个问题。实验的目的在于控制一个故事或一种解释机制从一个儿童到另一个儿童的传播。根据既定的文本，成人向第一个儿童（称为"解释者"）讲述故事或解释机器（例如，水龙头或注射器）的功能。解释者再将它传递给第二个儿童（称为"再现者"），再现者必须向成人再现他所听到的一切。实验有两个程序：第一，解释者在把他的解释传递给再现者之前，先向成人重复一次（这样有控制解释的好处，但不方便；他对再现者的第二种解释往往更糟糕，因为此时儿童累了）。第二，解释者立即去找再现者，再现者把他的理解传递给成年人。梅洛-庞蒂用四个因素来描述表达和理解之间的总体关系：再现者所理解内容与解释者所理解内容的关系；再现者所理解内容与解释者所表达内容的关系；解释者所理解内容与成年人所表达内容的关系；解释者所表达内容与他自己所理解内容的关系。研究结果发现，物理机制的解释比故事更容易理解。对于讲故事，儿童更懂大人，而不太懂对方，但儿童能很好地表达自己的观点。而对物理机制的解释，现象比故事更好理解，但儿童表达得更差。尽管解释者的表达能力很差，但再现者对解释者的理解比解释者对成年人的理解更好。皮亚杰得出的结论是，儿童之间没有真正的交流。一般来说，儿童之间的交流会忽略所有细节，尽管对方理解他已经知道的东西，但是他会忘记所有细节（Merleau-Ponty，2010）。儿童所表达的意思并不是从对方的立场来考虑，听者也并没有根据字面意思理解对方的话，而是根据他自己的兴趣有针对性地理解一些话，并且还会根据他以往的经验曲解一些话。这个现象发生在儿童之间和儿童与成人之间。所以，刚开始时儿童之间的交流还不足以使他摆脱自我中心思维的状态，每个儿童无论是解释自己的想法还是理解他人的想法，总是受到自己观点的影响。儿童忽略了因果关系和时间顺序，而只用语言描述事物，并没有根据逻辑规律所产生的因果思维来描述。梅洛-庞蒂始终认为语言由思维决定，思维的发展遵循从个人思维到社会思维的方向。因此，他认为儿童语言的发展是从以自我为中心的语言过渡到社会化的语言（Merleau-Ponty，2010）。

实际上，儿童的语言从最初就是作为一种社会性的整体而存在于思维中，只有整体性的语言才能吸引儿童，只有这样，儿童才可以进入语言领域。儿童学习语言的特点是从整体进入部分，即：他在接触成人语言后首先将其理解为一个模糊的整体，通过咿呀语学习语言并展开类似于"循环往复运动"的游戏。正是在这种循环往复的运动中，他获得了语言。语言是身体活动的表现，也是身体存在于世的方式。"从某种程度上说，儿童的语言并非没有交流价值，而且无论如何，儿童的语言不能被解释为对假设概念的'彻底的表达'"（Merleau-Ponty，2010）。随着儿童语言的进一步发展，儿童逐渐能够理解和掌握语言的一切现象。在这个过程中借助外界对事物的理解并将其纳入自己的理解中，且能合理安排词语的顺序。此时，儿童的目标不是推测某事物的意义，而是在某种语言水平上再现事物的意义。儿童入学后，其语言的发展在使用中、在与儿童的交流中不断完善和提高。儿童对事物的认识是通过与同龄人的讨论、比较甚至争吵，逐步形成自己对外界事物的看法，并最终形成自己的观点。

三、儿童意识的发展

通过对外部世界的知觉、与他人关系的建立和语言的习得，儿童使自己的身体成为有主体属性的存在。人类的身体是活生生的身体，有自己独特的经验结构，这种经验结构在逐渐成为"人"的过程中形成。每个独立的生命个体在他们的生命体验中形成了不同经验的身体主体。身体体验伴随着各种各样的精神活动，使我们成为一个意识完整的人。

儿童意识的形成是一个肉身化的过程，借助肉身化的世界成为有具身性特征的存在。统一自我和世界的身体才是真正的主体。世界通过身体被显现，我通过身体来知觉外部世界。"对于一个活生生的生命体而言，拥有身体就是参与到一种特定的环境中，融入某些筹划中，并持续地参与其中"（Merleau-Ponty，1962）。梅洛-庞蒂认为我们的身体是一种"肉身"的存在，人类生存的世界也具有"肉"的结构。世界和身体都由"同一种材料组成"。儿童的意识在"肉身"的世界中逐渐形成，"世界在我们的肉身中"(Merleau-Ponty，1968a)。

儿童的意识在内容和结构上都与成人不同,但这并不是说：与成人意识相比,儿童的意识不成熟,儿童并不是微型成年人(miniature adults)。梅洛-庞蒂说："儿童的意识结构是自发的,我们必须把儿童的意识视为一种积极的现象,儿童意识、原始人意识和病态意识之间是相似的"(Merleau-Ponty，2010)。人们通常认为这三者的意识有缺陷、不成熟,但是梅洛-庞蒂指出,这三者的意识和正常成人的意识相同,都是一种完整的存在形式,只不过因为他们的个人成长经历、生存环境、自我意识、社会背景等方面不同于正常成人,我们才会认为他们对外部世界的知觉和意识不同于正常成人。"因为我们缺乏对他们的理解,把他们视为不成熟、未开化、病态的。我们自认为是有完整意识的文明人,以我们的标准认为他们的逻辑不合理、不可理解,所以他们的意识没有意义。实际上,他们的意识是原初意识,位于前逻辑(pre-logical)阶段,是人类存在的原初状态"(Merleau-Ponty，2010)。

(一) 儿童关于自我的意识

梅洛-庞蒂借鉴了拉康的观点论述了儿童关于自我意识的发展。6—18个月是婴儿自我意识的形成时期,而自我意识的形成离不开镜像的作用,因此,婴儿自我意识的形成时期也是镜像阶段形成的时期。"婴儿在镜像阶段,虽然在使用工具的智慧方面还不如大猩猩,但是他能在镜子中辨认出自己的模样"(雅克·拉康，2001)。婴儿往往是由大人抱着照镜子,大约3—4个月的婴儿在看到自己的镜像时第一反应是惊奇,随后会表现出沉思模样,最后会表现出笑。6个月之后,婴儿照镜子的时候会用手摸镜子。大约1周岁后,婴儿能认出镜子中的自己和妈妈。因此,拉康在解释婴儿对镜像的反应时认为："对大猩猩来说,一旦它知道镜子里的影像空虚无用,这种行为就结束了。对于儿童来说,情况则大相径庭,他会发起一系列的动作,他会在游戏中证明镜像及其反映环境的各种动作与复杂的潜像及其再现的现实之间的关系,也就是说,与他自身的身体、其他人甚至与他周围环境的物体之间的关系"(雅克·拉康，2001)。对于动物来说,镜子只是一个客观的物体,但对于婴儿而言,镜子不同于普通的物体。婴儿对镜子的反应不同于他们对生活中其他物体的反应。婴儿在与镜像我交流的过程中,获得了自我内在意图与外界视觉变化相一致的认识。从此,婴儿开始寻求某些状态和某些形象作为他的自我,并开始寻求自我意识和自我的同一性。

根据婴儿对镜像反应的表现来看,很明显,婴儿并没有把镜像当成普通的客体。婴儿在镜像中重建自己的身体,体验自己的身体图式,这是婴儿在整个镜像阶段的关键表现。婴儿对镜像反应与动物对镜像的反应有着根本的区别,动物将镜像视为纯粹的客体。而婴儿不仅认识镜像的自己,而且还把镜中的映像视为现象的身体,他在与镜像互动交流的过程中整合自身的体验。镜中的自我是视觉和动觉相结合的可见对象,是能体验到的活生生的身体。在镜子前,儿童用手摸自己身体的各个部位,手被儿童当作工具来使用,与此同时,儿童也通过手进行体验。镜像作用帮助儿童理解自我的意识对外开放,而不是封闭在身体内部。在镜像阶段,婴儿不仅体验到他们自己活生生的身体,也体验到与他人的关系。镜像身体和身体意向的发展与完善有助于儿童与他人建立密切的关系。儿童通过镜像作用建立有关自我身体图式也使他能够更好地理解他人的身体图式。"镜像作用使儿童拥有一种新的存在于世界的方式。这种可见的能力让儿童能够控制自己,因此他们对自己的行为也产生变化。这个过程让儿童从一个活生生的身体进入了一个可触、可见的身体"(Merleau-Ponty,2010)。

(二)儿童关于他人的意识

婴儿照镜子实际上构成了看与被看的关系,"我"是看者,也是被看的他者。儿童首先通过镜像作用感知到外在他人的存在,但这个"外在他人"不是其他人,而正是自我。儿童借助镜像的作用慢慢意识到自我的存在,但镜像中也存在他人。镜像中的他人是一个与自我相类似的存在,而且又是一个与自我不同的存在,是一种自我不可能进入的存在。身体与自我融为一体,但是对他人的意识并不驻留在他人的身体里,而是在作为主体的自我的意识中。在儿童眼中,他人并不是笛卡儿和拉美特利所说的"人是机器"(赵敦华,2012),而是一个有具身思想的人,一个和我一样的存在。我所经历的他人不是一种客观身体的存在,而是一个和我一样具有肉身的存在。只有具备具身特征的心灵才能进入他人心中,他人既是作为自我的镜子,也是自我与世界相联系的媒介。随着儿童获得自我意识,他们逐渐形成对世界和他人的概念。因此,梅洛-庞蒂说:"在成人看来,对他人和主体间世界的知觉会出现问题。儿童一开始就认为他生活在周围的一切都能理解的世界中,他没有意识到作为个体主体的他人和自己存在区别。他不认为我们受到限制,也不认为他自己受到对世界视角的限制。这就是为什么儿童不加任何批判对待自己的思想,他在思想形成的那一刻起就相信它们。同样,儿童也不加任何批判看待成人的话语。儿童不知道存在各种各样的观看视角。对儿童来说,人是一个空心的脑袋,指向一个显而易见的世界,一切都在这个世界中发生"(莫里斯·梅洛-庞蒂,2001)。由此,儿童关于他人的意识问题就过渡到主体间性的问题。安徒生笔下的《丑小鸭》是一个关于主体间性的典型例子(汉斯·克里斯汀·安徒生,1988)。故事中,由于丑小鸭的身体不同于其他鸭子,遭到同伴甚至是鸭妈妈的抛弃。丑小鸭经过严寒的磨砺,春天到来的时候,它通过湖面的倒影发现自己不再是又丑又笨的鸭子,而是一只美丽的天鹅,周围许多天鹅围绕着它游泳。故事中的丑小鸭与鸭子不是同类,不能共存于一个相同的世界,因此,也就不能体验到他人的知觉和意图,所以不具有主体间性。而当丑小鸭通过镜像(湖面的倒影)形成了天鹅的自我意识后,知道了自己与天鹅具有主体间性。

  丑小鸭的身体与其他鸭子的身体不同,因此它在鸭群中没有获得主体间性,最后被同伴甚至妈妈抛弃。然而,丑小鸭的身体与天鹅的身体相同,因此具有天鹅的同一性,并在此群体中实现了主体间性。丑小鸭不能在鸭群中体验其他鸭子的意图,也无法体验到它们的知觉,而在天鹅群体中感受到了主体间性。梅洛-庞蒂说:"借助他人的行动,我们感知到了他人的意图,因此,我们将自己放置到某一类人的舞台上,我们通过这个舞台共同决定了我们的知觉"(Merleau-Ponty,2010)。因为丑小鸭和天鹅有共同的舞台基础,所以两者的知觉相同。丑小鸭借助湖面发现了自己的身影和同类的身影,这恰好是在镜像体验中找到了自我和他人,只有当它们具有相同的主体间性时,才能在具有共同舞台基础的他人和世界中被接纳。儿童能够根据主体本身存在于空间中,从自身的身体中看到的事实来区分"内"和"外"。只有从这个角度区分"内"和"外",才能明确它存在于世界之中,与他人具有主体间性。因此,主体通过自我意识获得对他人意识的理解。"通过对现象的反思,可见的世界通过我的视觉来把握,这就是为什么可以有他人的目光,这个被人们叫做脸的表达工具可以支撑一种存在,就像我的存在是由作为我的身体能认识的器官支撑的一样……我以相同的方式表达对他人的理解,当我的目光与他人的目光相遇时,我在反省中重新获得对外在生存的理解"(莫里斯·梅洛-庞蒂,2001)。

四、儿童情结的发展

梅洛-庞蒂通过分析情结的观点来阐述其发展阶段。他认为,对于情结的概念不能从不健康的意义上理解,而是从把它视为正常的角度来理解,即不存在"没有情结的人"。情结是对某些情况的一种刻板态度。从某种意义上说,情结是行为中最稳定的元素,是行为特征的集合,而且这些特征总是在类似的情况下重现(Merleau-Ponty,2010)。在此基础上,梅洛-庞蒂根据对情结概念的理解,将儿童的情结划分为三个阶段。

(一)断奶情结:母子原初关系的断裂

拉康认为,性欲情结出现的时间比经典精神分析假设的要晚得多,最先出现的情结是断奶情结(weaning complex)。我们不仅要理解婴儿的烦恼,还要理解母亲乳房退缩在人类意识中的意义。母亲的乳房无疑具有象征性。我们不可能假设一个几个月大的婴儿对环境有清晰的知觉,同样,婴儿也不可能有"口腔性欲"(oral eroticism)。但是,梅洛-庞蒂认为,在生命最初的几周,我们必须考虑到婴儿对母亲存在的敏感性,一种对母亲存在的困惑知觉。此外,我们必须解释母亲和婴儿在乳房处的融合。我们可以假设断奶分离再现并强调了第一次分离:出生(Merleau-Ponty,2010)。

出生经历的特点是窒息和位置变化引起的身体痛苦。怀孕的前6个月充满了困难。因此,即使婴儿不记得出生的事实,也保留了不舒服的记忆,并且可以想象在此之前的幸福感(对母亲的乳房、封闭的宇宙等方面幻想无可置疑的现实)。在成人的思想中,出生意味着分离,而断奶作为一种更痛苦的分娩,与各种各样的困难(长牙、走路等)联系在一起。两者在思想上相关联,这与"失乐园"(paradise lost)形成对比。

断奶情结对母亲的行为有重要影响:她感觉到了孩子的不适,因为她有乳房,她希望尽可能减少这种影响。因此,母亲产生对孩子的持续照顾和保护孩子免受所有"生活不快乐"的顽强意志。

在这种情结之后,不断出现问题,它会阻碍而不是促进个体的发展。断奶后,弗洛伊德的"死亡本能"常常表现出来。此外,个体必须了解本能缺失和缺乏足够的活力。许多烦恼如心因性厌食症、胃神经官能症等,都是断奶后拒绝进食和丧失生活意志的提示。这些拒绝与母亲分离的生活表现,都伴随着一种回归母亲乳房、回归安全、回归整体、回归家庭的渴望。梅洛-庞蒂认为,断奶情结虽然会给婴儿和母亲带来痛苦,但是这种情结仍然非常重要,因为断奶情结不能被简单地认为是停止哺乳,而是开始作为发展和丰富生命的一种态度(Merleau-Ponty,2010)。

(二)入侵情结:与兄弟姐妹的竞争

入侵情结(intrusion complex)是对兄弟姐妹刻板态度的集合。这不是生命秩序的竞争(如食物等),而是人类的嫉妒,对父母之爱的竞争,这种竞争往往因兄弟姐妹的出生而被触发。最重要的是,这种入侵情结是建立在最年长的孩子与最年幼的孩子之间的认识之上:照顾婴儿的情景重新唤醒了回归母亲乳房的需要和愿望。随后,我们还会看到这种情结在游戏中出现的情况:如果孩子年龄相仿,竞争将决定关系。最简单的游戏会导致重复、持续的挑衅和反击。如果年龄差距更大,关系就会改变:炫耀(总是在向对方炫耀,也在向自己炫耀)、诱惑尝试、排序等。但从根本上说,他始终是在寻求他人对自己的认同(Merleau-Ponty,2010)。

入侵情结体现了儿童体验过的经历,通常会在儿童看到随后出生的兄弟姐妹与他共同分享家庭关系的情况下出现。影响入侵情结呈现形式的条件主要有两个,一方面是基于文化制度,文化制度赋予家庭成员的扩展;另一方面是基于儿童出生的偶然性,即出生顺序安排给儿童不同位置的命运。在产生任何冲突或矛盾之前,儿童所占据的位置不是拥有者就是篡夺者。在这个阶段,镜像的作用、同伴的意象、心理认同(mental identification)、原初的攻击性、自我的自恋结构、自我与他人等因素会对儿童的心理产生重要影响。

(1)镜像的作用。关于镜像的作用,梅洛-庞蒂借鉴了拉康的观点。他认为,当6个月至1岁半左右的婴儿从镜子中看到自己时,会感到非常高兴。婴儿对镜子的反应是人类特有的现象,就像识别照片一样,他会专注地凝视镜子,认出自己,并报以热烈的欢呼。这种喜形于色反映了清楚观察到的视觉外观变化和内心意图之间的对应关系。对婴儿来说,镜像事件意味着他恢复自己的身体。在这种视觉控制之前,只有一种分裂、一种身体的分散。婴儿从那时起开始认识到自己是有生命的机体,也意识到自己与外界环境和他人有联系。婴儿经常对外界环境保持疑问状态,并进一步借助对幻想的事物和想象的反省,初步形成了他对外界环境的看法。梅洛-庞蒂认为,镜像反映了婴儿对外界环境的探索与识别活动,也从另外一种角度揭示了力比多的心理活动(Merleau-Ponty,2010)。

与拉康相比,梅洛-庞蒂的镜像观点的不同之处是他把婴儿对外界环境的认识过程更加具体化,他用婴儿在镜中对自己的身体、他人和外界环境的识别来论证婴儿的认识是一个逐渐产生与深化的过程。在这个过程中,婴儿借助想象与外界环境建立了互动关系。梅洛-庞蒂关于镜像的观点的意义在于,他认识到婴儿从自然存在物向社会存在物的转换过程,在转换过程中,婴儿逐渐被社会化,欲望逐渐得到克服,婴儿在成长过程中逐步意识自己的行为被规范化，这就使人成为一种具有社会性特征的存在物。

（2）同伴的意象。梅洛-庞蒂认为，我们首先要理解意象的结构是什么。上文指出，我们认识到同伴年龄差异非常小，这是同伴之间真正互相匹配的必备条件。如果这一事实是这个阶段的特征，即神经结构快速而深刻的转变以克服个体差异，我们则可以看到这种情况相当于儿童之间的相似性需求。他人的意象好像是在借助某种客观上的相似性与自己身体的结构互相紧密地联系在一起，尤其是与功能结构有关的特征互相紧密地联系在一起。梅洛-庞蒂进而指出，精神分析理论有助于我们更好地理解这个问题。精神分析理论认为，在这个阶段，兄弟姐妹的力比多的指向对象具有同性恋性质的特征，但它也强调了两种情感关系：混淆了爱情和身份认同，最关键的是在随后阶段两者之间的根本对立（Merleau-Ponty, 2010）。

（3）心理认同。梅洛-庞蒂认为，通过对婴儿嫉妒的分析以及对儿童的实验观察，精神分析揭示了心理认同在儿童发展中的重要作用（Merleau-Ponty, 2010）。对 6 个月至 2 岁左右的儿童的观察来看，在没有第三人在场的情形下，他们一般会自然而然地在一起玩游戏，这印证了这样一个事实：以这样的形式聚集在一起的孩子会产生各种反应，沟通从那时就已经开始了。在所有的反应中，可以区别出一种类型，人们可以在其中意识到客观上存在竞争：它涉及主体间的姿势和身体姿态之间的某种适应，即它们在一系列姿势中的交替一致性和交汇，也就是说，在不伤害主体意识的前提下，允许我们做出明确的挑衅和指责，他们在这种情况下实现了另一种选择。基于适应的程度，人们会承认，从与竞争者认同的这一阶段开始时，他人就是客体。

虽然这种反应可以在很早的时候就表现出来，但它受一种显性条件的制约。这似乎是一种单一的含义，即孩子年龄之间差异的上限。可观察阶段仅限于出生第一年的两个半月之内，即使他随着年龄的增加，也仍然严格限制在这个差值之内。如果现实情况无法满足这种条件，在儿童间所观察到的反应就会出现完全不同的意义。常见的反应有炫耀、诱惑和专制。虽然这两个儿童分别是其中一员,但他们之间的关系并非两个人的矛盾与冲突,而是每个主体的两种相反和互补态度之间的矛盾与冲突。这种两极性的参与方式构成了形式本身。

如果要理解这种结构的含义,只需考虑展示自己的孩子和目光跟随他的人:他们中的哪一个人更像旁观者?或者观察试图诱惑另一个人的孩子:究竟在诱惑谁?最后,如果孩子喜欢用他所拥有的物品为证,并且他是一个通过服从他人而获得快乐的人,那么谁更容易被奴役呢?由此,我们就得出了一个悖论:每个孩子都将对方的角色与自己的角色相混淆,并与之认同,但是每个孩子都可以通过对方非常微不足道的卷入来保持这样的关系,因此我们可以从他们有时完全不一致的行为立场来看待儿童想象的意义。

(4)原初的攻击性。在最原初的兄弟关系情境中,相对于认同而言,这一阶段的攻击性特征不明显。弗洛伊德的理论观点在这一点上含糊不清。进化论的观点尤其是生物学家认为,生命的起源和活力在于竞争。与此相反,母亲哺乳婴儿意味着暂时缓和食物争夺的情况。在有兄弟关系的情形下,这种意义更加突出。实际上,在婴儿断奶不久后,嫉妒依旧会表现出来,但是不再与兄弟发生激烈的竞争。因此,这种现象需要以兄弟姐妹的认同作为前提条件。此外,精神分析理论认为,这一阶段的力比多表现为施虐—受虐的关系,也强调了攻击性主导的情感。需要指出的是,受虐狂的存在反而内在衬托了虐待狂的作用,这一点在精神分析理论受到了重视,而且受虐狂在经济学中变成了一种难以揭开的谜。这种观点导致弗洛伊德认为存在死亡本能。

因此,通过认同兄弟姐妹,儿童可以完成在其自身中的分离,因为这提供了一个固定原始自虐的图景。原初形式的自杀非暴力特征导致了在想象中杀害兄弟姐妹的暴力场面。但是,生命的竞争与这种暴力没有关系。原初死亡游戏中选择的对象是没有生命特征的玩具。儿童这样做的目的就是为了获得纯粹乐趣,以填补原初母亲这一对象的缺失。而那些还没有完全断奶的兄弟姐妹的形象会引发特殊的攻击性,因为它在儿童的心目中反复重复了母性情境的形象,并且伴随着死亡欲望。这种情形是心理认同导致的继发现象。

(5) 自我的自恋结构。婴儿的自我是一个自恋的世界。梅洛-庞蒂在描述自我的自恋结构时,是通过弗洛伊德所提出的力比多的投注(自我)来唤起婴儿自我的自恋结构,而拉康却继承并丰富纳西索斯的神话:他被自己的形象所吸引,并且投到水里去抓自己的形象,结果自己却淹死了。弗洛伊德一直在寻找自恋的性欲成分,而性欲转向了自己的身体。拉康探索了神话,并更完整地整合了其他组成部分:死亡的倾向,自我的毁灭;对作为自我形象的偏爱(对自我的一种检查或清点);自恋所包含的孤独成分(Merleau-Ponty,2010)。

梅洛-庞蒂认为,自恋成长的一个重要缺陷是纳西索斯神话的全部意义是否用来表示死亡。只要个体的意象发挥其原初价值,并仅限于表达的作用,它就能够在儿童之间引发相似的情绪和手势,至少在其功能系统现有结构允许的范围内产生作用。但是在体验这种情绪或姿势的迹象时,儿童并没有区分自己与意象本身的关系。相反,意象在这个不一致的阶段增加了外来倾向的暂时入侵,梅洛-庞蒂称之为自恋的入侵:引入这些外来倾向的一致性有利于自我的发展。然而,在确认自己的身份之前,它会混淆自己与形成它的意象,同时也将它与原始的异化产生联系(Merleau-Ponty,2010)。

从这种角度来看,自我保留了上述所讲的炫耀、诱惑和专制的情境中清晰可见的模糊结构,并将其形式赋予受虐和偷窥的冲动,这对他者而言具有破坏性。这种原初的入侵有利于我们理解自我的投射,无论其是表现为摇摆不定的个人身份,还是处于偏执狂的过度主义者,因为他的自我已经退行到最原始阶段。

(6) 自我与他人:嫉妒的情形。当嫉妒情形出现的时候,自我和他人在互相构建。因为从他与镜像互相吸引倾向的角度来看,自我是引入这种镜像而导致不和谐的因素。这意味着会带来第三种对象,即有第三方存在的情况下，竞争代替了镜像阶段的情感混乱和模糊。因此，坚持通过身份认同而产生嫉妒的主体拥有一个新选择，在那里获得了现实命运，即：可以回归到母性的对象，坚持否认实在，并毁灭他人；他也可以被引导到另一个对象并以人类知识的方式接纳他，即作为一种可转移的对象，因为竞争有相应的法则。但与此同时，他也承认与他竞争或制定竞争规则的其他人。

儿童发现他人和外界对象都是社会化的产物。梅洛-庞蒂认为，人类的嫉妒与生物秩序的竞争明显有区别，因为嫉妒产生了自己的客观对象，而不是被它们所控制，随后嫉妒具有一种典型的社会情绪特征。以这种方法形成概念化的自我，对于3岁之前的儿童构成自我来说并非必备，儿童的自我必须掌握人类知识的基本客观性（Merleau-Ponty，2010）。需要说明的是，这种知识从人类起源所特有的生活不足中吸收丰富性和力量，这些不足是人类生活从一开始就具有的特征。客观对象的原始象征含义帮助它们超越本能的重要范围，它们的存在被感知为一种工具。因嫉妒性同情而出现社会化是儿童自我概念的永恒基础。

（三）俄狄浦斯情结：父亲的介入

弗洛伊德认为，俄狄浦斯情结（oedipus complex）是对异性父母乱伦依恋所造成的结果。梅洛-庞蒂反对这一观点，并断言4—7岁的儿童不可能设想出性依恋，因为儿童的性欲不符合任何精确经验。梅洛-庞蒂认为，儿童不存在与成人感觉完全对应的感觉。相反，儿童与成人的感觉存在着一种预期，正如我们在儿童发展过程中经常发现的那样，儿童突然位于一个与他年龄相当的心理水平。这是一种在真正青春期之前的心理青春期（psychological puberty）。此时，性欲的区别更多是建立在外貌的基础上，这是一种普遍的吸引力，也是非主题化的情感，但在成人意义上不是乱伦。这种性欲的早熟发生在5岁左右，然后退行直到青春期，在那时性欲得到实现。俄狄浦斯情结，即与同性父母的认同和竞争，也因父母的禁止而加剧，这随后会在孩子身上产生负罪感（Merleau-Ponty，2010）。

弗洛伊德以一种平行的方式构建了女孩的心理发展，后来把"伊莱克特拉情结"(electra complex)这个名字赋予了女孩对父亲的依恋。然而，"伊莱克特拉情结"与"俄狄浦斯情结"存在三个本质区别：一是男孩对母亲的依恋比女孩对父亲的依恋更强烈。像男孩一样，女孩最初只关注她的母亲；她的发展受到变化的影响，而男孩则直接依附于母亲。由于权威的作用，男孩的压抑也比女孩强烈，父亲的权威对他的制裁比母亲更可怕。二是由于生理结构上的差异，女孩和男孩的性欲情感的演变及其功能不可能完全相同。男孩的进化与生殖器官的联系更为直接，发育也更为连续。女孩的进化是通过从阴蒂性征到阴道性征的转变，从一个分散性征到一个有组织性征的转变。三是"阉割情结"(castration complex)的演变。弗洛伊德认为在大约5岁的时候，小女孩发现了两性之间的差异。她必须放弃一种"想象中的阳刚之气"(imaginary virility)，她把自己从母亲身上分离出来，依附在父亲身上。在男孩身上，阉割情结与超我的形成联系更为紧密。这是监督和惩罚的一个方面。由于对同性父母的原始依恋，女孩的超我更加脆弱，对父亲的爱永远是女孩次要的依恋（Merleau-Ponty, 2010）。

（1）俄狄浦斯情结的普遍性。弗洛伊德在《图腾与禁忌》中提出了俄狄浦斯情结普遍性的假设。他假设了一个由父亲强势支配的原始家庭，儿子谋杀了父亲。经过一段潜伏期和被压抑者的回归，父亲恢复的权威在图腾崇拜中确立：纪念谋杀（图腾共融）、内疚感以及一些性欲方面的禁令。

在母系社会中，性欲压抑和乱伦禁令也普遍存在。至于情结的普遍性则建立在原始杀父论(parricide)的基础之上。梅洛-庞蒂还指出，马林诺夫斯基发现了没有俄狄浦斯情结的社会，而认为俄狄浦斯情结可能是一种与我们社会结构相联系的"制度"。但拉康的观点是，即使考虑到这一假设，问题仍然是俄狄浦斯情结是否保证了社会中有更好的文化发展。因此，梅洛-庞蒂认为，在俄狄浦斯情结和父系意象(paternal imago)失去了力量的社会里，存在着某种停滞和退化。正是在克服对母亲的依恋和由母亲依恋所体现的走向死亡的倾向中，个体才能够进步。在母系社会中，由于两种功能分离（即被驱逐的舅舅），社会的退行主导了升华的精神（Merleau-Ponty，2010）。

（2）俄狄浦斯情结的重要性。梅洛-庞蒂在《可见的与不可见的》中提及："应该从肉身的哲学角度理解弗洛伊德的本我、自我的概念"，这是"因为'肉身哲学'是前提条件，如果没有这个前提，精神分析中的概念就还处在人类学的发展阶段"（莫里斯·梅洛-庞蒂，2008a）。梅洛-庞蒂认为，俄狄浦斯情结不是因果联系的关系，而是要从多态性的角度出发，向存在敞开的单元而组成的"性格"固着——这种固着以后就会经过俄狄浦斯情结这个实体（莫里斯·梅洛-庞蒂，2008a）。也就是说，梅洛-庞蒂认为弗洛伊德通过口腔、肛门、性欲来解释性格的形成与发展，并非说口腔、肛门、性欲是形成与发展的原因，而是理解它们具有多态性，通过充实这些单元实体——我们通过身体的作用形成"性格"固着。梅洛-庞蒂通过这样的解释来强调儿童与身体是一种具体的本体论关系。"俄狄浦斯情结的重要性在于它与身体的关系。因此，我们对性欲的卷入被看作肉身的一个组成部分，只有借助肉身的作用才能理解行为的意义"（Merleau-Ponty，2010）。这里的"性格"是指人类的一切存在，它源于多态性。多态性指的是儿童所处的社会文化和历史环境非常丰富，即儿童的发展有无限的可能性。起初，儿童的身体作为一个实体存在，对世界敞开，这个实体遇到各种各样的填充，最终存在变为肉身，作为所有事实的维度存在。

梅洛-庞蒂认为，要保留弗洛伊德概念的基本方面。俄狄浦斯情结具有明显的偏离风险，它决定了个体的后续发展。对男孩来说，对母亲的依恋可以唤醒和支持断奶情结，支持回归和唤醒"死亡本能"。但是对母亲的依恋包含了一个非常重要的方面：与父亲的认同，与父亲相似的愿望。对女孩来说，与母亲的认同并不包含同样的危险，因为她在母亲那里找到了脱离断奶情结的正常出口。俄狄浦斯情结的重要性在于儿童首次意识到客观化的外部世界，这是一个与儿童不同的世界。儿童的后续生活取决于这种客观化对他造成的影响。因此,根据拉康的观点,俄狄浦斯情结有消极和积极两种功能:一种是压抑,另一种是升华和训练(Merleau-Ponty,2010)。俄狄浦斯情结在形成超我的过程中起着相当大的作用,因为它代表了禁止和惩罚的集合(无论是真实的还是想象的)。然而,拉康认为与身体有关的禁令可以追溯孩子的一生。肛门教育和对即时满足的放弃可能会形成一个古老超我(archaic superego),这为分离和阉割感觉提供了雏形。个体如果不牺牲自己身体的一部分就不能成为一个真正的人,这一观念在人们的头脑中根深蒂固,在许多原始的仪式中发现了这个证据(Merleau-Ponty,2010)。俄狄浦斯情结还以其身份认同促成了理想自我的形成,即"良心"的形成。它保证了孩子想要实现男性或女性理想的特征,但这种形成只有在有冲突的情形下才能实现。

(3)俄狄浦斯情结发展的三个阶段。梅洛-庞蒂受到索绪尔关于语言学思想观点的影响,在象征意义的层面分析了俄狄浦斯情结的作用。在借鉴了拉康关于俄狄浦斯情结的观点的基础上,梅洛-庞蒂将俄狄浦斯情结划分为以下三个阶段:第一个阶段,俄狄浦斯的初始阶段。在此阶段,母亲的欲望完全支配儿童的欲望,儿童所渴望的东西就是纯粹为了让母亲高兴,儿童所喜欢的物体受到母亲喜好的影响,儿童所做的一切都是在极力满足母亲的欲望。儿童要取悦母亲,儿童已经成为阳具,儿童把自己认同于他母亲渴望的对象,并认为自己符合这种对象的要求。这个阶段父亲的影响还没有出现。第二个阶段,父亲的作用在母亲与儿童的关系中产生重要影响。梅洛-庞蒂认为,此时的俄狄浦斯情结开始受到父亲的干预,父亲扮演了必不可少的角色,如扮演"禁止者""剥夺者""独享者"甚至是"阉割者"等一系列角色(Merleau-Ponty,2010)。儿童被迫接受母亲是父亲的私有物,而不是他自己的私有物。当母亲被父亲独自占有的时候,儿童认为父亲就是规则的制定者,母亲作为中介,因为母亲被动接受由父亲制定规则这一客观事实。第三个阶段,俄狄浦斯情结开始慢慢衰退,儿童开始确立自己的主体形象和父亲在自己心目中的形象。父亲的出现及影响证明了自己才是母亲欲望的阳具,而且只有父亲才具有阳具。这个时期儿童的主要特点,表现为儿童认为父亲象征着规则,而且这种象征性具有普遍完满的作用。此时,儿童不是通过母亲的欲望或镜像的作用确立自己独立的主体性人格,而是依靠父亲的作用达成这一目标。梅洛-庞蒂利用象征的作用阐述了俄狄浦斯情结对于儿童成长的重要意义,儿童通过俄狄浦斯情结的作用构成了自身成长的一个独特阶段。

第六章 | 梅洛-庞蒂身体现象学心理学思想的当代价值

- 第一节　身体现象学对心理治疗的影响
- 第二节　身体现象学对第二代认知科学的启迪

第六章 梅洛-庞蒂身体现象学心理学思想的当代价值

无论在理论上还是在实践中,身体现象作为一种文化,在当代社会已成为一个不可回避的问题,在学术研究中也成为一个热门话题。随着研究的深入,身体这个被忽视的存在体,已经"飞入寻常百姓家"。套用萨特的话,我们说:梅洛-庞蒂活在当代(杜小真 等,2011)。显然,梅洛-庞蒂在当代的意义,并不意味着出于文化猎奇的原因去挖掘他的思想,也不意味着在当代哲学理论视野中建构梅洛-庞蒂的思想。相反,梅洛-庞蒂的当代意义是向那些在时间流逝和兴趣变化中被忽视、被压抑、被遗忘的思想敞开大门,以便重新发现这些理性思想的内容和当代价值。本章将以此为线索,探索梅洛-庞蒂身体现象学心理学思想的当代价值。

第一节 身体现象学对心理治疗的影响

梅洛-庞蒂没有明确提出心理治疗方法,但是他的身体现象学思想蕴含的心理治疗的基本原理对心理治疗产生了深刻影响。在当代心理治疗的流派中,身体要素在各个心理治疗流派发挥着越来越重要的角色,身体在心理治疗过程中发挥着参与、反馈等作用,甚至有时候以一种独特的方式从"背景"的角色变成"前景"的身份,指导着心理治疗的发展进程,身体的状态有时候还可以是判断心理咨询是否有效的指标之一。治疗师可以从来访者的身体显现状况直达当事人的内心。格式塔心理治疗、能量同步疗法、替身技术等心理治疗技术直接从身体启动,通过身体的作用,帮助来访者解决问题。也有一些心理治疗技术虽然不是直接的身体技术,但身体是影响治疗效果的重要因素,如格式塔治疗技术中对身体的探究、对知觉场的探究,实际上也涉及身体的因素。凯恩说:"我们通过身体触摸世界,身体要比能表达的言语'知道'的更多,如果不借助身体体验去了解意义,我们就无法领会现实"(大卫·凯恩,2012)。

梅洛-庞蒂的身体现象学对心理咨询与治疗、临床医学这一类应用领域带来深刻的影响,有助于增进医护人员对心理疾病本质的认识和对患者的描述。现实中最常见的情形是,患者来到医院做各种常规检查与化验时,患者的身体是被当作一种生物的躯体,患者的身体、生理在仪器的帮助下,被还原为一组数据、图像、生理指标,活生生的身体被转换为生理学、解剖学的实体。现代化的医疗设备对身体的生理结构、病理过程看得更加清晰,但是这并没有增进医生对日常生活世界中身体变化的理解。在对躯体的治疗过程中,医护人员采用因果决定、本质与现象等理论范畴解释患者的生活主观体验,最后保留下来的只有冷冰冰的医学术语。医护人员在考虑治疗方案时,只根据医疗设备看到的生理身体,而忽略了患者身体对日常生活的体验。医患之间对身体的理解有很大差异,这对临床咨询、决策带来很大影响。对身体的现象学分析不仅有助于提升医学的人文性,也有利于解释医务人员和病患对身体意义理解产生差异的原因,对如何克服临床工作中的非人化现象和改善医患沟通具有很强的现实意义。因此,在临床工作领域合理吸收和借鉴梅洛-庞蒂身体现象学中心理治疗的合理因素显得尤为重要,或许能为我国现阶段的临床治疗领域工作指明一个新的方向。

一、身体现象学蕴含的心理治疗基本原则

心理治疗是要整合人性的各个方面和内心冲突,只有身心和谐、一致、共存时,人的潜能才能充分发挥出来。我们可以把身体现象学的心理治疗的基本原则归纳为以下六项。

(一)肉身显现

"肉身显现"是指身体和心理彼此交融而又互惠的主体间经验(intersubjective experience),它既是实现自我意识的根本路径,也是"自我"获得主体意识的方式(Merleau-Ponty, 1962)。肉身显现是一种从此岸到彼岸

的过程,在这个过程中使得个体意识借助身体的作用来表达思想、体验感受和增强能量的流动。肉身显现要求我们具有一种通过身体流动起来、独到的视角而使生活变得丰富多彩的能力,因此,肉身显现体现了一种没有障碍的生命能量的流动:生命的意义通过视觉、听觉、空气、食物以及其他有组织的经验形式传递给身体。肉身显现以富有创造性的方式把这些因素整合到身体的存在中去,这也意味着我们通过这些因素彻底地表达我们与世界的独特关系,借助这个表达动作,我们发现自己与世界处于一种完整的、新的关系中。

肉身显现可以借助多种形式进入心理治疗领域,由于我们身处一种分裂的二元文化中,所以总是会产生与身心二元相关的困境,除了承认个人问题的文化根源,我们还可以找到更基本的方法来适应这些困境。作为一名心理治疗工作者,我们越能清醒地意识到自身和我们在世界上所处的位置,就越能完整地向来访者展示咨询师之所是,我们也因此变得更有洞察力,表达也更清晰。总之,肉身显现使咨询师能够和对来访者的理解、治疗技巧的熟练运用一起在场。

(二) 身体能量和心灵至善

梅洛-庞蒂认为,我们对世界的敞开将我们与一种基本的身体能量相联系。简而言之,能量就是生命之力量,从更宽泛的角度讲,能量来自世界、自然本身。所有的主体都有活生生的生命体验,不经体验的生命还存在价值吗?梅洛-庞蒂说:"世界以原初的方式显现给我,而我直接拥有这个世界"(Merleau-Ponty, 1962)。因此,我们需要在世界中敞开自己,接受自己的真实面目。对身体的治疗主张,主体的生命能力是至善的,尽管有些行为令人厌烦或具有破坏特征,但是从中引发的生命冲动或能量未必有害。在心理治疗过程中,承认来访者的身体感受性,能有效地缓解对方的压力。每个个体的身体能量、生命形式都有其独特的性质。实现生命能量的流动,感受身体带来的真实体验,这本身就能提升心理咨询的效果。

诚然,身体的能量可能以混乱或扭曲的形式表现出来,承认身体混乱状态的能量,有助于来访者摆脱绝望和诅咒。直面这些能量,可以帮助来访者更好地改变不良的生活方式。如果个体阻止身体能量的流动,斩断与主体自我的各个方面的联系,个体就可能会再次陷入与世隔绝和自我封闭的深渊,也可能成为邪恶念头的受害者。

(三) 在关系中整合自我

肉身显现涉及身体和我们所处环境的整合。在肉身显现的状态中,我们的注意力既可以关注身体,也可以关注到身体所处的环境,创造身体与环境的交流互动。但是,外部环境的刺激通常会将我们的注意力从身体中转移,在这种情形下,主体所关注的焦点就不再是身体,而是身体之外的世界。来访者关注的领域还不能大到足以包括身体和环境。如此,来访者在与他人相处时,就失去了对自我的反省。当来访者感受不到身体的体验时,就不能对生活做出一种自由且负责任的决定,生活的过程只是在逻辑层面运行而缺乏对生命的真实体验。这种情况阻断了自我与环境的关联和与他人建立亲密关系的愿望。在个体层面,来访者就会失去自己的直觉、创造力以及发自内心成长的机会。在关系层面造成的后果就是依赖、缺乏独立性和个性。

(四) 整体的现象场域和经验流

来访者所理解和体验的现实(即"视域")是他活生生的、流动的经验世界,在这个世界中,主客观两方面并存,融为一体,不可分割(也就是布伦塔诺所表达的"对子说")。需要通过整体性的观点来理解现象场域(field),不能分割成没有直接联系的、单独的、类似于原子的实体。这是一种顿悟的过程,是一种豁然开朗的瞬间体验,而不是一步一步的逻辑分析。个体心理或精神"需要"是现象场域的组织力量。理解人作为主体的主动性、自觉性、自发性、自主性。反对非流动的、脱离生活语境的、静态的、孤立的分类诊断与治疗,反对用一个标准化的"治疗方案"对来访者开展统一形式的"治疗"。以开放的态度面对经验事实本身,并将经验视为一种能流动的能量。因此,心理治疗不是指导、建议和告诫,治疗师也不是处于高高在上的权威地位,咨访双方应当处于平等的地位。

(五)实现"主体间性"的联系

在传统的心理治疗中,来访者的存在往往被视为"异常",治疗师会以"判断""观察"的眼光看待来访者,做出这种判断的依据就是自然主义、心理主义的思想和理论,这就导致了一种僵化的咨访关系。但作为主体的个体和他人之间并不是完全独立和分裂的存在,认知主体之间存在着"共识",即治疗师和来访者是一种可以实现直接互动的关系,而不是建立在所谓专业基础上的不平等关系。治疗师要关注来访者的生活世界,引导来访者重新探索体验,深化体验的意义。

在身体现象学视角下,心理治疗中的治疗师和来访者是一种"主体间性"(莫里斯·梅洛-庞蒂,2008a)的关系。主体间性的关系首先意味着治疗师要知道来访者正在体验什么,其次是治疗师要知道来访者如何体验治疗师对他的体验。在日常生活中,人与人之间心存芥蒂,无法实现对自己和他人经验的体验,更遑论建立起主体间性的联系。而在身体现象学视野下的心理治疗,治疗师和来访者双方所经历的就是对对方主体经验的体验,达到"主体间性"相遇。

(六)身体情感意义的主体性与整体性

梅洛-庞蒂认为情感是可以被身体知觉到的且具有整体性、空间性的暧昧表达。"身体情感不是意识状态,而是按照现象学特有的方式将身体嵌入其中的氛围。身体投身于某种氛围中,所以身体的情感依附于身体的某一部位,但又是超越身体的某一具体部位,具有一种弥漫性的整体感氛围"(Merleau-Ponty,1962)。梅洛-庞蒂的身体情感不再把主体与客体、知识与客体的分离视为既定事实,不再从现成的主体中认识现成的客体,也不再以作为概念或反思性的情感为根据,而是直接朝向丰富而具体的身体经验。这样,梅洛-庞蒂从身体的整体性、暧昧表达氛围的角度探讨了人的情感,情感不再是私人意义上的"主观事件",而是作为现象学的身体融入其中的氛围,是通过整体的身体体现的身体情感。

根据梅洛-庞蒂的观点,情境是一种暧昧但是意义相连的整体。情境不是由丰富多样的具体现象组成,甚至有些内容已经剥离了具体性,而是反映了具有暧昧意义的整体感(Merleau-Ponty,1962)。它自发地、无计划地影响着人们,展示其真实的"现实性"。它是一个整体,由一条连贯、流畅的线条整合在一起,由事件、程序和问题的内在含义联系在一起。这种情况通过"入身"形式的身体交流来达成(李昕桐,2015)。身体交流是身体以"入身"的方式穿越客观世界的过程。"入身"是直接与外部对象甚至与他人建立关系,体验某种超出本己身体氛围的现象。身体情境克服了身心二元、主客二分的思想,使身体嵌入情境中。人与世界的关系就是通过身体情境的"意蕴关联"而联系在一起。

二、身体现象学对心理治疗效果的启发因素

梅洛-庞蒂的身体现象学探讨了我们生活的、具体化的边界及其模糊性的表达,揭示了我们与他人、与世界的交叉关系,这些对心理治疗产生了深刻影响(Synesiou,2014)。狄龙认为梅洛-庞蒂虽然没有明确阐明关于心理治疗的理论观点,但是他的作品中的一些片段确实直接涉及这些主题(Dillon,1985)。托马斯也认为,梅洛-庞蒂身体现象学对精神病学和心理治疗临床实践具有启发意义(Thomas,2018)。以下归纳了一些梅洛-庞蒂身体现象学心理学思想中的心理治疗因素,先从知觉开始,这是梅洛-庞蒂最重要的概念。

(一)知觉

梅洛-庞蒂认为,所有的知识和意义都是通过知觉产生:"个体在思考或说话之前就能知觉,在任何思考之前,意义的世界就在我们面前"(Merleau-Ponty,1962)。然而,知觉受到个体所处文化和社会环境的影

响,并且知觉的对象和事件总是被认为是以身体、时间、他人和世界的存在基础为背景。正如梅洛-庞蒂所指出,"如果我们重新发现主体之下的时间,如果我们把对时间的悖论与身体、世界、事物和其他方面联系起来,我们就会明白,除此之外,没有什么是不可理解的"(Merleau-Ponty,1962)。

从逻辑上来说,与精神病人的临床接触必须从仔细探索他们对自己、身体、重要他人和他们的生活世界的感知开始,包括他们日常生活中经历的地点和空间。例如,有一项研究指出,在住院期间,治疗师与许多患者初次接触时发现,他们的看法被扭曲了:这个世界和里面的人可能很可怕。西蒙·查姆描述了他在精神病发作期间的知觉:"带我去洗澡的护士成了一名警卫,他准备带我去毒气室把我杀掉"(Horsfall et al.,2001)。当治疗师专注倾听来访者如何知觉及知觉的内容时,任何先入为主的预判必须被先放置一旁。梅洛-庞蒂指出:"他能够让我理解,因为我……能够让自己被滔滔的谈话引导到一个新的知识状态"(Merleau-Ponty,1970)。

因此,临床医生和朋辈可以播下对自我和世界不同知觉的种子。一个强有力的例证在《一副新眼镜:创造一个有可能恢复的世界》的案例中得到了体现,该案例描述了一个如何改变患者看法的例子(Bonugli et al.,2015)。这个案例描述了一位女士第一次参加同伴互助项目的情况:"我一走进房间,第一个念头就是我不该来……如果他们知道今天早上是我两周以来第一次洗澡,他们会把我赶出去。然后这个女人开始说……我开始听她说她在精神病院住了两年,他们告诉她永远出不来了,因为她患有慢性精神疾病……接下来她谈到了在病房里与世隔绝十年的情形。我问自己,我最后一次离开家是什么时候?随后,珍妮特和她的团队开始给我一些工具,让我在康复的道路上使用……使用像专注、授权、知觉、韧性和选择这样的术语。他们给我的是一副新眼镜,让我看到一个每个人都有可能康复的世界"。

(二) 整体论

在目前大多数现代医疗环境下,绝大多数治疗无法从整体的角度了解患者。直到最近，在心理治疗领域中出现了一种走向"综合关怀"（integrated care）的运动，在这种运动中临床治疗师才开始认识到身心的不可分离性。托马斯的研究指出，精神科的医生有一个惯例，他们通常先将患者转诊给全科医生或内科医生，为新入院的患者进行身体检查，因为精神科的医生不处理身体疾病的问题（Thomas，2017）。哈贝尔认为，身体健康护理和心理健康护理仍然经常被单独处理，当提供实例化的护理时，患者的意见通常被忽略（Happell，2017）。

梅洛-庞蒂身体现象学心理学思想具有整体性的特征，因为他认为人类的经验是"意识、身体和环境交织在一起"（Merleau-Ponty，1962）。他对身体的阐释在现象学中独树一帜，与传统身体是携带更重要的大脑器官的概念有着天壤之别。对梅洛-庞蒂来说，活生生的躯体先于思想而存在，它是存在的基本范畴，是所有空间关系和知觉的起源，与它所居住的世界密不可分：我们的身体在世界上，就像心脏在有机体中一样，它使可见的景象不断保持活力，它给自己注入生命，并在内心支撑它，与它一起形成一个系统（Merleau-Ponty，1962）。因此，整体论的特征对现代心理治疗的意义就是：治疗师应从全面、整体的角度看待患者的疾病特征，而不是仅仅从某一个方面、某一项生理指标来看待。如此，才能避免"头疼医头脚疼医脚"的局面。

（三）意向性

意向性是意识最基本的特征。意向性的一个方面是情感性，例如，爱的情感有意向，并引发各种爱的行为，真正的爱是通过这些行为表现出来（行为动作的意向性被称为机能或运动意向性）。在梅洛-庞蒂看来，人类从来不是行为主义心理学家所认为的生活世界中"刺激"的被动接受者。相反，人和世界相互建构。从他的第一本著作《行为的结构》开始，他就反对行为主义的"刺激—反应"原则，认为人类可以主动推翻或超越我们自己所处的情境。

我们的意识总是特别指向一些对我们有意义的对象或事件。例如，

"如果我进入房间,只注意到家具,这就可能与进入房间注意到孩子、食物或艺术品的人截然不同"(Thomas et al.,2002)。因此,临床治疗师要根据患者所思、所做来获得关于患者意向性的认识。此外,患者的眼球运动、手势和其他非语言行为(例如,叹气或经常清嗓子)都具有启发意义。梅洛-庞蒂也说:"人类的任何一个词语、一种手势甚至心不在焉的现象都有意义"(Merleau-Ponty,1962)。当试图分析患者的行为时,临床治疗师"发现了几层含义,每一层都有自己的真相"(Merleau-Ponty,1970)。当临床治疗师阅读病历或临床病史时,可以回溯行为来确定它曾经如何对患者有意义。临床治疗师引导患者反思他们自己未反思的行为是治疗关系工作阶段的一个基本部分,发现对患者有意义的因素对于促进心理健康和心理治疗至关重要。

(四)对话

在大多数存在主义哲学家中,梅洛-庞蒂对人性的看法要温和得多。萨特认为爱是无望的,与他人的冲突不可避免,与此相反,梅洛-庞蒂看到了从他人那里获得理解和肯定的潜力。与海德格尔将追求本真存在视为一种孤独的活动不同,梅洛-庞蒂认为,与他人的联系对于人类超越存在的孤独至关重要。在梅洛-庞蒂看来,通过与他人的对话可以产生新的意义:在对话的经验中,我和他人之间构成了一个共同的基础;我的思想和他的思想交织在一个整体的结构中……我们在这里有一个双重的存在,对我来说,对方不再仅仅是我超越领域中的行为,我也不再是他超越领域中的行为,我们是完全互惠的合作者(Merleau-Ponty,1962)。

无论是住院治疗还是门诊治疗的患者,梅洛-庞蒂所描述的对话在当代许多治疗环境中非常稀缺。精神疾病住院患者报告他们没有足够的机会与治疗人员交谈或感觉自己被误解(Gaillard et al.,2009)。在一项关于社区心理健康环境中进行的研究指出,患者抱怨"在就诊过程中,治疗人员不看他们,也没有眼神交流,他们在电脑上打字,也不听他们在说什么"(Velligan et al.,2016)。但是,临床治疗师、患者和患者亲属之间的对话必不可少。在社区的治疗环境中,对话同样也是不可或缺的,因为对一些患者来说,孤独可能比他们生活中的一些精神疾病更加有害。当然,对话在社区康复服务中也包括同辈群体和同伴领导的支持小组的形式(Byrne et al.,2015)。

（五）活在当下

在梅洛-庞蒂的身体现象学中,时间是一种个人体验,而不是一个客观的度量标准和文化秩序的问题。然而,对时间的歪曲认识(根据一个人的文化背景来定义)通常被认为是进入精神病院的一个重要原因。考虑抑郁症患者对时间的知觉变慢,经历躁狂发作的患者失眠时与现实时间不同步。对于这些患者来说,恢复心理健康必须重新获得一个完整的时间概念系统以及重新获得对未来的希望,在未来他们将超越被精神科医生诊断的"终身监禁"(Horsfall et al.,2001)。

在梅洛-庞蒂看来,最显著的时间单位是鲜活的当下:"我倾向于活在当下,让它像现在一样保持不确定性和开放性"(Merleau-Ponty,1962)。与海德格尔强调死亡是本真生活的唯一动力和未来的唯一确定相反,梅洛-庞蒂说:"那么我活着,不是为了死亡,而是为了永远"(Merleau-Ponty,1962)。他试图强调的是,我们可以通过反思过去或推测未来以努力把握当下的时间,但我们只能基于我们在世界上的现状出发——当前的事件不断地改变着我们与过去和未来的关系。

对过去的滥用和损失的反思阻碍了许多患者走向治愈和恢复。如果我们遵循梅洛-庞蒂的观点:"通过抓住现在,我把我的过去聚集在一起,改变它的意义,从它那里释放和分离我自己"(Merleau-Ponty,1962),那么心理治疗的效果可能会变得更好。梅洛-庞蒂并没有假定过去的痛苦可以被抹去:"无论是通过接受痛苦还是否定痛苦,存在总是带着它的过去前进。正如普鲁斯特所说,我们栖息在过去生活的金字塔上"(Merleau-Ponty,1962)。

三、身体现象学在释梦中的应用

梦的解析以身体的感觉知觉为触发和引导：身体从开始感到平静和舒适，到眼睛流泪，以及呼吸急促、胸闷、恶心，最后到对身体的负能量和愤怒的感受过程和转化，不仅是身体在梦的现象中对自身的触发、探索和转化，它也是在身体症状中寻找意义和自我表达的过程。它既是一个负能量转化和宣泄的过程，也是一个探索解决问题和构建新格式塔的过程。在心理治疗领域，我们要探究的问题是：身体作为一种现象如何在梦的解析中发生和转化？知觉和身体两者之间的关系如何？根据这个思路，梅洛-庞蒂关于现象身体的解释可以视为上述操作的元理论。也就是说，梦的解析可以视为是身体现象学在精神分析中的具体运用。

（一）格式塔心理治疗对梦的操作

格式塔心理治疗明确提出其在方法论上打出了"身体现象学"的旗号，在实际治疗的具体操作中也的确运用了"现象场""现象身体""知觉场"等概念，尤其是"梦的工作""对知觉场和身体场的探索"集中体现了梅洛-庞蒂身体现象学的影响：将原初的、具身的体验作为核心，强调身体的意向性、具身性，主张具身而非意识的本质。梅洛-庞蒂知觉观对格式塔心理治疗技术中关于梦的解析产生了深刻影响，在某种意义上，格式塔心理治疗技术中关于梦的解析是梅洛-庞蒂的知觉观在心理治疗领域的实际运用。此外，格式塔心理治疗技术中关于梦的解析也受到了梅洛-庞蒂现象身体的影响（高剑婷，2017）。

格式塔心理治疗技术之一就是对梦开展工作，与精神分析的释梦不同的是，它不是对梦进行分析，而是尝试理解梦的原初给予性，并以"是其所是"的方式接触梦的原初给予性。下面借助一个案例来了解格式心理治疗技术中对梦的实际运用。来访者这样描述他的梦：那个时候我站在马路边上，路上空无一人，我准备去学校。我在考虑是走路、骑自行车还是乘公交车。我感觉有些焦虑,不知道选哪种方式。思前想后,我最后选择骑自行车。去学校的路上我遇到了一座桥,我骑车过了那座桥,过桥后发现路的两边是林荫路,还有绿油油的草坪,这里的环境与过桥之前的环境完全不同。很快就到学校门口,我看见很多人也去上学。

对于不同的人来说,梦的内容肯定也不同,但是对于格式塔心理治疗技术而言,"梦的工作"可以用一套相对完整、固定的步骤来规范,具体的操作步骤如下:

（1）述梦。请来访者叙述当时正在发生的梦,如"我站在马路旁边""我考虑以什么方式去上学""我在想……",来访者这样的叙述可以激活梦的内容,使梦境内容在当下再现,重新返回意识中心。

（2）认同"梦中之物",让来访者"变成"梦境中的那个人、物或场地。在前面的例子中,邀请来访者主动"变成"梦中出现的自行车,并以自行车的身份叙述梦的内容。例如,我是一辆自行车,我的重量是……我的结构是……,每天有很多人要骑自行车处理各种事情。我刚才看见一个人在想,该选择何种交通工具去上学。这个过程可以叫做认同"梦中之物"（人或物）,也就是使来访者抽取梦中出现的内容,然后再变成梦中之物的立场叙述梦境。

在上面的例子中,来访者认同梦境中的内容,将自己变成梦中的桥、自行车等物,并以现在进行时的方式再次叙述梦境的内容。通过对梦进行格式塔式的操作,来访者发现自己在梦中有一种焦虑情绪,他对交通工具的选择存在纠结,无论选择何种出行工具,来访者似乎都有牵挂。运用格式塔治疗技术对梦的工作进行分析,来访者领悟到:无论选择何种出行交通工具,路的长度不会发生改变,目的地也不会发生改变。来访者一旦这样领悟梦的工作,就会释放内心的焦虑,笃定心中想要去的地方,带着这种领悟后的放松与笃定,来访者重新回到自己的现实生活。

上述内容是建立在身体现象学理论基础上对梦的具体操作。乔伊斯和西尔斯认为,"现象学方法……是一种心理治疗的重要方法,它可以用来解决任何新的问题,它也是提高觉察力、深化体验、理解来访者主观世界的重要方法"（菲尔·乔伊斯 等,2005）。

（二）对梦境内容的现象学分析

梦境内容与现实不同，它有自身的特征，从身体现象学的角度而言，它具有以下特征。

（1）梦境内容是含义之物。格式塔心理治疗技术对梦的工作的第一个步骤是：对梦的体验转变为表达或言说，这也叫做"述梦"。当梦的内容以各种奇怪的方式向我呈现时，它首先是一种沉默的、私人的、模棱两可的体验，它处于前述谓（pre-predicative）阶段。述梦就是整理对梦的体验以及梦境的内容，进而转向体验自身的表达，在此基础上产生"关于……的梦"。在这种个人体验转化为表达时，梦境内容作为被给予的对象获得何种规定、表达活动传递了什么、意指什么等等都是模棱两可。来访者有时把握到的是被传递的行为，有时是观念的意义。在这种模糊的表达中，有一点可以确定的是，有某种对象是作为具体心理体验的嵌入物而被给予。对表达行为进行现象学的研究有助于对之形成更加深刻的理解。

述梦也就是将梦境内容诉诸表达，在某种程度上说，这是一个含义赋予行为。这种赋予行为为梦中清晰的、模糊的呈现之物赋予一种意义。同时，这也是一种充实含义的行为，在对梦中的内容进行描述的过程中，梦境内容逐渐由空乏变得充实。在这种从模糊的活动到恰当的、具体的、明确的、通过丰富事例的直观和满足，以及意指活动自身充实的过程中，梦境内容得到了叙述，在表达实现其意义的瞬间，来访者达到对梦境内容的意义理解，对意义理解，实际上是一个意义的自我建构过程。从这个角度来说，梦境的内容不同于现实的对象，它既没有广延性，也不具备时空性，它是被意指的对象，是一种充满含义的解释活动。梦境内容可以作为线索，帮助来访者面对纯粹自我。只要提供一种对话的氛围，来访者可以连续不断地构造出新的含义。

（2）梦境内容是自我构建的结果。从现象学的角度出发，梦境内容的显现是由"我"将目光朝向体验之流的人"构建"出来。这种方式是：对"我"进行彻底的还原，使之成为一个纯粹的自我，同时也将世界还原为由"我"构建的现象。"我"并不与自然世界对立，而是作为一个"不排斥任何一种作用可以取消"的"行为"中的纯粹"主体"（埃德蒙德·胡塞尔，1996），因而意识行为总是"一种从自我中散发出来的东西。""我"不再假设为外部世界存在或不存在，与这个"我"相对应的世界，不是作为自然的、自在存在的对象世界，而是作为意向显现模式中的现象世界。世界被简化为"我"，一个被悬置的纯粹意识活动的相关项，作为"我"的纯粹意识生活的相关物，赋予它存在的意义。世界是为"我"而存在，是一种对"我"有效的现象。

（3）梦境内容具有视域性。任何给予的单一事物总是和背景一起呈现给意识，每一个意识的瞬间都有一个中心和一个边缘，被感知的事物必然被给予事物的背景所包围。意识中所指的任何对象从来不会孤立地呈现在我们面前，而是在环境中被体验到，总是在一个由某种意义引导的"网络"中，在某个"视域"中呈现在我们面前。视域中总是包含着显现的部分和未显现的部分，显现的对象始终具有相对于它显现给意识的多余成分，这种在当下拥有的共同拥有也称之为"共现"。

具体来说，梦中不同的人、事、物，都可以作为被感知的对象进行探索和拓展。梦中只要有任何一物呈现，都与其他的对象（人）同时显现。每一次认同梦中的对象，其实都是意识中心和边缘不断转换的过程。每一种感知都是一种"提取"，思维的对象处在一个始终伴随着它的背景中，而背景本身也随时可以变成"提取"的对象。当一个思考对象的背景变为一个被思考的对象时，视野中最初的对象沉入背景中，但并没有完全从意识视域中消失。反省的思维可以在这些视域中来回切换，使潜在意识转换为显现意识。在认同的过程中，格式塔治疗师建议来访者对梦中不同的人、事、物进行认同。这个过程实际上涉及视域的转换所带来的现实与可能的转换。随着来访者进入梦中感知不同的人和物，现实体验被各种潜在体验所包围。

在上述的案例中，来访者做了一个关于他应该骑自行车还是坐公交车去上学的梦，在梦里他对这个选择感到焦虑。在梦的工作中，当来访者认同那条路时，他发现：我自己作为一条路，总长度不变。这个视域让他顿悟：无论是骑自行车还是坐公交车，路的总长度都不会发生变化。既然路的总长度不会发生改变，去学校的目标不变，那么选择什么样的交通工具似乎没有那么重要。来访者如果认同梦中的人，他体验到的是做出选择时产生的焦虑；如果来访者认同梦中的路，他变得和路一样客观中立，从而放下焦虑。这种变化其实是从"我思"到"我能"的变化。在心理治疗中，实际视域和潜在视域之间的来回穿梭，成为打开来访者狭窄视域的具体操作。

总之，格式塔心理治疗技术中对梦的工作要做的是：回到梦境内容本身，回到梦的被给予方式，在梦的清晰性或模糊性来回变动中，是其所是地观察和描述它，专注于对梦的现象学描述。描述也就意味着悬置了关于梦的人类学、心理学、精神分析的假设，让梦作为一道景象涌现在来访者的描述中。对梦的描述，是来访者再次把梦境内容唤醒激活，并置于意识中心。描述使来访者获得了一个对梦的反思视角，这个视角使述梦者获得"未被反思项"的体验。借助反思的作用，"未被反思项"进入视野。"未被反思项"与反思一起呈现，它是在"做出掌握、内化或收归内在的尝试"（莫里斯·梅洛-庞蒂，2000），而且"未被反思项"只有相对于"被给予项"才能获得意义。由此，在格式塔心理治疗中，对梦的工作就变成了意识的一项创造性活动，这种活动将意向对象始终停留在视线中，而对象在操作的意向性中变成了一个精彩的景象：它始终不断地在涌现和发生，从一个显现到另一个显现。梦的工作为述梦者提供了构成感知世界的事物中的映像、影子、可能性和丰富的意义。

第二节　身体现象学对第二代认知科学的启迪

根据对身体的理解，认知科学可以区分为"第一代认知科学"和"第二代认知科学"。前者受到计算机科学的影响，提出将大脑比喻为计算机、表征符号计算等基本主张,身体被视作为物理实体,身体的作用类似于"容器"或"载体"。第二代认知科学把身体视作为认识的主体,认知是一种身体经验,认知与身体活动密不可分。至此,认知实现了由"离身"到"具身"的转变,身体也实现了从心理学的"边缘状态"到"中心位置"的转变,实现了认知心理学的"身体转向"。第一代认知科学向第二代认知科学发展的过程中,有关梅洛-庞蒂的身体现象学的思想不得不提及。事实上,国内外有很多学者已经承认了梅洛-庞蒂的身体现象学思想对第二代认知科学的影响。如克拉克说:"身体、环境等各种因素对认知的影响最早要追溯到梅洛-庞蒂"(Clark,1998)。托贝也说:"认知科学范式革命的哲学基础来源之一就是梅洛-庞蒂的身体现象学,认知科学向身体的转向得益于梅洛-庞蒂的功劳,他对具身认知、延展认知、嵌入认知和生成认知都产生了深刻的影响"(Tauber,2008)。拉考夫和约翰逊在《肉身哲学》中,认为梅洛-庞蒂是第二代认知科学的重要哲学家(Lakoff et al.,1999)。克拉姆洛克认为,认知科学需要像梅洛-庞蒂这样的存在主义哲学家的思想才能获得健康发展(McClamrock,1995)。而安德森认为,梅洛-庞蒂的身体现象学有助于认知科学更好地理解"什么是具身"这个重要问题(Anderson,2003)。德雷福斯通过对梅洛-庞蒂的身体现象学理论的理解,批判了传统认知科学中的计算主义范式,为第二代认知科学的形成和发展奠定了基础(Dreyfus,1992)。而加拉格尔直接将梅洛-庞蒂的身体现象学思想运用到认知科学对身体、认知、意识等问题的实证研究中(Gallagher,1997)。在国内也有不少学者指出了梅洛-庞蒂的身体现象学对第二代认知科学的影响,比如,李其维认为,梅洛-庞蒂的身体现象学中"作为世界中介的身体"的概念是第二代认知科学最显著的思想源头之一(李其维,2008)。叶浩生指出,在第二代认知科学的发展过程中,梅洛-庞蒂的身体现象学思想扮演了重要角色(叶浩生,2011)。刘晓力认为,认知的具身性研究的起因是对传统认知理论中计算表征的不满,但其哲学基础是梅洛-庞蒂的身体现象学思想(刘晓力,2005)。李恒威等人也指出,具身认知的发展离不开梅洛-庞蒂身体现象学思想的支持(李恒威等,2006a)。总之,国内外很多学者都认为梅洛-庞蒂的身体现象学思想是第二代认知科学的思想起源和哲学根基。

一、身体现象学与第二代认知科学中的身体观

第二代认知科学确立的标志是承认身体在认知活动中的主要作用,第二代认知科学认为身体是我们接触、干预和理解世界的枢纽,是心智表达的初始模式。第二代认知科学认为认知主体是一种自然的、适应于日常环境的活动主体,认知在日常环境中产生。第二代认知科学认为认知有具身的(embodied)、嵌入的(embedded)、生成的(enacted)、延展的(extended)和动力学的(dynamic)性质。甚至有研究者认为,第二代认知科学才算是真正的认知科学(Lakoff et al., 1999)。第二代认知科学最根本的主张是反对计算隐喻,主张我们必须回到有机体为心智寻找根源,不存在独立的、与身体无关的符号运算心智活动。这些主张构成了第二代认知科学的基本出发点。

(一)第二代认知科学的基本主张

第二代认知科学提供了一种与传统认知科学完全不同的观点。根据第二代认知科学的观点,认知在很大程度上与身体的特征紧密相关,认知过程不仅受到大脑神经水平细节的影响,而且身体的生理结构和身体的感觉运动系统对高级认知过程也产生深刻影响。认知由身体及其运动方式塑造。身体之外也存在认知,社会神经科学的有关大量研究使人们认识到:"仅仅只靠大脑无法完成更高级的认知功能。大脑及其通过身体与外界的互动在理解高级认知过程中起着至关重要的作用……对心灵的理解必须放在它与身体的关系中,而身体是与外界环境紧密互动的身体"(Inui, 2006)。第二代认知科学就体现了这些思想。对第二代认知科学的含义有不同的看法,但是把这些不同理解联系在一起的是"对以认知隐喻为中心的信息处理机制的一致拒绝……不能把心智理解为'计算的'和

'表征的'"(Calvo et al.，2008)。归纳起来,第二代认知科学可以从三个方面加以理解。

(1)身体的生理状态对认知过程产生直接影响。"心智是具身的,不仅仅是因为它的所有过程都必须基于神经活动,而是因为我们的知觉和运动系统在概念形成和理性思维中发挥着根本作用"(Anderson,2003)。已有的实验研究已经充分证实了这一点。耶鲁大学的研究人员将41名大学生随机分为两组。第一组的学生双手拿热咖啡,第二组的学生手拿冰咖啡。当他们到达实验室之后,两组学生评估了一个想象的中立者的性格特征。结果显示,第一组的学生比第二组的学生更有可能将想象的人物评价为热情友好。学生的认知判断受到身体感知到的温度的影响(Angier,2010)。也有研究发现,男性学生在紧握拳头的情况下,学生的自信心、自尊感明显增强,紧握拳头的身体状态提高了学生的自我意识水平(Schubert et al.，2009)。

(2)在认知的形成与发展过程中,大脑与身体的特殊感觉—运动通道发挥着至关重要的作用。大脑在机体与外界环境相互作用的过程中,通过特殊的感觉和运动通道形成特定的心理状态,此外,"这些心理状态在特殊通道系统中的再现(reenactment),实际上成为概念加工的基础"(Barsalou et al.，2003)。也有有关情绪的研究发现,概念的形成、发展、使用和身体的真实体验、感觉—运动状态的激活紧密有关,有关情绪的知识加工也和情绪的再体验紧密有关(Niedenthal et al.，2009)。从这个立场来看,在本质上,心智和认知并不是使用抽象符号的表征与加工处理,而是模拟(simulation)。"模拟是感知、运动和内省状态的再现,这些状态产生于身体、世界和心智的相互作用过程中"(Barsalou,2008)。"大量的工作表明,在对环境产生表征时,我们通过内隐运动来模拟我们面对一个物体时所做的动作"(Yang et al.，2009)。我们为什么能理解别人,并对他人产生同情心?是因为我们可以通过大脑和身体的特殊通道来模拟他人的感受,从而产生真实的体验。在这个过程中,形成认知的感觉和运动系统中的特殊通路扮演了重要角色。

（3）第二代认知科学的另一层意思是："扩展传统认知的观念，身体、外界环境的各种信息都在认知加工中产生重要作用"（Shapiro，2007）。根据传统认知的观点，认知是在大脑内部的一个表征过程，大脑是产生认知的"硬件"，而身体只是硬件系统的一个重要装置，外部环境是认知活动的产生之地。而具身认知强调身体的生理结构以及身体与外界环境的相互作用不仅是认知系统的重要组成部分，而且对行为也产生制约作用，对认知过程产生直接影响。大脑嵌入身体，身体嵌入环境，构成了一种完整的系统。依据这种理论观点，为了理解认知，我们必须将有机体置于其所处的环境中，将有机体、行为和环境视为紧密相连，通过有机体本身形成一个知觉和运动的环（Eliasmith，2007）。认知是一个涉及大脑神经系统在内的系统、复杂事件，此时的"认知"不仅仅是认知本身，认知还是"认知主体"与"外部环境"之间紧密联系和相互作用的生成过程，其中"认知主体"包含大脑和身体，"外部环境"包括自然环境和社会环境两方面。这也就是神经科学家盖尔德所说："认知系统并非位于大脑之中，准确地说，身体、神经系统和外部环境都在不断变化，同时相互影响，所以真正的认知系统是由这三者组成的整体系统"（Van Gelder，1995）。

(二) 身体现象学与具身认知

在认知科学的研究范式逐渐由传统的离身（disembodied）认知向具身（embodied）认知转向过程中，梅洛-庞蒂的具身性思想成为这一研究范式转向的哲学基础，因此，有研究认为他是具身认知思想的开拓者和哲学基础的奠基者（Lakoff et al.，1999）。梅洛-庞蒂的具身性思想观点的目的就是要将笛卡儿身心二元论思想从他的理论思想中排除。梅洛-庞蒂对具身认知的影响主要体现在知觉现象学研究中，他的知觉现象学以"知觉"为切入点，高扬身体在认知的作用，系统论证了身体是我们认知的最初主体，知觉、身体和世界融为一体。梅洛-庞蒂知觉现象学关于"客观身体"与"作为认识世界中介的身体"的区别是具身认知最显著的思想来源之一。他认为身体是最明显地"在世界中存在"，"身体嵌在世界中，就像心脏嵌在身体里一样"。因此,"只有通过身体的体验才有可能理解物体的综合性与统一性","对外部事物的感知就是身体对外部事物的感知","物体的统一性是通过身体自身的统一性来达成"(莫里斯·梅洛-庞蒂,2001)。这些思想都成为具身认知最重要、最直接的哲学基础。

梅洛-庞蒂的身体现象学思想对具身的概念尤为重要,他的主要著作《知觉现象学》直接探讨了具身的问题。在梅洛-庞蒂的身体现象学中,身体在心灵/身体、主体/客体二元论中起着关键作用。对梅洛-庞蒂而言,身体既不是主体也不是客体,而是模糊的第三者,但是身体在知觉理论中起着关键作用。对外部世界的知觉来自对身体的感觉并与之相关。梅洛-庞蒂认为,身体理论也就是知觉理论(Mereau-Ponty,1962)。这个观点有两个重要方面,一是身体在胡塞尔和海德格尔立场之间所扮演的角色,二是拓宽了身体和身体知觉的角色,超越了纯粹的心理物理学。身体不能再被看作是一个独立的实体,而必须放在一个世界的背景中去审视。此外,在世之在不能被理解为在身体和周围世界之间获得的某种关系,而必须从任务、要完成的行动、预先勾勒出身体在任何时候可用的可能性的自由空间的角度来理解。梅洛-庞蒂在《知觉现象学》中指出了身体的三种不同含义:一是人类主体的物理身体,如腿和手臂,有一定的大小和形状;二是我们已经发展出来的一套身体技能和情境反应;三是从我们所处的文化世界中相应获得对文化的技巧、能力和理解。同时,这些方面中的每一个都有助于理解并制约个人的行为,无论是他们如何理解自己的具身性(现象学的身体),还是如何被他人理解(客观的身体)。总之,在梅洛-庞蒂的思想中,身体的概念被具身认知充分吸收和借鉴。

(三)身体现象学与嵌入认知

嵌入认知认为,认知主体嵌入在环境中,无法与环境分离。根据这种看法,萦绕在身体外面的环境因素、过程是完成认知任务的必要元素。罗兰兹将这种观点归纳为:"心理过程……只有当它与主体思想之外的特定环境发生作用时,它才能执行被设计的功能"(Rowlands,2010)。嵌入认知反对传统认知科学将意识和行为从真实的日常生活环境中引入到实验室中,批判第一代认知科学将认知过程仅仅局限于大脑,而是看到了认知过程中运作结构之外环境要素的重要意义,认为主体位于特殊环境中。在日常生活环境中,认知主体与当前环境密切相关。嵌入认知将日常生活中的环境要素视为实现认知任务的重要因素。换句话说,只有在心灵和大脑之外的环境要素的影响下,认知过程才能产生。嵌入认知在本质上强调认知过程对身体结构和环境的依赖性。认知是由身体、身体活动和环境塑造出来的。

嵌入认知认为个体在完成认知任务的过程中,能够充分利用外界环境的有效因素,以减少完成认知任务的资源消耗和压力。嵌入认知对认知的内部过程进行了完善和补充,这具体体现在以下两个方面。第一,个体的认知加工过程可以充分利用外部环境的要素。罗兰兹在批判传统认知的时候论证了嵌入认知的观点,根据这种观点,个体的认知加工过程始终在利用外部环境,而且这种无意识的外部环境的使用可以减轻个体的认知压力(Rowlands,2010)。例如,在经典的表征认知研究范式中,视觉由大脑将视网膜图像转换为视觉表征而产生,而嵌入认知则提出相反的观点,认知因为对环境产生依赖,改变了这种原本由大脑完成的认知任务,降低了大脑在认知过程中的中枢地位。例如,导航仪、GPS 等工具可以帮助个体完成认知,个体为了减轻认知压力、提高工作效率,时刻都在充分利用外部环境的要素。第二,认知过程离不开外部环境的作用,这也就意味着认知过程与环境紧密结合在一起。对于嵌入认知而言,只要是能为认知加工过程所用的外部环境要素都可以成为个体的认知。这些观点也得到了认知科学家威尔逊的认可,他认为,由于人类的信息加工能力受到限制,可以在实际认知活动中,利用外界环境的资源减轻认知的压力与负担,即人类可以把认知工作通过符号卸载的方式嵌入于环境中,仅仅需要在运用的时候再提取相应的信息(Wilson,2008)。

认知过程离不开身体的作用,而身体又是嵌入环境之中,认知、身体和环境构成一个紧密联系、动态的整体。因此,认知并不是从传入神经的刺激作用开始、在传出神经信息的中枢而结束。相反，认知过程应扩展到认知个体所处的外部环境，因为"外部环境是与感觉、记忆、推理、思维等认知过程紧密相关的信息储存之地，认知过程类似于一个混血儿，它既有内部操作，也离不开外部的动作"（Rowlands，2009）。在认知加工过程中，个体充分利用已存在于大脑中的信息资源，这种认知操作毫无疑问是认知过程的一部分，但是在认知加工过程中，个体也在利用环境中的各种资源，如铅笔、纸张、灯光以及各种装饰品。如果说利用大脑内部信息的操作是认知过程，那么利用外部环境的信息资源也可以说是认知加工过程中不可或缺的重要部分。"当我们在解决乘法问题过程中，纸和笔十分完美地融入认知动作中，以至于没有任何理由可以将这些所谓的外在之物与认知加工系统的其他内容相区分……通过各种方式，我们可以把外界环境囊括在认知加工过程中，外界环境也因此在认知上变得更加友好，因为它为我们的认知减轻压力和省去很多麻烦的步骤"（Shapiro，2007）。

嵌入认知认为，由于认知嵌入大脑中，而大脑又嵌入身体之中，身体又嵌入环境之中，所以认知也嵌入环境之中，认知与外部环境紧密缠绕在一起，无法分离。嵌入认知认为认知可以突破大脑的范围而在大脑之外产生认知，也就是说，大脑之外的一些环境也可以构成认知的一部分，先前由大脑完成的任务也可以分布或卸载到环境之中。嵌入认知强调个体认知对环境的嵌入性，主张身体在认知加工过程中起到关键作用，同时又强调了这种关键作用由身体与外界环境的相互作用而实现。梅洛-庞蒂在《知觉现象学》中提及："对盲人而言，他的手杖不再是一件客观物体，手杖不仅仅只是作为手杖而被感知，手杖的末端已经变成具有感觉能力的区域了，手杖的末端增加了盲人触觉活动的广度和范围，它已经成为具有视觉功能相同的器官"（莫里斯·梅洛-庞蒂，2001）。这个例子说明人类能够借助外部工具完成认知任务，利用外部工具的能力转变成认知活动的一部分内容。身体借助外在媒介与环境产生互动，进而耦合于世界之中。因此，认知活动也依赖于主体与环境的相互作用，认知也是脑与身体在外部环境交互作用的产物。

（四）身体现象学与生成认知

生成认知"将个人的角色从被动的观察者转变为参与环境的主动参与者。认知的存在是因为行为需要并服务于行动……大脑不会被动地建模；相反，它的存在是为了支持和指导行动"（Dominey et al.，2016）。认知是具身动作，认知结构由频繁重复的感觉运动模式形成，与身体结构和身体运动有着深刻的连续性。"认知生成论已成为当代认知科学研究的新取向，并逐渐涵盖其他领域，成为认知生态学乃至认知科学的研究纲领之势"（武建峰，2015）。生成论中的著名代表人物瓦雷拉指出："我们提出'生成的'（enactive）这个名称，是为了强调一种日益增长的信念：认知不是对既定世界的表征，而是在'在世存在'（being-in-the-world）所执行的多重行动的历史基础上世界和心灵的生成"（Varela et al.，1991）。"生成论最引人注目的观点是，有机体'生成'（enact）或'产生'（bring forth）它们自己的世界——生成一个世界并展现给这些个体。这不仅适用于简单低等的生物，也适用于人类。生成理论的先驱们一致认为，我们知觉的世界由复杂、精细的感觉运动活动模式组成"（Hutto et al.，2013）。

有机体的认知世界在具身行动（embodied action）的环境中产生。"生成是一个有机体制造它自己生活世界的过程"（Stewart，2018）。"生成是我们作为生命存在的认识方式"（Soto-Andrade，2018）。生成认知强调身体动作对认知的重要性和意义。贝格曾说："客观主义说：'我观察'；建构主义者说：'我认为'；生成主义说：'我行动'"（Begg，1999）。换句话说，行为主义注重对行为的客观观察，建构主义强调主体的主观建构，生成论强调有机体作用于环境的身体活动。正是这些具身的动作定义了主体的认知域。生成取向的认知主要包含两点：知觉是由知觉引导的行动；认知结构来源于循环的感知—运动模式，它能够由知觉引导行动（Varela et al.，1991）。认知者首先是探索环境的积极行动者，认知者的具身行动使环境的功能可见性（Gibson，1979）呈现出来：行动产生知觉，知觉引导行动。从这个意义上说，我们如何认识世界取决于我们采取的行动，而我们采取的行动改变了我们认知世界的方式。这个过程不断重复，没有明确的起点和终点。世界在行动中创造,创造的世界又改变了我们的行动。

生成取向的认知反对内在主义(internalism)的观点,认为认知不存在于个体内部,而是动态地存在于有机体与周围环境(包括其他个体)的相互作用中。认知既不能简化为某种生物神经活动,也不能简化为某种心理表征的"操作"。生成认知中的感觉运动理论认为,知觉意识不存在于客观世界的任何内部表征中,而存在于知觉能力的身体活动中。因为知觉存在于由知觉引导的行动中,所以知觉是行动的能力。例如,我们说某人有骑车的能力。"骑车的能力"并不存在于个体的大脑中,而是个体在骑车时保持身体的动态平衡,并可以灵活避开街道上的汽车、行人等各种障碍到达目的地。在这里,骑车的能力在特定情况下通过具身化的行为表现出来。正是从这个角度上,它是"生成"(enacted)。认知过程就是这样一个动态结构,就像骑车的能力一样,认知的研究也要在这个动态过程中进行。"人的心智体现在整个有机体中,而且也嵌入世界中,所以不能还原为颅骨中的某个结构"(Thompson,2005)。

生成认知理论强调了身体与环境的相互作用在认知活动中的作用。因此,理解认知的关键就在于具身的行动。这种对身体对象的关注早在梅洛-庞蒂的身体现象学中就有所体现。"梅洛-庞蒂受到了胡塞尔和海德格尔思想的双重影响。在对知觉的分析中,他细化了身体的作用,突出了身体在认知过程中的关键作用。生成认知理论的许多支持者都受到梅洛-庞蒂的影响"(Gallagher,2017)。

在对外界客观对象的现象体验中,客观对象从来不是以其整体的方式呈现,而是在意识经验中呈现一个有限的方面。但是为什么我们对客观对象的意向体验总是保持它的同一性呢?这是因为我们可以从身体的动态体验中,通过触觉、听觉、嗅觉等感官的形式,形成对客观对象的知觉。这意味着,除了视觉、听觉等形式的感知之外,身体动觉体验在客观对象空间感知中起着不可替代的作用。

身体的动态经验在空间感知中的作用表明,身体是感知外在对象的前提条件,身体并非可有可无。展现在意识经验中的客观对象有方向、角度和可及性,但作为客观物体的身体却不存在这种性质。因为身体是起点,是方位的"绝对零点"(null point of orientation)和绝对的"这里"(here),是认识其他一切客观对象的可能条件。身体拥有一种潜在的身体能力,它可以分为现象身体和对象身体。身体作为客观对象,就是"身体",可以作为意向的对象,作为认识和反思的对象。相比之下,作为现象,身体是产生认知的身体,与物质身体不同。现象身体是构建经验并使之成为可能的身体能力,它有主动的和前反思的特征,它可以产生知识并构建经验。

对客观世界的体验是借助身体活动以一种前反思的、暧昧的体验方式呈现在身体知觉上,这种体验方式被称为"运动意向性"(motor intentionality)。运动意向性通过两种身体倾向表现出来,即身体"意向弧"(intentional arc)和"身体最大把握倾向"(a maximal grip tendency of the body)。

(1)身体意向弧。身体意向弧是指身体与世界之间的紧密联系,即当活跃的身体获得技能时,这些技能就被"储存"起来,不是作为在头脑中的表征,而是作为对世界环境的要求做出反应的倾向。梅洛-庞蒂指出,身体意向弧支撑着我们认知的生活、期望的生活或者知觉的生活。这种意向弧投射出我们的过去与未来、物质环境、精神环境、文化环境,更准确地说,意向弧将我们放置于这些关系之中,也是意向弧造就了感觉、知觉、理智、感受性与能动性的统一,意向弧的关键特征是反表征主义(Merleau-Ponty,1962)。身体的意向弧表明,个体的身体是产生意义的中心,个体的身体使感知角度的变化成为可能,从而使意义也随之发生相应的变化。意向弧的功能是在经验基础上形成的技能与实际情况的要求之间建立反馈循环,这个循环把有机体和世界紧密地交织在一起。

(2)身体最大把握倾向。在梅洛-庞蒂看来,在日常的活动中,身体与世界建立了一种比有意识的主体与客体更基本、更牢固的关系,他称之为"身体最大把握倾向",换言之,个体倾向于达成对外界环境最大限度的把握。比如,当我们看见某个物体时,我们不去思考它,而是倾向于找出它与整体以及不同部分之间的最佳距离。例如,美术馆里的每一幅画都有它所需要的最佳欣赏距离。当我们位于它所允许的观看方向上并尽可能小于或大于这个距离时,我们只能得到一种模糊不清的感知。我们努力获得最清晰的视觉,就像我们将显微镜的焦点调整到最佳位置(Merleau-Ponty,1962)。这就是身体的认知方式,它没有表征世界,而是根据以往的操作经验实现对外界环境的最大程度控制。它是运动的意向性,是适应环境变化要求而做出熟练的身体活动。正如梅洛-庞蒂所说:"移动身体就是通过身体对事物做出反应,完全不依赖任何表征"(Merleau-Ponty,1962)。

根据身体最大把握倾向的概念,认知主体在行动之后如果没有达到预期的结果,就会自发地改变自己的反应,而且这种改变不需要表征参与,也就是说,即使认知主体没有获得满意的条件,他的行为也会自发地寻求符合满意条件的要求。"生活向目标的两极分化完全不存在表征。客观思维绕过了真正的意向性,真实意向性在其对象中,而不在其建立的过程中"(Merleau-Ponty,1962)。梅洛-庞蒂认为,非表征的意向性是更基本的意向性,客观思想的重建失去了这种基本的意向性,这种基本的意向性就是身体的运动意向性。"当我的知觉通过各种各样的视角尽可能清晰地呈现给我时,我的身体就融入了这个世界,当我的身体运动意向逐渐展开时,身体运动意向就会收到它们对这个世界的预期反应"(Merleau-Ponty,1962)。

(五)身体现象学与延展认知

延展认知认为,个体的认知过程受到身体和周围环境的影响,身体和周围环境构成了认知过程的一部分。认知过程并不只是在大脑中,而是跨越了大脑、环境和身体,认知过程可以通过各种方式从大脑延伸到周围环境中(Rowlands,2010)。延展认知最先见于克拉克和查尔默斯关于意识的理论中,他们认为认知过程不仅涉及大脑、身体和外界环境等因素,而且还主动融入环境结构,如符号、工具、人工制品、媒体、文化习惯、规范、群体或机构之中,他们尤其强调外界环境在认知过程中的重要作用(Clark et al.,1998)。延展认知虽然由克拉克和查尔默斯提出,但存在不同的名称,而且这些名称在本质上具有相同的观点,这些名称包括"主动外在主义"(active externalism)、"延展心智"(extended mind)(Clark et al.,1998)、"工具外在主义"(vehicle externalism)(Hurley,1998)、"环境主义"(environmentalism)(Rowlands,1999)和"认知整合"(cognitive integration)(Menary,2006;Menary,2007)。

延展认知的提出与发展在一定意义上引发了认知和心灵研究的范式革命,但是延展认知在当代认知哲学舞台上并非一种截然孤立的现象。自20世纪90年代以来,突出身体作用的具身认知研究纲领(embodied cognition research programme)、基于多重草稿模型(multiple drafts model)的心理理论以及认知科学研究中强调行动作用的行动进路(enactive approach)都与延展认知相互作用、相互渗透。这些不同于传统心灵哲学的理论进路,都认为要完全摆脱笛卡儿二元论的思想,摒弃对认知和心灵的偏见去理解心灵和认知的本质,进而重新思考心灵与身体、自我与社会的关系。

延展认知强调外界环境在认知中的积极主动作用。在延展认知中,身体在认知中的地位和作用不仅没有被弱化,而且还有更为重要的意义。克拉克根据身体作用的不同程度区别了三个层面的具身认知:纯粹的具身(mere embodiment)、基础的具身(basic embodiment)以及彻底的具身(profound embodiment)。在纯粹的具身认知中,身体只是作为补充或延伸认知主体的工具而已;在基础的具身认知中,身体是作为问题解决的认知任务中依赖的实在载体,还可以作为认知的资源和动力来源;而在彻底的具身认知中,身体被赋予了更多的积极意义,身体能够主动地在外界环境中寻找新的认知机会,检验认知效果,以最大限度地连接身体之外的资源来完成认知任务(Clark,2008)。这就是梅洛-庞蒂在《知觉现象学》中所说:"身体不再是作为确定物体的总和,而是作为我们与世界联系的手段,是作为在一切决定性思维之前连续呈现的我们体验潜在界域的世界"(莫里斯·梅洛-庞蒂,2001)。

与延展认知相对应的是彻底的具身认知。在延展认知中,身体是位于大脑之外的认知载体,也是引发外界环境构成延展认知载体的中心,最后身体也延展到外界环境中,这就决定了延展认知中的身体不仅是延展的而且也处在动态变化的过程中。克拉克认为延展认知系统中的"身体与外界环境产生协同变化,它时时刻刻位于行动与感官刺激的变化中"(Clark,2008)。在延展认知中,心灵已经超越了体肤和大脑的约束,身体也不再受到生物条件的束缚:身体既可以植入到非生物的类型,也可以植入到非生物的外在之物和外界环境中。延展认知主张一种不再是拥有单纯生理构成的身体观点,其本质是将鲜活的身体视为一种在认知上的"功能角色"(Thompson et al.,2009)。

延展认知认为,在一定条件下,对身体起作用的外界环境资源可以作为认知过程的组成部分。例如,查尔默斯以智能手机紧密地交织在我们的日常生活中为例,说明外界环境资源已经成为认知的一部分(Chalmers,2008)。延展认知认为,在某些条件下,认知过程可以延展或传播到将主体的身体与世界其他部分分开的边界之外,执行工作中的记忆系统所承载的信息负荷也因此大大减轻,可以更好地完成认知任务。人类有机体与外部实体以双向互动的方式联系在一起,创造了一个耦合系统(coupled system),这个系统本身可以被视为一个认知系统。系统中所有要素都扮演着积极的角色,它们以与认知通常相同的方式共同支配着行为。如果我们移除某些要素,系统的行为能力将会下降,就像我们移除部分大脑一样。因此,这种耦合过程与认知过程同等重要,不管它是否完全在大脑中。

对于延展认知的理解,应该认识到认知的载体并不仅仅局限于认知主体的大脑中,也涉及利用主体的身体结构和认知主体操纵外界的环境结构。在认知主体的意向状态和过程的载体中所呈现的活动,就是延展认知的载体。根据罗兰兹的看法,这个过程涉及两种表达方式,即"通过……存在"(living through)和"穿行于"(traveling through)(Rowlands,2010)。我们一般讨论的是前者,比如,意识是通过大脑而存在,大脑是意识存在的生理基础,意识随附于大脑。这种存在是一种单向的依赖关系,因此我们用随附性这个概念描述这种关系。但是"穿行于"则有不同的意义。梅洛-庞蒂在《知觉现象学》中有三个例子能够说明"穿行于"的现象学意义。第一,上文提及的梅洛-庞蒂提出的盲人手杖的例子。从先验内在的角度而言,手杖与必要的神经或其他生物过程相结合,揭示了在经验呈现模式下的对象。而从现象学的意义上而言,它是载体而不是意识对象,盲人的意识通过穿行于手杖而认识外界环境。第二,关于书写的现象学解释。梅洛-庞蒂说,当我专心致志书写的时候,我并没有注意我正在写字的手,而只关注到正在写字的笔,我用笔在写字,并非用手写字。也即:在写字的过程中,手并未在这个复杂的工具系统中显现出来。因此,从现象学的意义上来说,我的意识通过穿行于手并最终传递给纸和笔。第三,关于阅读的例子。当我在阅读一本感兴趣的书时,我就享受在阅读的过程中,虽然在某种程度上我好像是"看到了"书中的字,但是这些字却并不是我观察的对象,我的意识穿行于书中密密麻麻的字到达了书中所描述的情节、人物的世界中。

二、身体现象学与第二代认知科学中的认知观

越来越多的研究者开始认识到,把人类的认知活动降低到反思意识的符号层面是不合理的。人类的认知活动需要从身体经验中发现它的起源,以及在这个起源上的进化和发展。

(一)身体作用于认知,认知依赖身体

第二代认知科学的发展充分吸收了梅洛-庞蒂的身体现象学的思想。人类既不是无形的纯思维形式的主体,也不是把行为简化为物理意义上的身体,而是现象身体。也即:任何一个执行认知任务的"主体"都是一种模糊的存在,一种思想和物质的属性交织缠绕在一起的存在。现象身体是被某个"我"所体验,它承载着"我",帮助"我"介入自然和社会。如果"我"是一个主体,那么"我"既不是"在身体前面、在身体里面"的存在,也不是世界的先验表象、无形的思维存在;"我"是我体验的身体,身体的在世存在。现象身体不是无形的思想主体,而是人类体验到主体的唯一

形式。现象身体由身体之世和在世之维交织缠绕而成:"主体的本质、身体的本质和世界的本质相联系,因为我作为主体的存在就是作为身体和世界的存在,因为被具体视为我之所是的主体最终与身体和世界紧密联系在一起"(莫里斯·梅洛-庞蒂,2001)。

仅仅通过物理学意义上的概念来理解身体是片面的,因为身体是活生生的、有生命力的身体,人类必须通过生命现象这个自主的完整系统来理解身体。身体的反应不是一些基本动作的累积,它们"是一些具有内在统一性的姿势"(莫里斯·梅洛-庞蒂,2005b)的反应。身体的每一部分对刺激的反应并非作为纯粹的物理反应,"每个局部效应取决于它在整体中的作用,取决于它相对于系统所要达到结构的价值和重要性"(莫里斯·梅洛-庞蒂,2005b)。神经系统各部分的功能取决于整个系统相对于周围器官(感觉、肌肉)的实际状态。作用于身体的刺激并非以简单的线性方式进行,刺激本身也不能完全依赖自身而被准确定义,它必须考虑有机体作为一个整体的反应而获得意义,每一种局部刺激都是在经历了整体身体的整合和"解读"后出现的一种行为反应。没有整体身体的"解读",身体的响应性活动就缺乏"为我"的价值。因此,身体并不像行为主义所描述的简单的刺激—反应系统,而是一个具有创造性和适应性特征的内在解释系统。

(二) 认知的无意识性

第二代认知科学的一个重要观点是认知的无意识性(Lakoff et al.,2003)。认知的无意识性是指"隐藏在认知能够意识到的层面之下,意识无法达到,运行速度快且无法捕捉","认知无意识被假设为一种预存的操作对象,以更好地解释对意识行为和更普遍层次无意识行为的约束。有一种高度结构化的认知加工过程,这种过程不仅是在无意识层面产生影响,而且在意识层面,知觉也无法通达"(Lakoff et al.,2003)。

大量的身体活动、语言表达的机制以非反思(unreflective)的方式存在。身体统一姿势的创造性特征不仅体现在其对刺激的反应上,还体现在对生命适应活动和自主活动的表达上。作为身体的一种表达,身体动作图式的丰富性和灵活性几乎无穷无尽。人类身体的技能和艺术活动（比如，武术、杂技）充分显示了这一点。借助身体的作用，实现了"我"与世界的最初区分，但身体并不像置于宇宙运动中的某种物体，也不仅仅是一个自然的物理系统，它具有一种面向世界的意向能力，一种自发、自主寻求适应和生存的生命能力。当身体将"我"与世界区分开来时，意向性使身体与它所区分的世界产生内在联系。意向性是有机体与环境的对应关系：世界具有"为我"的意义，我也具有"为世界"的意义，因为我无法脱离世界而被定义。生命的全部活动，甚至意识的生命，都依赖于与世界的意向性关系："意识的生活——欲望的生活、认知的生活——都由'意向弧'支撑。意向弧在我们周围传递着我们的过去、未来、思想状况、精神状况，更准确地说，它将我们置于所有这些关系之中"（莫里斯·梅洛-庞蒂，2001）。

（三）认知的情境性

个体的认知总是产生在某个特定的环境中，并且受到环境的约束，这就是认知的情境性。环境在认知活动中并非作为认知的对象，而是作为认知的支撑出现。因此，认知活动不是抛开而是依赖环境本身展开，前文提及功能可见性的概念阐述了认知、行动与环境三者之间的关系。

认知与环境的相适应是借助一种协调机制而实现的。以视觉为例，视觉的表征观将视觉看作"纯粹视觉"：视觉很大程度上是产生了一种非常丰富的世界图像，以便我们可以离开世界，只需要将思想集中于世界的内部图像就能达到对世界的认识，而行动在视觉的表征观中只是去实现纯粹认知所提供的解决方案。然而，有机体的视觉任务不是建构外界环境的表征模型，而是精简和高效利用环境中的一切信息服务于行动，视觉和身体动作在交互的过程中协调一致。这种交互协调的途径有：高效利用环境中容易发现的信息；知觉—行动交互协调，比如，依赖知觉指导的行动搜寻产生更好的知觉数据并做进一步的输入，移动身体的任一部位以便有更好的深度知觉；连续不断地搜索外部世界，取代内部表征中对内部图像的要求。

三、身体现象学与第二代认知科学的理论关联

梅洛-庞蒂从现象学的角度出发,反对把身体视为一台没有生命的机器,他在胡塞尔发生现象学的基础上,把身体的作用提升到无以复加的程度。"在我们所处的时代已经摧毁了身心二元的局面,并且把人的生命视为彻底的心理和肉身"(Merleau-Ponty,1964b)。他批判了意识哲学的基本立场,即反对心灵或意识是人的本质的观点,由此昭示着强调身体的作用。有研究称之为西方哲学史上的"具身转向"(胡万年,2020)。梅洛-庞蒂的身体现象学思想为第二代认知科学的研究提供了思想养料。美国学者多瑞什指出,我们如果要进一步推动第二代认知科学的研究,未来努力的方向之一就是必须诉诸梅洛-庞蒂的身体现象学,他认为,梅洛-庞蒂的现象身体的思想是第二代认知科学的理论原型,世界不是一个被符号抽象表征的、构成的世界,而是依赖我们的身体被结构化了的世界,其中具身运动的方式是我们在世界中的基本存在方式(Dourish,2001)。戴维斯和马克曼也认为,在梅洛-庞蒂身体现象学的影响下,第二代认知科学从身心关系的理论思考到心理学的实证研究都取得了卓著的成果,而且还有望成为认知科学的主流研究方向(Davis et al.,2012)。受梅洛-庞蒂身体现象学的影响,第二代认知科学实验研究和应用研究方面取得了很多进展。比如,在第二代认知科学兴起的背景下,拉考夫和约翰逊提出的概念隐喻理论(conceptual metaphor theory,CMT)认为,人们是借助已有的、具体的身体经验去理解抽象陌生的概念,无形的抽象概念植根于有形的具体概念,人们借助具体的感知经验理解与抽象概念有关的信息,因此,抽象概念的获得离不开身体经验的作用(Lakoff et al.,1999)。

(一)梅洛-庞蒂关于知觉的非表征主义思想成为第二代认知科学研究的一个重要方面

传统认知科学的主导研究范式是表征主义的思想,它认为认知的关

键在于心灵的内部特征,认知的本质在于由计算规则产生的离散表征,而情境和身体在认知中的作用被忽略。表征主义的典型范例是物理符号系统和图灵机检验,两者都认为人脑与计算机有类似的功能,可以在此功能上进行操作。受表征主义范式的影响,传统认知科学取得了长足进展。表征主义著名代表人物西蒙曾预言计算机能代替人做一切事情。但是,表征主义却不能解决计算爆炸的困难,明斯基认为,人工智能在遇到常识知识问题时已经不起任何作用(Minsky,2003)。人工智能研究专家布鲁克斯在谈到表征主义时也认为,"在创造大体积、大容量的人工智能系统时,表征是无效的抽象过程单元"(Brooks,1999)。

梅洛-庞蒂的身体意向弧概念符合反表征主义的观点。认知主体的学习、智能动作和技能行为的本质并非心理表征,而应该是身体的作用。即这些行为并不需要命题式的心理表征(propositional mental representations),更不要求语义上的心灵表征。这正符合第二代认知科学的核心思想。梅洛-庞蒂认为,对行为做出心理表征解释的弊端在于:它没有办法解释为何经验唤起与它自己类似的特殊记忆,或者它没有解决对象的表征联系的问题。他说:"一种印象从不与另一种联系起来,它也没有力量引起其他印象。只有当印象根据过去的经验被理解时,这种印象才与另一个印象相联系"(Merleau-Ponty,1962)。

身体意向弧的作用是使具身的主体不是被动消极地接受外部刺激,而是主动地对外部环境的事物做出积极反应。根据过去的经验,认知主体习惯于从某个视角看待外部事物,并认为它们需要某种行动。认知主体能从现状中获得什么,受到他过去对那种事物的经历的影响。身体意向弧的核心观点是反表征主义:认为对世界的最佳表征是世界本身,因为所有过去的经验都被投射回其中。

身体最大把握倾向的概念也影响了第二代认知科学反表征主义的思想。根据这种思想,认知科学家德雷福斯就明确了反表征主义的观点:在技能化的行为应对中,认知主体无须对目标进行心灵表征。当认知主体对外部情境做出反应时,主体的行动被视作为稳定的技能活动流。当认知主体对外部情境的反应偏离了身体和外部情境的最佳匹配关系时，认知主体的活动使他自动校正身体与外部情境的最佳关系，在最大程度上减少偏离所导致的紧张感。"我和外界物体之间的距离既不是变大也不是变短的关系，而是一种围绕某种标准波动的张力"（莫里斯·梅洛-庞蒂，2001）。此时，认知主体无须也没有办法表达最优关系是什么样子。认知主体的身体根据外部情境的要求才获得与外部情境的平衡。"无论动力系统或知觉系统是否产生了效果，主体的身体都并非'我思'的对象，而是一种走向平衡、有着生命意义的组合"（Merleau-Ponty，1962）。

源于身体现象学对表征主义的反驳，传统认知科学中表征主义的思想受到质疑。布鲁克斯在其论文中就批判了表征主义的观念：第一，如果我们在认知中采用表征，就必须坚持认为，人们对世界的认知与世界本身分开，因为表征是两者之间的过滤器，表征概念的运用使得心灵和外部世界之间没有联系，这一概念植根于笛卡儿传统，即在物质世界中心灵没有任何地位。第二，传统的线性认知模式认为，个体的认知和行为，尤其是自发产生的无意识不可理解（Brooks，1991）。因此，个体对世界的客观对象进行表征，随后基于表征做出一个推论，然后开始一个行为过程，指引身体去哪里。比如，击球的动作不是基于符号表征的信息，而是基于个体对球速、球场等要素的实时判断。这说明个体的认知不是一个简单的线性过程，而是一个主客体之间持续的共同协作的动态过程，即主客体之间的动态耦合。激进的具身认知基于梅洛-庞蒂的身体现象学观点，认为表征是不必要的和无用的，因为身体是与世界直接交流的媒介。

总之，梅洛-庞蒂是通过这样两种方式打破了表征主义的传统：第一，认识主体与被认识的客体不能截然分离；第二，我们以什么样的方式存在决定了我们对世界的理解，即身体的存在是表征的根基。

（二）身体现象学批判了离身认知，为第二代认知科学奠定了基础

通过身体现象学的视角，不难发现传统认知科学实际上是一种离身的研究范式。传统认知科学的计算主义、符号主义、表征主义等思想本质

都是认为表征是认知活动的核心,忽略了身体在认知活动中的作用。但是,身体现象学揭示了身体拥有各种能力:意向弧、最大把握倾向、身体图式、技能化应付等,身体的这些能力有非表征的特征,身体所具有的这些特征强有力地批判了离身认知的观点。离身认知能成为主流的认知研究范式在于它深厚的哲学基础,这种哲学基础可以追溯至笛卡儿哲学对身体的忽视。

离身认知在遭到批判后,具身认知成为主导的研究范式。第二代认知科学根据梅洛-庞蒂身体现象学理论的基础,提出了具身认知的观点,即:认知离不开身体的作用,认知是身体的认知,而身体是构建知识的源泉。人通过体认的方式来认识世界与他人,这种体认离不开身体经验的作用,也就是身体的生理结构和身体感觉运动的独特身体体验(叶浩生,2017)。梅洛-庞蒂说:"心理学家讨论的对象实际上就是自己,原则上也就是他正在研究的事实。他以超然的方式研究身体的特征,这种不可思议的体验就是他自己。他既在思考它,也在体验它"(莫里斯·梅洛-庞蒂,2001)。

此外,认知不但基于身体,而且还植根于外部环境。因此,这里所指的身体不仅仅涉及人的肉体,也涉及了环境的"体"(body)。具身意味着超越了一般意义上的身体,而且还要考虑外界环境对认知的作用。受到身体现象学的影响,有研究系统概括了环境在认知过程中的作用:第一,世界是感知、思维、记忆、推理等认知过程存储的地方,认知加工往往会卸载一些信息到环境上,以减少认知加工的额外负担。第二,认知过程是一种混合加工,它横跨外部和内部操作。第三,外部操作采取行动的形式,如操纵工具、改变环境的结构等,这些行动方式携带与执行特定任务相关的信息。第四,内部过程赋予个体行动的能力,只有具备这种能力,个体才能对环境做出恰当的反应(Rowlands,2009)。从这种观点来看,"具身认知不仅涉及物质身体,也涉及身体之外的环境与工具,就像有研究提示的那样,环境中的自然事件和工具都是认知的能动资源"(Spackman et al.,2014)。具身认知不仅强调身体在认知过程中的作用,还接受环境对认知的影响。外界环境对认知的影响不仅是因果性的,也是构成性的,环境影响了认知过程,也成为认知过程的构成要素。

如上文所述,梅洛-庞蒂的身体现象学思想中蕴含了诸多具身性的思想,由此,第二代认知科学在发展过程中获得了诸多启发。梅洛-庞蒂在早期著作《知觉现象学》中对具身性观念做出了不同的区分。首先,梅洛-庞蒂认为身体的基本结构和知觉世界不是为了解释,身体的具身性是指身体拥有先天能力和现实形态:"只要我有手和脚,有身体,我就能产生意向,它不取决于我的决定,并以一种特有的方式对我的生存环境产生影响。这些意向普遍存在……它们绝不是由我产生,而是在我构建的所有身体—心灵主体中找到了它们"(Merleau-Ponty,1962)。其次,还有一种具身性的观点认为,只要我们处理事物的技能得到了提高,事物就会显示对我们提高技能的回应,所以当我们不断提升技能时,我们会遭遇越来越多不同的行为因素。这种观点在梅洛-庞蒂的身体现象学思想中也有重要地位。与梅洛-庞蒂相似的是,吉布森认为世界的特征与我们的身体能力、技能获得紧密联系。前文提及的"功能可见性"(affordance)就恰好证明了这种联系。这种观点也就引发了具身性的第三种观点,比如,椅子为人类提供了坐的功能,因为人类具有疲劳的膝盖、后倾的身体等生理结构,椅子只是为人类而不是为动物提供了坐的功能。但是,椅子提供坐的功能只是诱发因素,人类必须学会坐,最终才能理解坐在椅子上成长的文化。以上三种身体的方式决定了人类在世界中的行为表现。

因此,梅洛-庞蒂试图通过具身性的思想阐述身体在世界中的三种表达方式:第一,我们拥有世界的媒介是身体,身体有时被认为是延续生命的不可或缺的行为,人类也因此在生物世界中。第二,身体有时借助哲学的含义,阐明了一种新意义,捍卫从字面意义到比喻意义的过渡——这适合于舞蹈一类的运动习性。第三,意义不能通过身体的自然方式来获得,它首先将自己建构为一种工具,然后把自身映射到文化世界之中并获得被理解。比如,以技能获得和显现为例,我们可以充分地展示我们与世界的关系是如何随着获得技能而发生变化。在掌握技能的早期通过模仿或试错而获得,掌握技能一般会经历初学者、进步的初学者、胜任者、精通者、专家等五个阶段(胡万年,2020)。技能行为的精通者沉浸在他的世界中,清醒地意识到需要做什么和如何做。专家不仅知道基于大量的情境识别可以实现什么,而且知道怎样实现目标。因此,专家和精通者之间的区别主要在于更精细、更完美的识别能力。在经历了各种情境后,专家的大脑逐渐将整体情况分解为各种亚层次,每种亚层次都有相应的决策、行为和策略。而初学者就像一台计算机,他有一个试探性的程序,计算各种规则和事实,但借助丰富的经验和先天的能力,初学者逐渐成长为一个不用计算规则就能直观地知道该做什么的专家。根据这种观点,即使是一个离身存在者想要获得一种技能,他必须具有某种行为方式的能力。因此,我们知道"如何做"是通过我们对它们产生与情境相关联的一种反应倾向并反馈给我们自己,在这个层面上,意向弧有具身的性质。梅洛-庞蒂关注的就是这种具身性思想,这就是他把身体看作一种"我能",而不是一种"结构"的理由。梅洛-庞蒂认为,技能行为是在一定的情境中通过非表征的方式获得,换言之,人类已经掌握的行为是通过世界显现的方式呈现出来,它并非在心灵中得到表征而被放置在当前经验中。

梅洛-庞蒂认为,在常见的技能行为中,人们没有必要对目标进行表征,当人们对情境反应时,身体被情境激发并自动与之保持平衡。梅洛-庞蒂具身性的核心思想是"我能"减少了身体紧张的情形,并使身体与环境成为一种格式塔,这也是梅洛-庞蒂认为知觉和技能的获得离不开一个"活"的身体的原因。此外,身体不仅尝试在一切技能行为领域达到一个好的格式塔,而且也倾向于在那个领域改善所谓好的格式塔。为了提高行为技能水平,人们必须身体力行参与大量实践,以使身体参与心灵表征以外的领域。

(三)身体是知觉活动主体的思想成为第二代认知科学的一个核心理念

在经典认知科学中,身体被视为一种纯粹的生理要素而被忽略,或者说"身体媒介最经常远离我自己"(莫里斯·梅洛-庞蒂,2005b)。经典认知科学认为身体在认知过程中无关紧要,在感知、记忆等认知过程的瞬间,身体的作用消失了,外在的表象成了最显著的东西。经典认知科学需要为忽视身体的地位而负责,忽视身体的作用使我们不能理解真实的认知(孟伟,2007)。第二代认知科学指出,身体感受在认知过程中具有基础性的角色,感觉、知觉离不开身体的作用。一切感知觉都是感性经验依赖身体的结果。此外,知觉的主体并非心灵而是身体。梅洛-庞蒂在打破身心二元论的前提下,明确主张身体是知觉的主体。什么是最明显地"在世界中存在"呢？答案是身体。梅洛-庞蒂说:"身体在世界中就像心脏在身体中一样：身体使可见的场景一直保持活力,赋予它生命和营养,并与之形成一个系统……我当然可以在脑海中俯视这个公寓,想象这个公寓,或者在一张纸上画出这个公寓的平面图,但是如果没有亲身经历过,我就无法理解物体的统一性"(莫里斯·梅洛-庞蒂,2001)。

因此,梅洛-庞蒂具身性思想突出的贡献之一是强调了身体在认知活动中的关键地位。第二代认知科学家克里斯利和泽马克说:"关于具身性,一个重要的维度就是要说明作为一个具身认知者的判断标准是什么以及如何界定身体的含义"(Chrisley et al.,2003)。他们进一步将第二代认知科学对身体的理解分成以下四个层面：一是物理意义,具身性意味着智能在任何物理对象上的实现,这也是最弱意义层次上的身体。二是物理具身性,这不包括网络虚拟主体,但包括大多数传统机器人。三是类有机体具身性,这类机器人的显著特点是,尽管它的身体是人造的或者可能无生命,但它有一些类人的特点。四是有机体具身性,身体实际上是有机的和有生命的,第二代认知科学家已经重点把身体理解为具有自主生成(autopoiesis)的特征。梅洛-庞蒂关于身体的含义正是在第四个层面上展开,符合第二代认知科学认为身体是知觉活动的主体的核心理念。

第七章 | 梅洛-庞蒂身体现象学心理学思想与心理学的未来

- 第一节 梅洛-庞蒂身体现象学心理学思想的贡献
- 第二节 梅洛-庞蒂身体现象学心理学思想的局限
- 第三节 梅洛-庞蒂身体现象学心理学思想与心理学的未来

第七章 梅洛-庞蒂身体现象学心理学思想与心理学的未来

在梅洛-庞蒂的身体现象学思想发展历程中,他对德国现象学的继承与超越,对法国现象学不可磨灭的贡献,对知觉现象学的深刻理性思考,对从表达到存在,从在世存在到肉身思想的深刻论述,在现象学、存在主义,尤其是心理学等诸多领域所做出的杰出贡献……所有这一切,都更加让我们感到梅洛-庞蒂身体现象学心理学思想及其相关研究具有鲜明的意义。因此,合理、客观、全面地看待梅洛-庞蒂身体现象学心理学思想就显得尤为重要了。在此基础上,本章将阐述心理学未来发展之路。

第一节 梅洛-庞蒂身体现象学心理学思想的贡献

梅洛-庞蒂的心理学思想产生在身体现象学基础之上,而现象学的方法既不是反思的分析,也不是科学的解释,它是一种通过现象学还原的方法实现对心理的描述,从而避免了意识与自然对立和分离以及在自然科学主义态度下的解释所产生的客观主义的不利影响。这不仅为心理学提供了一种相对系统和完善的研究方法,同时也有利于当代心理学构建全面完整的心理学方法论。

一、重拾身体在心理学研究中应有的地位

一直以来,身体在西方传统思想中一直处于被忽略的地位。柏拉图以理型世界和可知世界的划分为原型,在身体和心灵两者之间划出了界线,认为身体和心灵之间的关系是欲望和理性的关系。只有当欲望受到理性的控制之时,心灵才能摆脱身体的控制。柏拉图认为,身体玷污了心灵,阻碍了心灵通往真理、知识的道路,所以柏拉图主张我们尽量不要与

肉体交往，保持心灵的纯洁，只有做到心灵的纯洁，才能求得真实。如果说，身体在这一时期受到打压，那么，在以笛卡儿为开始的近代西方哲学则采取一种新的做法，即忽视身体。身体在与心灵的对立中渐渐淡出视野，消失在对心灵与知识的漫漫探索中。笛卡儿认为，理性的心灵与物质的身体之间有难以跨越的鸿沟。物质的身体是理性心灵存在的根据，因此就有了著名的"我思故我在"。现存的一切、神学的都可以怀疑，必须受到理性心灵的权衡，但是作为怀疑的"我思"不能被怀疑。怀疑作为一种思想，必然为一个主体所拥有，因此，"我"作为怀疑的主体肯定存在。在"我"之外，清清楚楚地存在着一个非我的客观世界，身心二元论由此顺理成章得以确立。在笛卡儿那个时期，身体虽然没有受到柏拉图式的打压，但却一直处于"冷宫"的地位，因为身体是心灵的副产品，它的存在不仅阻碍了心灵获得真知，遑论其在知识获得过程中的作用。但是在梅洛-庞蒂那里，身体的地位被提到无以复加的地位。梅洛-庞蒂通过对身心关系的重新考量，以"肉身化的主体"取代了胡塞尔的"纯粹意识的主体"，而"肉身化的主体"的基础恰恰是身体。在梅洛-庞蒂看来，这种身体不是客观化的物理身体，而是现象学的身体。梅洛-庞蒂认为，身体才是经验的真正主体，而非被经验的客体。梅洛-庞蒂的身体现象学与笛卡儿哲学思想的一个关键差异就是：在笛卡儿那里，人是作为一个思维的主体而存在，而且还是可以离开身体的"精灵"，而在梅洛-庞蒂那里，一个人就是他自己的身体，人之所以能思考，是因为他有一个能望、闻、问、切和活生生的身体。梅洛-庞蒂的身体现象学的特殊之处就在于用身体的表达替换了意识的表达，意识不再是能离开身体的纯粹意识，意识起源于身体对意向物的觉察，也就是知觉。知觉是身体的知觉，知觉在身体与环境相互作用的条件下产生。身体、环境和知觉是一个紧密结合的整体。身体对世界的知觉不是心灵的表征，而是通过身体塑造出来，有什么样的身体结构就会产生相应的世界体验。我们首先就是我们的身体，身体才是认识的真正主体，体现在每一种行动和知觉中。身体才是我们认识世界的起点和基础。

二、提出知觉的暧昧性特征和辩证的身心关系

在梅洛-庞蒂看来,人接触世界最基本的方式是知觉,人类全部的知识都来源于知觉经验所开启的视野(horizon)之内。知觉的原初结构渗透在反思性和科学性体验的全部范围内,人类共存的一切形式都以知觉为基础。这样,对知觉经验的现象学分析也就成为梅洛-庞蒂身体现象学的核心。也即:知觉是人类经验的基础,只要通过对知觉经验的意向性进行分析,我们就可以揭示人类存在的原初领会和筹划过程。这样,梅洛-庞蒂最终通过知觉现象这一中介,将胡塞尔的现象学与海德格尔的存在主义哲学结合起来。

但是,梅洛-庞蒂对知觉现象的分析没有照搬胡塞尔关于意向性分析的结果。因为在梅洛-庞蒂看来,知觉的主体并非胡塞尔所说的先验自我,而是具有肉身特征的身体-主体,作为原初经验的知觉活动也并非纯粹意识组成的活动,而是人在世界中的生存活动,是身体-主体与世界交织缠绕的身体活动。这样的知觉活动不能也无法归结为胡塞尔那种具有二元论倾向的意向作用和意向对象的关系,而是具有暧昧性特征的知觉活动。正是基于知觉的暧昧性特征,梅洛-庞蒂有力批判了经验论和理性论为代表的二元论思维。

知觉的暧昧性从根本上来源于人们生活方式的模糊性,而这种生活方式最直接的体现就是身体。传统的心理学认为身体是组成世界的一个客观对象,在知觉活动中只是扮演了信息的感受器和接收器的角色,这毫无疑问使知觉陷入一种二元论的局面,这正如梅洛-庞蒂所说:"当活生生的身体没有内在性和外在性特征的时候,相应地,主体性也就成为一个没有外在性和内在性特征的中立观察者"(Merleau-Ponty,1962)。这种知觉不能准确掌握知觉活动的结构。在传统的知觉理论中,经验论把知觉视为各种感觉要素之和,因为这些感觉材料因具有相似性特征而自发地组合在一起。但是梅洛-庞蒂认为,知觉活动有其自身的结构,且这种结

构受到我们与世界关系的影响,因此,我们在知觉外在对象的时候首先感知其整体特征,随后才是借助分析的作用发现促使它们组合起来的相似性(Merleau-Ponty,1962)。梅洛-庞蒂认为我们在知觉活动开始之时,对外界对象既非完全无知,也非完全了解。正是这样,我们的知觉才有一个从模糊到逐渐清晰的过程。

梅洛-庞蒂在《知觉现象学》这部著作中反复提到了幻肢现象,并据此认为知觉不是纯粹的刺激—反应行为,更不是一种明确的决定,而是从一定行为习惯出发的暧昧活动,这种行为习惯的养成又与身体和环境的相互作用紧密相关。梅洛-庞蒂说:"一个被认为具体存在的人并非一个与器官相结合的心灵,而是一种反复不停的存在运动"(Merleau-Ponty,1962)。这就是说,身体是知觉活动的出发点,而不是组成世界的一部分,我们是通过自己的身体而非纯粹的意识进行知觉活动。梅洛-庞蒂用身体-主体的概念替代了先验自我的概念,这样就避免了形而上学的二元论难题。

因此,对身体在知觉活动中的作用的认识为梅洛-庞蒂批判身心二元论提供了基石。毫无疑问,在心身关系方面,梅洛-庞蒂不是一位笛卡儿主义者,因为他认为人只有一个身体,但又表现为两个方面即现象性身体和客观性身体。应注意的是,这两方面不是两部分,是由于观察者的经验、视角不同而呈现两个方面。心灵可以和这两方面的任何一方相统一,即:当我们自己体验、认识我们自己的能力时,现象性身体出现在我们面前时,可以把它解释为心灵,当它出现在他人或生理学家面前时则呈现为客观性身体。心灵究竟统一于身体的哪方面,视我们看问题的视角、语言描述的方式和类型而定。在探讨心身关系方面,梅洛-庞蒂远离了笛卡儿式的心身二元论,他不再讨论两种实体的二元性,而是采用辩证的思维探讨同一实体两方面的二元性。在他看来,"二元性"可以借助"对应面"(obverse side)的概念获得解释,客观性身体的对应面就是现象性身体。但是应该强调的是,这两个方面不能相互还原,因为心与身本身是同一种东西,由于看问题的视角不同才表现为两个方面。梅洛-庞蒂之所以能对激进的行为主义和等同论的唯物主义提出尖锐批评的理由就在于此。

三、为第二代认知科学提供哲学根基

梅洛-庞蒂的身体现象学思想对第二代认知科学的发展具有重要的理论意义和价值。梅洛-庞蒂的身体现象学思想成为促进认知科学范式变革的力量之一，梅洛-庞蒂对知觉的身体现象学解释激发了认知科学的身体转向，对具身认知、延展认知、生成认知和嵌入认知都有深刻影响。第二代认知科学与梅洛-庞蒂的活生生的身体概念以及梅洛-庞蒂对经验论和理智论的批判有紧密联系，这些思想被第二代认知科学所吸收从而改变了经典认知科学研究范式，使研究者们认识到身体在认知过程中的作用。

从身体现象学的理论视角来看，传统认知科学是一种无身或离身的研究范式，它所包含的表征主义、符号主义、计算主义的本质在于：在研究人的认知活动时忽略了身体在认知加工过程中的作用，认为认知活动的核心是表征。但是，身体现象学揭示或论证的各种身体能力——身体意向弧、身体最大把握倾向、身体图式、身体的技能化应付、身体空间等都不是表征在发挥作用，这些都是对无身认知研究范式的批判。因此，身体现象学为第二代认知科学提供了哲学基础。

在身体现象学的影响下，目前认知科学正在发生一些重大转变，从完全忽视身体在认知活动中的作用到认可身体在认知活动中的重要意义，从认知的核心是表征到认知的本质是非表征，从反对现象学的观点到开始从现象学（尤其是身体现象学）中探寻对于认知科学的意义。简而言之，认知科学正在从无身认知向具身认知发生转变。

此外，梅洛-庞蒂关于身体思想的论述为当代哲学和心理学理论研究提供了一个具有启发意义的参考。他对身体领域的前概念、前对象、前反思的研究有助于摆脱传统意识哲学在反思意识领域的依赖，有助于在更深层次的前意识水平上思考个体的生命活动向人类社会实践活动的转向，从而开辟了了解人类心理行为特征的新路径。

第二节 梅洛-庞蒂身体现象学心理学思想的局限

毫无疑问,心理学的发展史是一部充满矛盾、对立的发展历史。自心理学从哲学独立出来以来,科学主义和实证主义一直占据主流地位,心理学唯有追求科学性,模仿自然科学才能获得科学的地位。但是对自然科学的过度模仿和追求,效果适得其反,使得心理学的发展危机四伏。梅洛-庞蒂的身体现象学最大的贡献在于使心理学摆脱了极端的科学教条,在20世纪敢于向主流的科学主义提出挑战,确实需要很大的勇气,犹如文艺复兴时期对宗教的反叛。但是,梅洛-庞蒂身体现象学心理学思想也受到一些质疑,比如,很多学者认为他的思想过于复杂,涉猎面过于广泛,表现在心理学方面的特点是太主观、过于相信个人经验、语言晦涩、概念繁杂等。身体现象学主要涵盖身体主题、身心关系、身体图式、身体的体验和世界主题等方面。尽管身体现象学为观察和解释世界提供了全新的视角,在身体哲学研究领域具有重要地位,但其存在历史与理论上的局限和不足。这表现为身体主题缺乏社会历史感,心身关系分析性不足,身体体验呈现出一定的神秘虚无主义。归纳起来,身体现象学心理学思想的不足主要体现在以下方面。

一、非个体化的主体视角

梅洛-庞蒂借助身体现象学和肉身的本体论观点超越了胡塞尔的现象学观点,以身体的知觉意向性替代了纯粹意识的意向性,以活生生的知觉替代了单纯的意识构造,以社会性的主体替代了绝对性的主体,最终通过肉身的本体论基础阐释了身体和世界是由相同的材料构成,从而在一定程度上避免了重蹈胡塞尔的现象学思想的覆辙。但是梅洛-庞蒂依旧秉持着现象学的主体视角。尽管他受结构主义思想观点的启发,采用结构主义的视角对主体间性语言和意义进行了分析,从而有效回避了个体主义还原论的风险,但是,在他的身体思想观点中依旧保留了一种非个体化的主体视角,从而使被知觉到的世界还不仅仅是自然世界,世界是真实地呈现在主体的感知中,而后期"肉身"的思想只是真实在场的本体论合法化,其本质是对世界的非法观念化。显然,梅洛-庞蒂未能有效思考自己理论前反思的前提,他提出主体间性知觉的首要性,即知觉经验的本真性和原初性。这一做法,从本质上讲,只是将胡塞尔的意识结构转换成为群体性的前意识结构(郑震,2007)。他虽然抨击了笛卡儿的"我思"的优先性,但只是用一个先于意识的缄默我思(一般我思、社会我思)的优先性所取代。在这里,事物的本真在场依旧是主体视域中的在场。这种在场仍然反映了一个没有深刻反思的人类主体的视角,但这个主体没有驻留在意识的对象化层面,而只是在前意识主体的更深层次上经历了一种群体转化。这一理论的前反思性生活世界仍然是笛卡儿在广义上创造的主体性生活世界。身体现象学的一个重要问题并不是承认对事物的认知中包含着人化的倾向,所有的意识、认知、知觉都必然是一种人类的活动,而是在这种类型的人化中借用知觉的名义、"肉身"的名义对外在世界的本真构造合法化,试图从本体论的视角将一种不属于自然事物的概念强加给事物。这一切导致梅洛-庞蒂缺乏社会历史性的反思眼光,缺乏这种反思与批判知觉活动的历史眼光才是梅洛-庞蒂消失在历史的洪流中的重要原因。

二、超越身心二元论的努力未达成

梅洛-庞蒂试图超越身心二元论的努力并未达成。虽然梅洛-庞蒂强调了存在意义的历史性,但是这种历史性是服从于先验性的前提,先验的存在在历史中出场。因此,对于梅洛-庞蒂来说,整个人类历史在某种意义上是静止不动的。历史固有的无限可能性的实现,并不意味着人类实践在经验意义上的创造和改造。它们仅仅是真理在存在的先验同一性中的历史展开,这种"历史性"的概念并没有导致思想上对社会历史性的有效反思和批判立场。基于此,我们认为梅洛-庞蒂试图僭越身心二元论的努力并未达成。梅洛-庞蒂是在被知觉到的世界的前提下阐述对身心二元论的超越,但这个世界不仅仅是一个被知觉到的世界。梅洛-庞蒂人为地把理念性和物质性混为一谈的做法,只能是打着普遍主义本体论的幌子,认为事物的存在具有社会历史性的人类学特征,这导致身心二元论并没有在梅洛-庞蒂不可证实的暧昧性面前被推翻。恰恰相反,这种暧昧性更有可能在非反思的情况下使社会历史偏见合法化而成为现象的真相。另一方面,梅洛-庞蒂引入结构分析的方法也存在问题。他并没有意识到结构主义是一种基于主客二元论之上的还原分析,他在对意义的结构分析中已经预设了二元论的倾向。他采用结构主义的分析方法导致他忽视了存在的问题,事实上,正是后来崛起的结构主义颠覆了现象学在法国的位置,结构主义的客体主义思想显然无法接受现象学的主体主义的观点。梅洛-庞蒂避免二元论的做法实际上也只是以身体—世界的二元论取代了身体与心灵的二元对立而已,这仍是一种新形式的形而上学。

尽管梅洛-庞蒂反对胡塞尔的唯心主义和萨特的二元论,并试图超越身心二元的对立,但是他的身体现象学思想并未跳出唯心主义,因为他以主观的知觉为基础构建世界。他说,"不应当问我是不是真正知觉到了世界,而应当说世界就是我所知道的东西","我是绝对的源泉,我的实存不是从我以往的经历中来,不是从我的物理的和社会的环境中来,而是朝向它们,并支持它们"(Merleau-Ponty,1962)。

三、心理治疗思想缺乏临床实践

梅洛-庞蒂关于心理治疗的思想缺乏临床实践,难以彰显心理治疗技术的独特性。梅洛-庞蒂关于心理治疗的思想只停留在理论层面而缺乏临床实践。一方面,他反对机械因果论、反对二分法,强调人的整体性,试图克服笛卡儿时代以来心理学主客分离的弊端;另一方面,他又注重人的主体性存在,注重人的多样性存在,尤其是关注个体的自我世界,并试图把物理世界融合在人的意识中,这使他陷入唯我论的泥潭。身体现象学延伸出有关心理治疗的基本原则、方法,但是他本人从来没有将这些理念运用于心理治疗的实践过程中。梅洛-庞蒂从人的主观体验来讨论人的存在,而没有从更为广阔的政治、经济、社会因素来分析人的存在。这对解决来访者的心理疾病极为不利。在心理治疗中过多强调来访者的主观意志而非客观影响,这也是身体现象学的治疗理念难以落地的一个重要原因。梅洛-庞蒂认为要理解作为整体的人,理解人的存在,探索人生存在的意义,他运用了现象学方法解释和理解人的在世存在的结构。因此,不可否认的是,身体现象学对心理治疗、临床医学等应用学科带来深刻影响,对于增进治疗师关于心理疾病本质的理解和咨访双方的交流具有促进作用。但他只是从理论上分析了现象身体的作用及意义,而并没有提出具体的治疗方法、技术,很多关于治疗的理念停留在理论层面。对此,也有研究指出,以身体为导向的心理治疗缺乏自身独特的实践方法、技术(雷登·贝克,1986)。另外,以身体为导向的身体治疗最大的弱点就是知识过于杂乱,具体体现为梅洛-庞蒂对不同思想的过度借鉴。因此,在以追求短程、有效为主导的心理治疗方法中,要将他的治疗思想运用到实践工作中还有很长的路要走。

第三节　梅洛-庞蒂身体现象学心理学思想与心理学的未来

梅洛-庞蒂在《行为的结构》一书中,开篇就明确指出我们要清楚意识和自然的关系,他继续指出,既不是意识决定自然,也不是自然决定意识。在该著作的前半部分,梅洛-庞蒂借鉴了格式塔心理学的研究成果批判了"原子实在论",后半部分批判了"绝对化的观念论"。这两种情况其实就是经验论和理智论的极端情况。换言之,前一种思想把人彻底物化了,将人视为一种机械式的物体;后一种思想彻底把人意识化了,人成为绝对精神性的实体,就像黑格尔的"绝对精神"一样。梅洛-庞蒂认为,无论是经验论还是理智论,都已经偏离了现实,走向了极端,这种理念下的研究对象终究不是有血有肉的人。因此,梅洛-庞蒂独辟蹊径,开启了第三条道路,意识和自然的关系既不是意识的绝对化,也不是自然的绝对化,而是一种混合的或统一的关系。要认识人或一种事物,必须将其放置到其所处的背景当中。借鉴梅洛-庞蒂身体现象学心理学思想,心理学未来的发展要做到以下三个方面。

一、坚持四维一体的心理本质观

梅洛-庞蒂的心理学思想在现象学哲学的影响下,提出对人的研究要回归到人所处的真实生活世界,对行为的理解要结合当下的物理、社会环境和有机体的身体,这三者并不是简单的线性因果关系,而是相互耦合、相互配合的整体,三者之间紧密联系、不可分割。心理学的研究对象是活生生的人,其行为和心理的发生、发展规律都寓于人身上,而心理学所要揭示的也是人的本质问题,而人的本质是一种"四维一体"的存在。具体而言,"四维"指心理的生物性、社会现实性、主观能动性、历史文化性,"一体"指这四维有机统一于人的社会实践中(彭运石,2009)。梅洛-庞蒂将由来已久的身心二元关系转变为身心一体的关系,认为知觉存在于身体中,而身体又存在于环境中。在社会现实性维度方面,梅洛-庞蒂尤其强调环境对行为的影响,行为的产生离不开其所处的环境,这种环境不仅包括客观的物理环境,还涉及语言、文化等社会环境,他认为行为的产生和对其理解离不开广泛的社会现实背景。在主观能动性维度方面,梅洛-庞蒂认为行为是人与环境相互作用而生成,而不是大脑对客观环境的物理式机械反应。在历史文化维度方面,梅洛-庞蒂更多强调有机体与当下的环境相互作用,而没有看到有机体的行为是在人类社会历史背景下产生,不同的社会历史背景使人具有与众不同的、鲜明的时代特征。在实践性层面,实践是个体生存于世的基础,是个体社会化的基础,是个体具有人之为人的一切特征和属性的前提条件。显然人的本质是由生物性、社会现实性、主观能动性和历史文化性来决定,并且统一于人的社会实践中,最终形成一个动态的、稳定的平衡。

二、走向马克思辩证唯物主义的立场

心理学的健康发展要坚持马克思辩证唯物主义的立场。梅洛-庞蒂的心理学思想建基于身体基础之上,强调身体和环境对心理的影响,将心理学的研究对象框定在身体与环境相互作用的背景下发展的认知活动,将科学心理学所忽略的对象重新纳入心理学的研究视野,强调心理学的人文科学性质,重视人文主义方法论,克服了传统心理学的研究局限。他提出的"具身性""身体主体间性"开创性思想为科学主义方法论和人文主义方法论提供了统一的基础,但是要实现两者的真正融合以及达成心理学研究的共同范式却并不能一蹴而就。在心理学的发展史中,科学主义方法论始终占据主流位置,导致心理学的实证研究成果丰富,理论研究匮乏,呈现出"分支繁茂、主干脆弱"的局面,在本质上仍旧是一种二歧视野,未能完整地揭示人的本质。辩证唯物主义认为,人是在创造性的生存实践活动中生成与展现人的本质,具有分化自然而又统一于自然、肯定自身又否定自身的整合属性。因此,对人的研究也应采取与之相适应的整合的视角和方法(彭运石,2009)。为揭示人独有的本质,构筑人的完整形象,心理学的研究应当建基于辩证唯物主义立场,在理解和把握人的多重属性、特征的基础上,借助辩证唯物主义的论点,最终实现科学、人文主义的辩证统一,做到两者相得益彰,推动心理学的整合发展之路。

具体而言,心理学的未来发展可以在学科性质、研究范围、研究方法和理论构建等方面进一步改进。在学科性质方面,加强理论与基础研究,并以此指导实践应用研究,既充分吸收生理学、认知神经学、物理学等其他学科的研究成果,而又不忽视心理学主干学科的发展,使心理学学科真正做到博采众长、为我所用。在研究范围方面,心理学未来既存留自然科

学的研究成果，也要借鉴人文科学的研究成果；既研究自然科学中的"事实世界"，也研究人文科学中的"价值世界"，但它绝不会纯粹地将自己列为自然科学或人文科学。心理学的未来要将研究视角框定在"人的世界"，采用多角度、多水平、多层面的研究方法探索心理的本质，并将人的生物性、社会现实性、主观能动性、历史文化性统一于社会实践活动中去来研究心理的本质，也即：在个体真实的社会实践活动中研究身体—大脑—环境的关系，同时也将个体所处的社会历史环境纳入其中，以探究真正彻底"人"的心理学。在研究方法方面，人是一个超越了客观与主观、整体与部分等对立的"否定的统一体"。因此，未来心理学在研究方法层面既不否定科学主义心理学强调的定量研究、客观分析，也要坚持人文主义心理学的解释、描述、移情理解等主观方法，两者在心理学研究中均存在合理的空间。但同时，未来心理学更强调依据人的特征来选择合适的研究方法。在这种情况下，任何一种研究方法都不是放之四海而皆准，其研究结果要在人的生存实践活动中得到验证与提升。因此，心理学研究要坚持辩证唯物主义的方法，充分借鉴心理学的各种研究方法，有效结合人文主义心理学方法论和科学主义心理学方法论各自的优点。在理论构建方面，心理学应该构建一个完整的人的心理本质及其发生发展规律的理论，在揭示人的生物性、社会现实性、主观能动性、历史文化性等多维本质属性的基础上，采用整合的视野，以整体的、全面的、不同的角度揭示人的本质，真正构建人的完整形象的理论体系，客观实证研究和整体描述理解在心理学中有各自的合理空间。未来心理学理论构建遵循从对人的本质的完整理解到客观实证研究，再从客观实证研究回到对人的本质的完整理解这样一条基本路线，心理学的理论会在实践中不断得到验证、完善，对人的理解更加完整、充分、彻底，而不仅仅停留在表面、片段的真理上面。人作为一个"类"的存在而表现出的心理学规律，才是世界各国心理学家真正的研究主题。心理学理论与历史的研究表明，只有建基于马克思主义哲学对人的全面本质的完整理解，建基于对世界每一种文化和文明的尊重，才有可能作为"类心理学"的有机构成。总而言之，心理学学科要建基于马克思辩证唯物主义的理论思想、采用整合视野的研究视角以及结合"四维一体"的心理本质观,使得人文主义方法论和科学主义方法论在心理学研究中相得益彰,各得其所,各司其职,各自寻找到合适的位置,最终获得丰富的、全面的心理学研究成果,真正将心理学建设成为一门百花齐放、百家争鸣的学科!

三、推进心理学的应用,肩负社会发展的责任与担当

在心理学发展史上,心理学研究一度以"主义取向"(ism-oriented)为研究主流:构造主义、机能主义、行为主义、认知主义、人本主义、后现代主义、建构主义……但是,越来越多的研究者已经反省到"主义取向"的研究模式撕裂了心理学主体,加剧了心理学的分裂,更不能满足社会大众对于心理学服务实际的需求。在这种背景下,心理学内部又出现"问题取向"(problem-oriented)的研究模式,以此回应心理学知识服务于社会大众的呼声。梅洛-庞蒂身体现象学心理学思想在诞生之初就是回应了当时的时代精神,其目的是"经世致用"——为当时的社会矛盾提出不同以往的解决方案。因此,心理学研究不能只开展"阳春白雪"式的研究,而且要有更多"下里巴人"的研究,心理学研究要回应时代关切,解决社会现实问题。

针对当前心理学的社会价值,有研究指出,心理学参与社会问题的研究已经不可回避,而且还要对一些宏大的社会问题提出具有前瞻性的建议(Walton et al.,2009)。因此,心理学除了继续在个体层面、群体层面开展研究外,还要加强对宏观社会问题的研究,尤其是在国家制定公共政策、提供社会服务等宏观层面,唯有如此才能彰显心理学的魅力与独特价值。心理学是人民的心理学,也是社会的心理学。心理学的发展,离不开鲜活的社会。心理学的研究问题,应该来源于社会现实,心理学的研究成果,更应该服务于社会现实。心理学研究应该紧密结合社会需求和工作实际,扎实开展科学研究和社会实践,让心理学提高全人类的心理健康水平,为全人类造福。

中国特色社会主义社会已经进入新时代,国家对于心理健康问题高度重视,国家出台的一系列政策法规、重要文件通知等表明,我们在完成脱贫攻坚、全面建成小康社会的历史任务,实现第一个百年奋斗目标的同时,也注重提升全民心理健康意识,提升全民的心理健康素养,努力达到"心理脱贫",让全社会实现"心理富裕"。未来,心理学要扎根中国大地,开展具有中国特色的心理学研究,提出具有现实人文关怀、解决中国社会发展过程中的具体问题的心理学研究课题,结出回答中国之问、社会之问、时代之问的心理学智慧果实,构建具有中国特色的心理学学科体系、学术体系和话语体系,推动具有中国特色心理学的理论创新,增进对新时代的社会问题分析,加强对新时代社会问题的理解,以新时代中国社会发展的现实问题为导向,坚持守正创新,不断开辟社会实践进路,充分发挥心理学的社会价值,肩负起心理学在中国社会发展中的责任!

参考文献

1. [爱]德尔默·莫兰:《现象学:一部历史的和批评的导论》,李幼蒸译,中国人民大学出版社 2017 年版。
2. [爱]德穆·莫伦:《现象学导论》,蔡铮云译,桂冠图书股份有限公司 2005 年版。
3. [奥]西格蒙德·弗洛伊德:《精神分析引论》,高觉敷译,商务印书馆 2004 年版。
4. [丹]丹·扎哈维:《主体性和自身性——对第一人称视角的探究》,蔡文菁译,上海译文出版社 2008 年版。
5. [丹]汉斯·克里斯汀·安徒生:《安徒生童话选》,叶君健译,人民文学出版社 1988 年版。
6. [德]埃德蒙德·胡塞尔:《纯粹现象学通论》,李幼蒸译,商务印书馆 1996 年版。
7. [德]埃德蒙德·胡塞尔:《经验与判断》,邓晓芒、张廷国译,生活·读书·新知三联书店 1999 年版。
8. [德]埃德蒙德·胡塞尔:《笛卡尔式的沉思》,张廷国译,中国城市出版社 2002 年版。
9. [德]埃德蒙德·胡塞尔:《现象学的观念》,倪梁康译,人民出版社 2007 年版。
10. [德]埃德蒙德·胡塞尔:《笛卡尔沉思:现象学导论》,张宪译,人民出版社 2008 年版。
11. [德]埃德蒙德·胡塞尔:《现象学的构成研究——纯粹现象学和现象学哲学的观念(第 2 卷)》,李幼蒸译,中国人民大学出版社 2013 年版。
12. [德]埃德蒙德·胡塞尔:《逻辑研究》,倪梁康译,商务印书馆 2017 年版(a)。
13. [德]埃德蒙德·胡塞尔:《欧洲科学的危机与超越论的现象学》,王炳文译,商务印书馆 2017 年版(b)。
14. [德]埃德蒙德·胡塞尔:《经验与判断》,李幼蒸译,中国人民大学出版社 2019 年版。
15. [德]汉斯-格奥尔格·伽达默尔:《伽达默尔论黑格尔》,张志伟译,光明日报出版社 1992 年版。
16. [德]卡尔·马克思、[德]弗里德里希·恩格斯:《马克思恩格斯文集(第 1 集)》,人民出版社 2009 年版(a)。

17. [德]卡尔·马克思、[德]弗里德里希·恩格斯:《马克思恩格斯全集(第20卷)》,人民出版社 2009 年版(b)。
18. [德]马丁·海德格尔:《存在与时间》,陈嘉映、王庆节译,生活·读书·新知三联书店 2014 年版。
19. [德]马丁·海德格尔:《形而上学导论》,王庆节译,商务印书馆 2015 年版。
20. [德]尤尔根·哈贝马斯:《后形而上学思想》,曹卫东译,译林出版社 2004 年版。
21. [法]安德烈·罗宾耐:《模糊暧昧的哲学——梅洛-庞蒂传》,宋刚译,北京大学出版社 2006 年版。
22. [法]雷诺·巴尔巴拉:《梅洛-庞蒂的肉身概念的难点》,《同济大学学报(社会科学版)》2007 年第 1 期。
23. [法]曼努埃尔·埃洛阿:《感性的抵抗:梅洛-庞蒂对透明性的批判》,曲晓蕊译,福建教育出版社 2016 年版。
24. [法]莫里斯·梅洛-庞蒂:《哲学家及其身影》,刘国英译,东方出版社 2000 年版。
25. [法]莫里斯·梅洛-庞蒂:《知觉现象学》,姜志辉译,商务印书馆 2001 年版。
26. [法]莫里斯·梅洛-庞蒂:《知觉的首要地位及其哲学结论》,王东亮译,生活·读书·新知三联书店 2002 年版。
27. [法]莫里斯·梅洛-庞蒂:《符号》,姜志辉译,商务印书馆 2003 年版。
28. [法]莫里斯·梅洛-庞蒂:《哲学赞词》,杨大春译,商务印书馆 2003 年版(a)。
29. [法]莫里斯·梅洛-庞蒂:《符号》,杨大春译,商务印书馆 2003 年版(b)。
30. [法]莫里斯·梅洛-庞蒂:《世界的散文》,杨大春译,商务印书馆 2005 年版(a)。
31. [法]莫里斯·梅洛-庞蒂:《行为的结构》,杨大春、张尧均译,商务印书馆 2005 年版(b)。
32. [法]莫里斯·梅洛-庞蒂:《可见的与不可见的》,罗国祥译,商务印书馆 2008 年版(a)。
33. [法]莫里斯·梅洛-庞蒂:《意义与无意义》,张颖译,商务印书馆 2008 年版(b)。
34. [法]祁雅理·约瑟夫:《二十世纪法国思潮》,吴永泉、陈京璇、尹大贻译,商务印书馆 1987 年版。
35. [法]让-保罗·萨特:《想象心理学》,褚朔维译,光明日报出版社 1988 年版。
36. [法]让-保罗·萨特:《想象》,杜小真译,上海译文出版社 2014 年版。
37. [法]雅克·拉康:《拉康选集》,褚孝泉译,上海三联书店 2001 年版。

38. ［美］大卫·凯恩：《以人为中心心理治疗》，高剑婷译，安徽人民出版社 2012 年版。

39. ［美］丹尼尔·托马斯·普里莫兹克：《梅洛-庞蒂》，关群德译，清华大学出版社 2019 年版。

40. ［美］菲利普·津巴多：《津巴多普通心理学》，邹智敏等译，机械工业出版社 2017 年版。

41. ［美］赫伯特·斯皮格尔伯格：《现象学运动》，王炳文、张金言译，商务印书馆 2016 年版。

42. ［美］赫伯特·斯皮格尔伯格：《心理学和精神病学中的现象学》，徐献军译，商务印书馆 2021 年版。

43. ［美］雷登·贝克：《存在主义与心理分析》，叶玄译，巨流图书公司 1986 年版。

44. ［美］理查德·沃林：《文化批评的观念》，张国清译，商务印书馆 2001 年版。

45. ［瑞］让·皮亚杰：《儿童的语言与思维》，傅统先译，文化教育出版社 1980 年版。

46. ［瑞］让·皮亚杰：《发生认识论原理》，王宪钿译，商务印书馆 1981 年版(a)。

47. ［瑞］让·皮亚杰：《儿童心理学》，吴福元译，商务印书馆 1981 年版(b)。

48. ［瑞］让·皮亚杰：《儿童智力的起源》，高如峰、陈丽霞译，教育科学出版社 1990 年版。

49. ［英］布莱恩·特纳：《身体与社会》，马海良、赵国新译，春风文艺出版社 2000 年版。

50. ［英］菲尔·乔伊斯、［英］查洛斯·西尔斯：《格式塔心理咨询与治疗技术》，叶红萍译，中国轻工出版社 2005。

51. ［智］弗朗西斯科·瓦雷拉、［加］埃文·汤普森、［美］埃莉诺·罗施：《具身心智：认知科学和人类经验》，李恒威、李恒熙、王球、于霞译，浙江大学出版社 2010 年版。

52. 包蕾萍：《戈尔茨坦的机能整体观述评》，《心理学探新》2002 年第 2 期。

53. 车文博、郭本禹总主编：《弗洛伊德主义新论(第一卷)》，上海教育出版社 2018 年版。

54. 陈巍：《神经现象学：整合脑与意识经验的认知科学哲学进路》，中国社会科学出版社 2016 年版。

55. 崔增宝：《梅洛-庞蒂的意识概念与身心关系问题》，《天津社会科学》2018 年第 1 期。

56. 邓晓芒：《哲学史方法论十四讲》，重庆大学出版社 2014 年版。

57. 杜小真：《梅洛·庞蒂和他的存在现象论》，《北京大学学报(哲学社会科学版)》1989 年第 1 期。

58. 杜小真、刘哲：《理解梅洛-庞蒂：梅洛-庞蒂在当代》，北京大学出版社 2011 年版。

59. 冯俊：《身与心——法国哲学(第 2 辑)》,商务印书馆 2017 年版。

60. 高剑婷：《现象学视域中的"梦中之物"——从格式塔心理治疗的"梦的工作"谈起》,《山东社会科学》2017 年第 3 期。

61. 高剑婷：《身体与表达：梅洛-庞蒂的现象学心理学及其应用研究》,博士学位论文,南京大学,2018 年。

62. 高新民：《人自身的宇宙之谜——西方心身学说发展概论》,华中师范大学出版社 1989 年版。

63. 高新民：《现代西方心灵哲学》,武汉出版社 1994 年版。

64. 高新民：《心灵的解构：心灵哲学本体论变革研究》,中国社会科学出版社 2005 年版。

65. 高宣扬：《当代法国思想五十年(第 2 版)》,中国人民大学出版社 2016 年版。

66. 关群德：《梅洛-庞蒂的身体概念》,《世界哲学》2010 年第 1 期。

67. 郭红：《含混与回避：梅洛—庞蒂哲学的基本特征》,《湖北大学学报(哲学社会科学版)》1996 年第 2 期。

68. 何静：《身体意象与身体图式——具身认知研究》,博士学位论文,浙江大学,2009 年。

69. 胡万年：《身体和体知：具身心智范式哲学基础研究》,北京师范大学出版社 2020 年版。

70. 黄婷、邱鸿钟：《身体知觉方式及其对临床的意义》,《医学与哲学》2020 年第 9 期。

71. 季晓峰：《论梅洛-庞蒂的身体现象学对身心二元论的突破》,《东南学术》2010 年(a)第 2 期。

72. 孔慧英、梅志超：《现代数学思想概论》,中国社会科学出版社 1993 年版。

73. 李恒威、黄华新：《"第二代认知科学"的认知观》,《哲学研究》2006 年(a)第 6 期。

74. 李恒威、肖家燕：《认知的具身观》,《自然辩证法通讯》2006 年(b)第 1 期。

75. 李其维：《"认知革命"与"第二代认知科学"刍议》,《心理学报》2008 年第 12 期。

76. 李婉莉：《身体的暧昧与超越——浅析梅洛-庞蒂的身体概念》,《北京社会科学》2013 年第 2 期。

77. 李昕桐：《新现象学的情境理论对心理治疗的影响》,《广东社会科学》2015 年第 6 期。

78. 刘放桐：《存在主义哲学》,商务印书馆 1963 年版。

79. 刘沛妤、维罗妮卡·法斯特林：《论梅洛-庞蒂对黑格尔辩证法的解读——兼论与伊波利特的异质性》，《西南民族大学学报（人文社会科学版）》2021年第9期。

80. 刘晓力：《交互隐喻与涉身哲学——认知科学新进路的哲学基础》，《哲学研究》2005年第10期。

81. 刘哲：《具身化理论视域下的反笛卡尔主义——以梅洛-庞蒂与塞尚的对话为例》，《中国社会科学》2014年第8期。

82. 毛华威：《梅洛-庞蒂身体现象学研究》，博士学位论文，吉林大学，2019年。

83. 孟伟：《梅洛-庞蒂的涉身性思想及其认知科学意蕴》，《自然辩证法通讯》2007年第6期。

84. 莫伟民、姜宇辉、王礼平：《二十世纪的法国哲学》，人民出版社2008年版。

85. 宁晓萌：《弗洛伊德哲学与梅洛-庞蒂的"肉身"概念》，《世界哲学》2016年第1期。

86. 庞学铨：《身体性理论：新现象学解决心身关系的新尝试》，《浙江大学学报（人文社会科学版）》2001年第6期。

87. 彭运石：《人的消解与重构——西方心理学方法论研究》，湖南教育出版社2009年版。

88. 齐志家：《梅洛-庞蒂的知觉分析》，《湖北大学学报（哲学社会科学版）》2010年第6期。

89. 任其平：《主体的在世之在——宾斯万格的存在分析学理论与实践研究》，博士学位论文，南京师范大学，2008年。

90. 佘碧平：《梅洛-庞蒂历史现象学研究》，复旦大学出版社2007年版。

91. 苏宏斌：《作为存在哲学的现象学——试论梅洛-庞蒂的知觉现象学思想》，《浙江社会科学》2001年第3期。

92. 孙在国：《论梅罗·庞蒂的"身体—主体"理论》，《复旦学报（社会科学版）》1991年第4期。

93. 唐清涛：《沉默与语言：梅洛-庞蒂表达现象学研究》，中国社会科学出版社2013年版。

94. 王亚娟：《通向自然之途：现象学与本体论之间的梅洛-庞蒂》，中国社会科学出版社2014年版。

95. 王亚娟：《完全还原的不可能性：兼论梅洛-庞蒂与胡塞尔现象学的差异》，《世界哲学》2017年第4期。

96. 吴晓云：《梅洛-庞蒂历史意义理论的基本思路》，《国外理论动态》2009 年第 4 期。

97. 吴晓云：《他人问题的转移：梅洛-庞蒂与马克思主义》，《湖北大学学报（哲学社会科学版）》2010 年第 3 期。

98. 吴晓云：《梅洛-庞蒂与马克思主义：从他人问题看》，人民出版社 2016 年版。

99. 伍小涛：《梅洛-庞蒂身体现象学的马克思主义批判》，《天津行政学院学报》2013 年第 5 期。

100. 武建峰，《认知生成主义的哲学研究》，博士学位论文，山西大学，2015 年。

101. 武建峰：《论生成认知科学的现象学基础》，《学术研究》2017 年第 12 期。

102. 徐献军：《具身认知论——现象学在认知科学研究范式转型中的作用》，浙江大学出版社 2009 年版。

103. 徐献军：《新现象学与心理治疗》，《西南民族大学学报（人文社会科学版）》2012 年第 10 期。

104. 杨大春：《梅洛-庞蒂研究状况述评》，《哲学动态》2001 年第 7 期。

105. 杨大春：《超越、前瞻与守护——理解和评论梅洛-庞蒂哲学的诸路径》，《国外社会科学》2004 年(a)第 2 期。

106. 杨大春：《从生存到存在——梅洛-庞蒂在胡塞尔引导下的现象学之旅》，《湖南社会科学》2004 年(b)第 5 期。

107. 杨大春：《杨大春讲梅洛-庞蒂》，北京大学出版社 2005 年版。

108. 杨大春：《身体的秘密——20 世纪法国哲学论丛》，人民出版社 2013 年版。

109. 杨大春：《20 世纪法国哲学的现象学之旅》，社会科学文献出版社 2014 年版。

110. 杨大春、张尧均：《行为的结构》，商务印书馆 2018 年版。

111. 叶浩生：《心理学史》，高等教育出版社 2005 年版。

112. 叶浩生：《有关具身认知思潮的理论心理学思考》，《心理学报》2011 年第 5 期。

113. 叶浩生：《具身认知：原理与应用》，商务印书馆 2017 年版。

114. 叶浩生：《身体的教育价值：现象学的视角》，《教育研究》2019 年第 10 期。

115. 臧佩洪：《肉身的现象学呈现之途——从胡塞尔到海德格尔再到梅洛-庞蒂》，《南京社会科学》2005 年第 12 期。

116. 张尧均：《舍勒与梅洛——庞蒂心身关系论之比较》，《浙江学刊》2004 年第 5 期。

117. 张尧均：《隐喻的身体——梅洛-庞蒂身体现象学研究》，中国美术学院出版社 2006 年版。

参 考 文 献

118. 章士嵘、王炳文:《当代西方著名哲学家评传》,山东人民出版社 1996 年版。
119. 赵敦华:《西方哲学简史》,北京大学出版社 2012 年版。
120. 郑震:《论梅洛-庞蒂的身体思想》,《南京社会科学》2007 年第 8 期。
121. 朱姝:《基于梅洛-庞蒂具身现象学的儿童心理发生研究》,博士学位论文,吉林大学,2015 年。
122. 朱相熔:《梅洛-庞蒂的身体现象学研究》,硕士学位论文,中央民族大学,2018 年。
123. 朱智贤、林崇德:《儿童心理学史》,北京师范大学出版社 2002 年版。
124. Allen Weiss, "Merleau-Ponty's Concept of the 'Flesh' as Libido Theory", *SubStance*, Vol. 1, No. 10, May 1981, pp. 85–95.
125. Amedeo Giorgi, "The Implications of Merleau-Ponty's Thesis of 'The Primacy of Perception' for Perceptual Research in Psychology", *Journal of Phenomenological Psychology*, Vol. 8, No. 1, May 1977, pp. 81–102.
126. Amedeo Giorgi, *The Descriptive Phenomenological Method in Psychology: A Modified Husserlian Approach*, Pittsburgh: Duquesne University Press, 2009.
127. Amedeo Giorgi, "The Descriptive Phenomenological Psychological Method", *Journal of Phenomenological Psychology*, Vol. 43, No. 1, January 2012, pp. 3–12.
128. Andrew Meltzoff, "Understanding the Intentions of Others: Re-Enactment of Intended Acts by 18-Month-Old Children", *Developmental Psychology*, Vol. 31, No. 5, September 1995, pp. 838–850.
129. Andy Begg, "Enactivism and Mathematics Education", *Merga*, Vol. 22, January 1999, pp. 68–75.
130. Andy Clark, *Current Issues in Philosophy of Mind*, Cambridge: Cambridge University Press, 1998.
131. Andy Clark, *Supersizing the Mind: Embodiment, Action and Cognitive Extension*, Oxford: Oxford University Press, 2008.
132. Andy Clark, David Chalmers, "The Extended Mind", *Analysis*, Vol. 58, No. 1, August 1998, pp. 7–9.
133. Ane Faugstad, "Merleau-Ponty's Concept of Nature and the Ontology of Flesh", *Biosemiotics*, Vol. 3, No. 3, April 2010, pp. 331–345.

134. Benjamin Sheredos, "Merleau-Ponty's Immanent Critique of Gestalt Theory", *Human Studies*, Vol. 40, No. 2, March 2017, pp. 191 – 215.

135. Brenda Happell, "Mental Health Nursing: Social Inequities and Partnerships with Consumers", paper presented at the 19th annual conference of the International Society of Psychiatric-Mental Health Nurses, Baltimore, Maryland, March 2017, pp. 8 – 11.

136. Chris Eliasmith, "Computational Neuroscience", in Paul Thagard, ed., *Philosophy of Psychology and Cognitive Science*, North Holland: Elsevier B. V., 2007, pp. 313 – 318.

137. Christopher Pollard, "Merleau-Ponty and Embodied Cognitive Science", *Discipline Filosofiche*, Vol. 24, No. 2, January 2014, pp. 67 – 90.

138. Daly James, "Merleau-Ponty's Concept of Phenomenology", *Philosophical Studies (Dublin)*, Vol. 16, September 1967, pp. 137 – 164.

139. Daniel Hutto, Erik Myin, *Radicalizing Enactivism: Basic Minds Without Content*, Cambridge, MA: The MIT Press, 2013.

140. David Chalmers, "Foreword", in Andy Clark, Supersizing the Mind: Embodiment, Action and Cognitive Extension, Oxford: Oxford University Press, 2008, pp. ix – xvi.

141. Dawn Velligan, David Roberts, Cynthia Sierra, Megan Fredrick, Mary Roach, "What Patients With Severe Mental Illness Transitioning From Hospital to Community Have to Say About Care and Shared Decision-Making", *Issues in Mental Health Nursing*, Vol. 37, No. 6, June 2016, pp. 400 – 405.

142. Donald Polkinghorne, *In Methodology for the Human Sciences—System of Inquiring*, Albany: State University of New York Press, 1983.

143. Elizabeth Murray, "Phenomenology in Psychology and Psychiatry (Book Review)", *Journal of Phenomenological Psychology*, No. 2, January 1972, pp. 375 – 379.

144. Eric Matthews, "Merleau-Ponty's Body-Subject and Psychiatry", *International Review of Psychiatry*, Vol. 16, No. 3, August 2004, pp. 190 – 198.

145. Evan Thompson, "Sensorimotor Subjectivity and the Enactive Approach to Experience", *Phenomenology & the Cognitive Sciences*, Vol. 4, No. 4, January 2005, pp. 407 – 427.

146. Evan Thompson, Mog Stapleton, "Making Sense of Sense-Making: Reflections on Enactive and Extended Mind Theories", *Topoi*, Vol. 28, No. 1, December 2009, pp. 23 – 30.
147. Francisco Varela, Evan Thompson, Eleanor Rosch, *The Embodied Mind: Cognitive Science and Human Experience*, Cambridge: MIT Press, 1991.
148. Gary Madison, *The Phenomenology of Merleau-Ponty: A Search for the Limits of Consciousness*, Athens, OH: Ohio University Press, 1981.
149. George Lakoff, Mark Johnson, *Philosophy in the Flesh: The Embodied Mind and Its Challenge to Western Thought*, New York, NY: Basic Books, 1999.
150. George Lakoff, Mark Johnson, *Metaphors We Live by*, Chicago, IL: University of Chicago Press, 2003.
151. Gertrud Meili-Dworetzki, "The Development of Perception in the Rorschach", in Bruno Klopfer, Mary Ainsworth, Robert Holt, eds., *Developments in the Rorschach Technique, Vol. 2: Fields of Application*, New York, NY: World Book Co., 1956, pp. 108 – 116.
152. Gregory Walton, Carol Dweck, "Solving Social Problems Like a Psychologist", *Perspectives on Psychological Science*, Vol. 4, No. 1, January 2009, pp. 101 – 102.
153. Håvard Nilsen, "Gestalt and Totality. The Case of Merleau-Ponty and Gestalt Psychology", *Nordicum-Mediterraneum*, Vol. 3, No. 2, December 2008, pp. 1 – 17.
154. Herbert Spiegelberg, *Phenomenology in Psychology and Psychiatry: A Historical Introduction*, Evanston, IL: Northwestern University Press, 1972.
155. Hildegard Peplau, *Interpersonal Relations in Nursing*, New York, NY: G. P. Putnam's Sons, 1952.
156. Hubert Dreyfus, "Response to Collins, Artificial Experts", *Social Studies of science*, Vol. 22, No. 4, November 1992, pp. 717 – 726.
157. Hubert Dreyfus, "Intelligence Without Representation—Merleau-Ponty's Critique of Mental Representation the Relevance of Phenomenology to Scientific Explanation", *Phenomenology and the Cognitive Sciences*, Vol. 1, December 2002, pp. 367 – 383.

158. Hubert Dreyfus, Jerry Todes, "The Three Worlds of Merleau-Ponty", *Philosophy and Phenomenological Research*, Vol. 22, No. 4, June 1962, pp. 559-565.

159. James Gibson, *The Ecological Approach to Visual Perception*, Boston, MA: Houghton Mifflin 1979.

160. Jan Horsfall, Cynthia Stuhmiller, Simon Champ, *Interpersonal Nursing for Mental Health*, New York, NY: Springer Publishing, 2001.

161. Johannes Tauber, *Merleau-Ponty, Cognitive Science and Phenomenology*, Sarbrucken: VDM Verlag, 2008.

162. John Stewart, "Afterword: A View From Enaction", *Language Sciences*, Vol. 71, August 2018, pp. 68-73.

163. Jonathan Spackman, Stephen Yanchar, "Embodied Cognition, Representationalism, and Mechanism: A Review and Analysis", *Journal for the Theory of Social Behaviour*, Vol. 44, No. 1, March 2014, pp. 46-79.

164. Jorge Soto-Andrade, "Enactive Metaphorising in the Learning of Mathematics", in Gabriele Kaiser, Helen Forgasz, Mellony Graven, Alain Kuzniak, Elaine Simmt, Binyan Xu, eds., *Invited Lectures from the 13th International Congress on Mathematical Education*, Cham: Springer, 2018, pp. 619-637.

165. Joseph Rouse, "Merleau-Ponty and the Existential Conception of Science", *Synthese*, Vol. 66, No. 2, February 1986, pp. 249-272.

166. Joshua Ian Davis, Arthur Markman, "Embodied Cognition as a Practical Paradigm: Introduction to the Topic, the Future of Embodied Cognition", *Top Cognition Science*, Vol. 4, No. 4, November 2012, pp. 685-691.

167. Larry Shapiro, "The Embodied Cognition Research Programme", *Philosophy Compass*, Vol. 2, No. 2, March 2007, pp. 338-346.

168. Laura Gaillard, Mona Shattell, Sandra Thomas, "Mental Health Patients' Experiences of Being Misunderstood", *Journal of the American Psychiatric Nurses Association*, Vol. 15, No. 3, June 2009, pp. 191-199.

169. Lawrence Barsalou, "Grounded Cognition", *Annual Review of Psychology*, Vol. 59, January 2008, pp. 617-645.

170. Lawrence Barsalou, W. Kyle Simmons, Aron Barbey, Christine Wilson,

"Grounding Conceptual Knowledge in Modality-Specific Systems", *Trends in Cognitive Sciences*, Vol. 7, No. 2, February 2003, pp. 84 – 91.

171. Louise Byrne, Brenda Happell, Kerry Reid-Searl, "Recovery as a Lived Experience Discipline: A Grounded Theory Study", *Issues in Mental Health Nursing*, Vol. 36, No. 12, December 2015, pp. 935 – 943.

172. Ludwig Binswanger, "Dream and Existence", *Review of Existential Psychology and Psychiatry*, Special Issue, 1986, pp. 81 – 105.

173. Margaret Wilson, "Six Views of Embodied Cognition", *Psychological Bulletin and Review*, Vol. 9, No. 4, December 2008, pp. 625 – 636.

174. Mark Rowlands, *The Body in Mind: Understanding Cognitive Processes*, Cambridge: Cambridge University Press, 1999.

175. Mark Rowlands, "Extended Cognition and the Mark of the Cognitive", *Philosophical Psychology*, Vol. 22, No. 1, February 2009, pp. 1 – 19.

176. Mark Rowlands, *The New Science of the Mind: From Extended Mind to Embodied Phenomenology*, Cambridge, MA: The MIT Press, 2010.

177. Martin Dillon, "Gestalt Theory and Merleau-Ponty's Concept of Intentionality", *Man and World*, Vol. 4, No. 4, November 1971, pp. 436 – 459.

178. Martin Dillon, "Merleau-Ponty on Existenial Sexuality: A Critique", *Journal of Phenomenological Psychology*, Vol. 11, No. 1, August 1980, pp. 67 – 81.

179. Martin Dillon, "The Implications of Merleau-Ponty's Thought for the Practice of Psychotherapy", *Journal of Phenomenological Psychology*, Vol. 95, No. 14, May 1983, pp. 55 – 74.

180. Martin Dillon, "The Implications of Merleau-Ponty's Thought of the Practice of Psychotherapy", *Journal of Phenomenological Psychology*, Vol. 14, No. 1, January 1985, pp. 21 – 41.

181. Marvin Minsky, "Why A. I. Is Brain-Dead", Interview in Wired Magazine, August 2003, https://www.wired.com/2003/08/why-a-i-is-brain-dead/.

182. Maurice Merleau-Ponty, *Phenomenology of Perception*, trans. Colin Smith, New York, NY: Routledge, 1962.

183. Maurice Merleau-Ponty, *The Structure of Behavior*, trans. Alden Fisher, Boston,

MA: Beacon Press, 1963.

184. Maurice Merleau-Ponty, *The Primacy of Perception and Other Essays on Phenomenological Psychology, the Philosophy of Art, History and Politics*, trans. William Cobb, Evanston, IL: Northwestern University Press, 1964a.

185. Maurice Merleau-Ponty, *Signs*, trans. Richard McCleary, Evanston, IL: Northwestern University Press, 1964b.

186. Maurice Merleau-Ponty, *Sense and Non-Sense*, trans. Hubert Dreyfus and Patricia Allen Dreyfus, Evanston, IL: Northwestern University Press, 1964c.

187. Maurice Merleau-Ponty, *The Visible and the Invisible*, trans. Alphonso Lingis, Evanston, IL: Northwestern University Press, 1968a.

188. Maurice Merleau-Ponty, *L'Union de l'Âme et du Corps chez Malebranche, Biran et Bergson: Notes Prises au Cours de Maurice Merleau-Ponty à l'École Normale Supérieure (1947–1948)*, Paris: J. Vrin, 1968b.

189. Maurice Merleau-Ponty, "Phenomenology and Psychoanalysis: Preface to Hesnard's L'Oeuvre de Freud", in Alden Fischer, ed., *The Essential Writings of Merleau-Ponty*, New York, NY: Harcourt, Brace and World, 1969.

190. Maurice Merleau-Ponty, *Themes From the Lectures at the College de France 1952–1960*, trans. John O'Neill, Evanston, IL: Northwestern University Press, 1970.

191. Maurice Merleau-Ponty, *La Nature, Notes, Cours du Collège de France*, Paris: Seuil, 1995.

192. Maurice Merleau-Ponty, *Notes des cours au Collège de France 1958–1959 et 1960–1961*, Paris: Gallimard, 1996.

193. Maurice Merleau-Ponty, *The World of Perception*, trans. Oliver Davis, London: Routledge, 2004.

194. Maurice Merleau-Ponty, *Child Psychology and Pedagogy: The Sorbonne Lectures, 1949–1952*, trans. Talia Welsh, Evanston, IL: Northwestern University Press, 2010.

195. Maurice Merleau-Ponty, *Phenomenology of Perception*, trans. Donald Landes, New York, NY: Routledge, 2012.

196. Michael Anderson, "Embodied Cognition: A Field Guide", *Artificial Intelligence*,

Vol. 149, No. 1, September 2003, pp. 91 - 130.

197. Michael Corriveau, "Phenomenology, Psychology, and Radical Behaviorism: Skinner and Merleau-Ponty on Behavior", *Journal of Phenomenological Psychology*, Vol. 3, No. 1, January 1972, pp. 7 - 34.

198. Milton Friedman, "The Child Psychology of Maurice Merleau-Ponty", *Psychoanalytic Review*, Vol. 62, No. 3, November 1975, pp. 469 - 480.

199. Natalie Angier, "Abstract Thoughts? The Body Takes Them Literally", *The New York Times*, February 2, 2010, 159(54, 939).

200. Natasha Synesiou, "Boundary and Ambiguity: Merleau-Ponty and the Space of Psychotherapy", *Self & Society*, Vol. 41, No. 3, March 2014, pp. 13 - 19.

201. Nick Totton, "Body Psychotherapy and Social Theory", *Body, Movement and Dance in Psychotherapy*, Vol. 4, No. 3, January 2009, pp. 187 - 200.

202. Paco Calvo, Antoni Gomila, eds., *Handbook of Cognitive Science: An Embodied Approach*, Boston, MA: Elsevier Ltd, 2008.

203. Patricia Moya, Maria Larrain, "Sexuality and Meaning in Freud and Merleau-Ponty", *The International Journal of Psychoanalysis*, Vol. 97, No. 3, June 2016, pp. 737 - 757.

204. Paul Dourish, *Where the Action Is: The Foundation of Embodied Interaction*, Cambridge, MA: MIT Press, 2001.

205. Paul Fusar-Poli, Gardner Stanghellini, "Maurice Merleau-Ponty and the 'Embodied Subjectivity' (1908 - 61)", *Medical Anthropology Quarterly*, Vol. 23, No. 2, November 2009, pp. 91 - 93.

206. Paula Niedenthal, Piotr Winkielman, Nicolas Vermeulen, Laurie Mondillon, "Embodiment of Emotion Concepts", *Journal of Personality and Social Psychology*, Vol. 96, No. 6, June 2009, pp. 1120 - 1136.

207. Peter Dominey, Tony JPrescott, Jeannette Bohg, Andreas Engel, Shaun Gallagher, Tobias Heed, Matej Hoffmann, Günther Knoblich, Wolfgang Prinz, Andrew Schwartz, "Implications of Action-Oriented Paradigm Shifts in Cognitive Science", in Andreas Engel, Karl Friston, Danica Kragic, eds., *The Pragmatic Turn: Toward Action-Oriented Views in Cognitive Science*, Cambridge, MA: MIT

Press, 2016.
208. Peter Politzer, *Critique of the Foundations of Psychology: The Psychology of Psychoanalysis*, Pittsburg: Duquesne University Press, 1994.
209. Rebecca Bonugli, Janna Lesser, Janet Paleo, Anna Gray, "A New Pair of Glasses: Creating a World Where Recovery is Possible", *Issues in Mental Health Nursing*, Vol. 36, No. 11, Autumn 2015, pp. 920 - 923.
210. Richard Menary, "Attacking the Bounds of Cognition", *Philosophical Psychology*, Vol. 19, No. 3, June 2006, pp. 329 - 344.
211. Richard Menary, *Cognitive Integration: Attacking the Bounds of Cognition*, Basingstoke: Palgrave-Macmillan, 2007.
212. Richard Simanke, "Freudian Psychoanalysis as Depth Psychology: Rereading Freud's Theory of the Mental Apparatus in Light of Merleau-Ponty's Concept of Depth", *Journal of the British Society for Phenomenology*, Vol. 42, No. 3, October 2011, pp. 255 - 289.
213. Robert Romanyshyn, "Phenomenology and Pychoanalysis: Contributions of Merleau-Ponty", *Psychoanalytic Review*, Vol. 64, No. 2, August 1977, pp. 211 - 223.
214. Rodney Brooks, "Intelligence Without Representation", *Artificial Intelligence*, Vol. 47, January 1991, pp. 139 - 159.
215. Rodney Brooks, *Cambrain Intelligence: The Early History of the New AI*, Cambridge, MA: MIT Press, 1999.
216. Roger Brooke, "Merleau-Ponty's Conception of the Unconscious", *South African Journal of Psychology*, Vol. 16, No. 4, December 1986, pp. 126 - 130.
217. Ron Morstyn, "How the Philosophy of Merleau-Ponty Can Help Us Understand the Gulf Between Clinical Experience and the Doctrine of Evidence-Based Psychotherapy", *Australasian Psychiatry*, Vol. 18, No. 3, June 2010, pp. 221 - 225.
218. Ronald Chrisley, Tom Ziemke, "Embodiment", in Lynn Nadel, ed., *Encyclopedia of Cognitive Science*, London: Nature Pub. Group, 2003, pp.1102 - 1108.
219. Ronald McClamrock, *Existential Cognition: Computational Minds in the World*,

Chicago, IL: University of Chicago Press, 1995.
220. Sandra Thomas, "Finding Inspiration From the Philosophy of Maurice Merleau-Ponty for the Practice of Psychiatric-Mental Health Nursing", *Archives of Psychiatric Nursing*, Vol. 11, No. 29, November 2017, pp. 1–6.
221. Sandra Thomas, "Finding Inspiration From the Philosophy of Maurice Merleau-Ponty for the Practice of Psychiatric-Mental Health Nursing", *Archives of Psychiatric Nursing*, Vol. 32, No. 3, June 2018, pp. 373–378.
222. Sandra Thomas, Howard R. Pollio, *Listening to Patients: A Phenomenological Approach to Nursing Research and Practice*, New York, NY: Springer, 2002.
223. Shaun Gallagher, "Mutual Enlightenment: Recent Phenomenology in Cognitive Science", *Journal of Consciousness Studies*, Vol. 4, No. 3, January 1997, pp. 195–214.
224. Shaun Gallagher, *Enactivist Interventions: Rethinking the Mind*, Oxford: Oxford University Press, 2017.
225. Shu-Ju Yang, David Gallo, Sian Beilock, "Embodied Memory Judgments: A Case of Motor Fluency", *Journal of Experimental Psychology: Learning, Memory, and Cognition*, Vol. 35, No. 5, September 2009, pp. 1359–1365.
226. Susan Hurley, *Consciousness in Action*, Cambridge, MA: Harvard University Press, 1998.
227. Talia Welsh, "From Gestalt to Structure: Maurice Merleau-Ponty's Early Analysis of the Human Sciences", *Theory & Psychology*, Vol. 16, No. 4, August 2006, pp. 527–551.
228. Talia Welsh, "Idealism Revisited: Merleau-Ponty's Early Critique of Science and Psychology", *Self & Society*, Vol. 41, No. 3, January 2015, pp. 20–27.
229. Tessa Youell, "Merleau-Ponty, Mirror Neurons and 'Me': The Process of 'Becoming', in the Child's Relations with Others", *Existential Analysis: Journal of the Society for Existential Analysis*, Vol. 18, No. 1, January 2007, pp. 170–183.
230. Thomas Schubert, Sander Koole, "The Embodied Self: Making a Fist Enhances Men's Power-Related Self-Conceptions", *Journal of Experimental Social*

Psychology, Vol. 45, No. 4, July 2009, pp. 828 – 834.

231. Tim Van Gelder, "What Might Cognition Be, if Not Computation?", *Journal of Philosophy*, Vol. 91, No. 1, June 1995, pp. 345 – 381.

232. Toshio Inui, "Editorial: Experimental Approach to Embodied Cognition", *Japanese Psychological research*, Vol. 48, No. 3, September 2006, pp. 123 – 125.

233. Virginia Moreira, "Merleau-Ponty and the Experience of Anxiety in Humanistic Phenomenological Psychotherapy", *Self & Society*, Vol. 41, No. 3, January 2015, pp. 39 – 45.

后　记

这部著作主要是我在湖南攻读博士学位期间完成的。赴湖南学习,对于我个人来说,其意义不仅仅是从繁忙的、琐碎的工作中抽身出来,更重要的是,个人学术视野的开拓与提升,让我的疲惫心灵也获得了一次难得休憩的机会。没有繁琐工作的打扰,我时常得以健步于岳麓山中、漫步于湘江边上,听鸟儿吟唱、观枫叶曼舞、看湘江北去、任思绪流淌。也只有在这样的情境中,我才能从容地思考与写作。也正是在一年四季美景常在的岳麓山下,在反反复复的思考与锤炼中,我一次次追寻生命的意义何在? 人生的价值何在? 猛然回头终于发现,一直存留于内心的是我未曾泯灭对学术的向往。踏实做好学问,回归到汗水与欢笑交织的日常生活中,回归到平淡而真实的烟火气息中,或许才是生命的意义所在,才是人生的真谛所在。

因学校工作业务繁忙,人手紧缺,虽然外出学习,但是寒暑假回来后依旧走向工作岗位。在这种年复一年的往返中,不知不觉间发现自己深耕岗位的单位发生了翻天覆地的变化,人事快速变动,每个人都非常忙碌,都在寻找自己合适的位置。在这样的环境下,我的选择和坚持好像有些另类,并毫不意外地导致一些外在于我的东西的失落。但,既然选择了前方,我只顾风雨兼程。我坚信:前行的路上虽然泥泞,但长途跋涉后,心灵被洗涤得更加清澈,每一步都留下了难忘的印记,这种心灵的丰盈与充实,终将会给予我更高、更丰厚的奖赏。

凡是过往,皆为序章。我不能不提及那些在我一段重要的生命旅程中一直默默地关心、照顾我的人们。

本书的成就,首先得益于我的恩师:湖南师范大学教育科学学院博士生导师彭运石教授。从论题的选定、资料的收集、框架的完善,到观点的凝练、思想的提升乃至最后成书时的作序,本著作的每一个环节都保留有先生从不同角度精心指导的痕迹。先生对我的影响,远远不止于此。在跟随先生学习期间,他的人格魅力深深地影响着我,接近不惑之年的我，在日常工作、学习、生活中时常不经意间按照他的风格行事，我内心深深知道，这就是先生精心培养我的结果。他的学识风范更是培育了我对于学术殿堂的向往与追求，铸就了我坚韧不拔、追寻生命本真意义的执著品格。在先生面前，我经常感到自卑、弱小，但是在我内心，先生一直是照亮我前行路上的灯塔。

当然，我还要深深感谢参与过我的博士学位论文评阅和答辩的各位老师，感谢他们提出的宝贵修改意见，提升了我的思想境界，让我在学术之路上继续砥砺前行。我还要感谢我的妻子、儿子、父母、朋友、同学、同事、领导……请原谅我没有一一提及他们的名字，但是在我内心深处一直会深深地挂念他们，默默地爱着他们。

此外，我还要感谢上海社会科学院出版社、本书的责任编辑及参与本书出版的其他工作人员，他们为本书的校对、完善提出了诸多宝贵意见，正是在他们大力支持、推动下，本书才得以问世。

最后，我也要感谢自己。求学之路，异常艰辛，吾辈坚持不懈，日复一日，披星戴月，翻山越岭，甚至在因疫情防控而单独在酒店隔离期间，仍然不忘研读文献，推进写作。求学时间，于整个人生而言转瞬即逝，而对于历经寒窗苦读之小辈，每一分每一秒都是一种煎熬，这期间不知道经历过多少次辗转难眠，也不知道体验过多少无可奈何。感谢自己，不曾放弃，在痛苦中坚持，在挣扎中努力前行。锤炼、浴火重生、凤凰涅槃，而这所有的一切，已然融入血液中，成为生命中宝贵的精神财富！

回首往事，历历在目，生命中经历了那么多人，那么多事，有那么多的事值得铭记，有那么多的人需要感谢。我猛然意识到，在生命的旅途中，我并不孤独，收获的果实中被那么多阳光、雨露所滋润过。

本人学识谫陋，兼之，多年来，锢囿一隅，才疏学浅。书中纰缪之处，在所难免。尚希海内高明和广大读者不吝指教与匡正。

谢金

2024 年 9 月 13 日于天中大地

图书在版编目(CIP)数据

身体现象学视野中的心理学图景 / 谢金著. -- 上海：上海社会科学院出版社，2024. -- ISBN 978 - 7 - 5520 - 4550 - 5

Ⅰ. B089；B565.59

中国国家版本馆 CIP 数据核字第 2024C8J536 号

身体现象学视野中的心理学图景

著　　者：谢　金
责任编辑：赵秋蕙
封面设计：黄婧昉
出版发行：上海社会科学院出版社
　　　　　上海顺昌路 622 号　邮编 200025
　　　　　电话总机 021 - 63315947　销售热线 021 - 53063735
　　　　　https://cbs.sass.org.cn　E-mail: sassp@sassp.cn
照　　排：南京展望文化发展有限公司
印　　刷：上海盛通时代印刷有限公司
开　　本：710 毫米×1010 毫米　1/16
印　　张：19.25
插　　页：1
字　　数：278 千
版　　次：2024 年 11 月第 1 版　2024 年 11 月第 1 次印刷

ISBN 978 - 7 - 5520 - 4550 - 5/B·537　　　　　定价：98.00 元

版权所有　翻印必究